283 **PETIT CITATEUR** (Le). Notes érotiques et por.... Recueil de mots et d'expressions anciens et modernes, sur les choses de l'amour, pour servir de complément au dictionnaire ér.... *Paphos*, 188., in-8, demi-maroq. citron avec coins, non rog. Bel ex. de cet ouv., rare. **200 fr.**

verge, br. (rare).

193

CURIOSITÉS ÉROTIQUES

ET

PORNOGRAPHIQUES

TIRÉ A 300 EXEMPLAIRES :

N°

LE

PETIT CITATEUR

NOTES ÉROTIQUES ET PORNOGRAPHIQUES

RECUEIL

DE MOTS ET D'EXPRESSIONS ANCIENS ET MODERNES,
SUR LES CHOSES DE L'AMOUR, ETC.

pour servir de

COMPLÉMENT AU DICTIONNAIRE ÉROTIQUE

du professeur de langue verte

Par J.-CH-X.

BACHELIER ÈS-MAUVAISES LANGUES.

PAPHOS — 1881

« Combien il serait important que l'Assemblée
« Nationale qui supprime tout, coupe tout, élague
« tout, et s'approprie tout, en prêchant la liberté,
« elle qui a amené en France une foule de nou.
« veaux mots barbares et aussi intelligibles que
« les hiéroglyphes *Égyptiens*, comme *motions*,
« *districts*, *amendements*,...... etc., etc., etc., etc.,
« voulût bien rédiger un Dictionnaire à l'usage
« des citoyens de Cythère ! »

Œuvres ilbres d'un citoyen qui ne l'est pas.
1793.

AVIS

Le Petit Citateur *croit ne rien avoir oublié.*

Il rappelle au lecteur, qu'il n'a pas eu l'intention de faire un Dictionnaire, mais un recueil de notes, de mots et d'expressions, concernant les Choses de l'Amour.

Si donc le lecteur cherche en vain tels ou tels mots, qui pourtant sont très ou trop *connus, c'est qu'ils existent déjà dans le* Dictionnaire Érotique moderne, *auquel ce petit livre doit servir de complément.*

(Note de l'Auteur.)

CURIOSITÉS ÉROTIQUES

ET

PORNOGRAPHIQUES

LE

PETIT CITATEUR

NOTES ÉROTIQUES ET PORNOGRAPHIQUES

ABAILARDISER. CHATRER. Mettre un homme dans la situation où le chanoine Fulbert mit l'amant d'Héloïse.

« D'un colonel vous courtisez la femme,
S'il vous surprend il vous abailardisera. »

POMMEREUL.

ABANDON. — ABANDONNER. *Abandon. s. m.* Délaissement; état d'une personne abandonnée.

Abandonner. v. a. Quitter une maîtresse que l'on n'aime plus.

« Il faut qu'une femme sache deviner quand on ne l'aime plus, et qu'elle prévienne, s'il se peut, la honte d'être *abandonnée*, en usant de diligence. Il y a dans *l'abandon* une sorte de mépris auquel nous ne devrions jamais nous exposer. — Il faut quitter, mais ne pas l'être. » Mme DE RIEUX.

ABATTRE DU BOIS. *v. a.* Baiser fréquemment, pour le plaisir, ou dans le but d'avoir des enfants qui seront *du bois* dont on fait les *abatteurs* : — Tel père, tel fils, dit le proverbe. Signifie aussi : Faire des cocus; par allusion au *bois de cerf* qui est le symbole des élus de cette grande confrérie.

« Ma coignée aujourd'hui fait d'estranges effets : quand elle *abat du bois*, elle en fait venir d'autre. »

(*Cabinet Satirique.*)

ABDIQUER. *v. a. et n.* Renoncer à l'amour, ou cesser d'être sage, pour commencer à le faire.

« Une coquette qui prend un amour est un souverain qui *abdique*. » Mme DE COIGNY.

ABLUER (S'). *v. a.* Se laver le con et le cul, avant ou après la fouterie.

« Regarde-la bien, elle va *s'abluer* le con et le cul... »

RÉTIF.

« Elle *s'ablua*, je me lavai, et nous nous endormîmes. »

(*Le même.*)

ABOUTIR. *v. n.* Jouir et décharger.

«....Bandant comme un carme, le prosélyte se met en devoir d'obéir au destin... *il aboutit.*

A. DE NERCIAT. (*Mon Noviciat.*)

ABREUVER (et S'). *v. a. et pr.* S'inonder mutuellement, en foutant, de cette liqueur prolifique qui termine le combat amoureux.

« Voici ce que maman disait : « *Abreuve*-moi, mon cher abbé, remplis-moi de cette manne celeste, donne-moi un de ces baisers brûlants, savoureux, etc., etc. »

C. MERCIER DE COMPIÈGNE.

ABSENCE. *s. f.* Défaut de présence de l'objet aimé. — « Les *absents* ont tort. »

« L'amant qu'on ne voit plus est bientôt oublié. »

(OVIDE.)

« Revenez, écrivait une femme peu chrétienne à son amant ; — si j'avais pu aimer un *absent*, j'aurais aimé Dieu. » RIVAROL.

Abuser. *v. a.* *Abuser une femme*, la tromper : — lui faire accroire qu'on l'aime, la séduire, la... etc., etc.

En abuser, c'est : En *user* outre mesure ; c'est-à-dire, lui faire violence pour la baiser, l'enculer, l'emboucher, etc., etc., bref, — pour *en jouir* à sa fantaisie.

Académie d'amour. *s. f.* Bordel, où l'on fait des *pauses*... et des poses plus ou moins académiques.

Le mot se trouve dans le *Francion* de V. Sorel et dans les *Aventures burlesques* de Dassoucy.

Accessoire. Les couilles qui sont les parties accessoires du vit, ou, pris dans un autre sens, petits services rendus avant ou après la consommation de l'office de Vénus.

« Je ne vous demande pas si vous vous entendez à tout l'accessoire. » (*Aphrodites.*)

Accident féminin. *s. m.* Avoir ses règles. Événement *prévu* qui arrive juste quand un femme ayant un ou plusieurs bons coups à tirer, donnerait tout pour qu'il y eut du retard.

«... Nul autre que Pinange ne m'avait enfilée ; peu de jours avant de le rendre heureux, j'avais eu mon *accident féminin* ; il était donc bien avéré que ce qui allait se développer dans mes flancs était son paternel ouvrage. »

A. de Nerciat.

Accommoder au safran. *v. a.* Faire une infidélité conjugale. Allusion à la couleur jaune, qui, de tradition, est celle du cocuage.

Acte copulatif (faire l'). Baiser ou foutre. — *V. ces deux mots.*

Acte naturel (faire l'). *v. a.* Foutre en con, — naturellement.

« Il faillit, pour peu que je m'y fussent prêtée, se désister de ses prétentions sur l'Italien, me donner la préférence... même pour *l'acte naturel*... »

A. de Nerciat. (*Mon Noviciat.*)

Actéoniser. Une femme qui se fait baiser par un autre homme que le sien, qui lui fait porter des cornes.

« C'est une femme qui, le lendemain de ses noces, actéonisa son mari. » (*Caq. de l'accouchée.*)

Acte vénérien. *s. m.* — *Voir ; Acte copulatif, Baiser et Foutre.*

Administrer une douche. Faire l'acte copulatif. La douche est le sperme, qui sort du membre viril pour entrer au fond de la matrice.

« Le dieu des jardins en ce lieu,
Une heureuse douche administra. »
(*Cab. Sat.*)

Adonis (un). *s. m.* Beau jeune homme, recherché dans sa mise... Enfant chéri des dames.

« Qu'on se représente un *Adonis* de dix-neuf ans, dont les traits étaient parfaits, la physionomie noble, le regard vif et doux et dont le teint aurait fait honneur à la plus jolie femme. Qu'on s'imagine un front dessiné par les grâces, et merveilleusement accompagné d'une chevelure unique ; une taille haute, svelte, pleine de grâces. Une jambe, un pied !... Mais, tout cela ne donne encore qu'une idée imparfaite du charmant neveu de M... Quels yeux, quelles dents, quel sourire, que de charmes dans les moindres mouvements, etc... »

De Nerciat. (*Félicia*.)

Adoniser (S'). *v. pr.* Se dit d'un vieux fat qui prend grand soin de sa personne.

« Il passe tout son temps à *s'adoniser*. »

On dit aussi : faire *l'Adonis*, pour faire le beau.

Au figuré : Être amoureux de sa propre personne : s'écouter, se plaire, *s'adoniser*.

Adorateur. *s. m.* Se dit de ces galants banaux qui en content à toutes les femmes, sans en aimer aucune ; — qui débitent des fleurettes à qui veut les entendre. Les coquettes font vanité de traîner à leur suite une foule de ces *adorateurs*.

« Le bonheur de la plupart des femmes, consiste dans le nombre de leurs *adorateurs*, et leur orgueil, à en changer le plus souvent possible. » Rochebrune.

Adorer. Désirer foutre, acceptation vraie du mot, mais qui ne se trouve ainsi écrit dans aucun dictionnaire.

Adorer... avec un jaune d'oeuf. *v. a.* Un homme que l'on fait cocu ; — une femme que l'on trompe. (Allusion au jaune qui est la couleur du cocuage.) Terme dérisoire.

Adultère. *s. m.* — Violation de la foi conjugale. — *Adj.* Celui ou celle qui viole cette foi plusieurs fois.

Foutre étant marié avec un autre que son conjoint. L'adultère est double si les deux fouteurs sont mariés chacun de son côté.

« *L'adultère* est la curiosité de l'amour et des plaisirs d'autrui. » PLUTARQUE.

« *L'adultère*, qui dans le code civil est un fait immense, n'est dans le fait qu'une galanterie, une affaire de bal masqué. » NAPOLÉON.

Affaire. *s. f.* *L'affaire* d'un homme, c'est sa pine : celle d'une femme c'est son con.

Faire *l'affaire*, c'est baiser.

Avoir son affaire, c'est, pour un homme, avoir une maîtresse qui connaît *l'affaire*; pour une femme, c'est posséder un amant qui satisfait à tous ses caprices et sait la faire jouir.

Être en affaire, signifie être en train de foutre.

Avoir ses affaires, avoir ses règles.

Affaire. La douce affaire, c'est à peu près la même signification que celle du mot acte vénérien complet. On l'emploie surtout pour exprimer l'action d'enconner ou d'enculer. (*Instruct. Libertine.*)

Affaires de coeur. *s. f. pl.* — Voyez : affaire de cul.

« *Médaille*, voyez *revers*; *revers*, voyez *médaille*; *pile* voyez *face*, etc., etc. » *et vice versa.*

ARNAL.

Affaires de cul. *s. f. pl.* — Les seules affaires dont s'occupent les femmes et les maquereaux.

Affranchi ou ie (Être). *adj.* — Connaître la rocambole de l'amour. — V. *Affranchir.*

Affranchir. *v. a.* — Corrompre, débaucher, décrasser, dégourdir. — Apprendre à un jeune homme ou à une jeune fille toutes les choses de l'amour ; — faire une putain d'une pucelle, un maquereau d'un innocent.

Affriander un homme. *v. a.* Lui donner l'envie de baiser, soit en lui faisant de l'œil ou des attouchements, soit en lui montrant ses bras, sa jambe, son cul ou ses tétons.

« Serais-je étonnée de te voir un caprice pour ces princesses-là (des fesses)? Va, va, mon cher, elles en ont *affriandé* bien d'autres. » A. de Nerciat.

Affioler. *v. a.* Eveiller les désirs; faire bander un homme ou une femme, par pensées, par paroles, par actions, et même par omissions, en laissant deviner ce que l'on veut gazer.

« Quand je chante un brin la gaudriole,
En riant, l' voisin rit comme un fou,
La voisin' qui sent qu' çà *l'affriole*
Tendrement me serre le genou. »

(*Dida.*)

Affronts (Faire des). Femme, cocufier son mari; — homme, faire des queues à sa femme.

« Plus d'une fois, elle vit trop clairement qu'on lui faisait ce que les gens à préjugés ont la sottise de nommer des *affronts.* » (*Félicia.*)

«.... Et j'appris que mon front,
D'un très beau bois de cerf avait subi *l'affront.* » ***.

Afores le tonnel. Percer le tonneau, prendre le pucelage à une jeune fille ou agrandir le passage à celle qui est encore étroite.

Agaceries. *s. f. pl.* — Petites manières employées par les femmes, pour faire bander les hommes · Depuis le coup d'œil, le coup d'éventail, etc., etc.... jusqu'à *l'attouchement.* — *V. ce mot.*

« .... Il ne restait jamais seul avec Sylvina, qu'elle ne lui fit quelque forte *agacerie.* Elle s'était mise sur le pied de le caresser de la manière la plus libre, et de ne se gêner avec lui, non plus que s'il eût été du même sexe. » (*Félicia.*)

Agacer un homme. *v. a.* Lui faire des agaceries et lui montrer par là qu'on désire baiser avec lui.

Agacer une femme, *et vice versa.*

« Le chevalier ne faisant nulle attention à sa maîtresse, elle eut beau jeu pour *agacer* le prélat. Celui-ci répondit avec empressement aux avances qu'on lui faisait.... » (*Félicia.*)

Age. *s. m.* Période quelconque de la vie humaine.

« Terme assez peu usité en amour; car, parler *d'âge* à une jeune personne, n'est pas la louer; c'est offenser une vieille; et une majeure ne prend pas grand plaisir à ces examens chronologiques. — Quand une vieille coquette parle *d'âge*, c'est pour s'en faire un mérite particulier : « *Quoi! vous, aimer une personne de mon âge?* je n'ai aucun mérite qui puisse fixer un jeune homme; ce qui veut dire : Si je n'ai pas toute la vivacité de la jeunesse, je n'en ai pas les défauts : *l'âge mûr a son prix.* » Un cavalier répond ordinairement : *A votre âge, madame, à votre âge, on charme tous :*

« Parlons sans flatterie, avez-vous vu jamais,
Un air plus vif, un teint plus reposé, plus frais? »

et mille autres impertinences pour prouver une fausseté évidente. » D. du Radier.

Agent. *s. m.* Celui qui agit : le doigt, le vit ou le fouteur. Ce mot s'emploie aussi pour les sodomites; le nom d'agent appartient à celui qui encule par opposition au mot *patient* donné à celui qui se fait enculer.

« Mais, en un mot, si Monrose *agent* de plein gré, ne devint pas *patient* avec autant de résignation que le père, c'est que.... etc... » (*Félicia.*)

Agréments naturels, *s. m. pl.* Ceux de l'homme sont : sa pine, circonstances et dépendances.

Ceux de la femme sont : sa figure, ses cheveux, ses épaules, sa gorge, sa taille, sa jambe, etc., etc., du haut en bas.

« Il arrive de province ce matin, et la fatigue du voyage fait un peu de tort à ses *agréments naturels.* » (*Les Aphrodites.*)

Ah! *Interj.* Tendre soupir ou plainte amoureuse; gamme ascendante en tous les tons. Dans la furia des plaisirs, cette interjection qui se prononce comme une simple lettre, equivaut à plus d'un gros mot : Bougre!... Foutre!... etc., etc. — V. *Hélas!*

Aide-mari. *s. m.* Ami de la maison, lieutenant du mari : l'amant de la femme, qui *aide* en effet son mari dans sa besogne conjugale, — à son insu, bien entendu.

« Il est assez égal que les enfants qu'elle pourra donner à son époux, soient de lui ou du plus fécond des *aides-maris* qu'elle favorise. »

A. DE NERCIAT. (*V. Sigisbé.*)

AIGRETTE CONJUGALE. *s. f.* — Au figuré : — Ornement de tête de MM. les cocus; les cornes que leur font porter mesdames leurs épouses.

« X... a couché avec madame Z.. ? Encore un fleuron à ajouter à *l'aigrette conjugale* de son mari... »

(*Diable au corps.*)

AIGUILLONNER. *v. a.* Travailler du bout de la langue sur un vit, ou sur un clitoris.

«.... Dès lors, il a le nez sur la céleste mappemonde, et sa langue amoureuse *aiguillonne* le brûlant bijou. »

(*Aphrodites.*)

AIGUILLONS DE LA CHAIR. *s. m. pl.* — Désirs inapaisés, érections fréquentes, tentations, rage de baiser, etc...; ce que le poëte Baudelaire appelle « *le vent furibond de la concupiscence.* »

AIGUISER SES OUTILS SUR LES MEUBLES.—C'est frotter son vit sur les fesses ou tétons de la femme.

AIMABLE. — « Marquait autrefois une personne dont la beauté et le mérite asservissaient les cœurs. Aujourd'hui, la qualité *d'aimable* se donne à toutes celles que nous prenons pour être l'objet de notre vanité et de nos fadaises. »

UN AIMABLE, sorte de petit maître qui se croit né sous une étoile assez malheureuse pour être couru de toutes les femmes, qui depuis le matin jusqu'au soir se fait l'amour à lui-même, qui passe le temps à s'ajuster et à se faire les yeux doux dans un miroir. » ***.

AIMANT. *s. m.* — Ce qui attire l'homme à la femme, et *vice versa.*

«... Quand mes baisers passionnés lui coupent la parole, quand mes téméraires mains et le reste ont mis le feu partout... nos *aimants* se joignent, s'attirent, s'unifient... L'univers est oublié!... » (MONROSE.)

AIMANTÉE. (Être.) *adj. f.* — Être portée à aimer ; — avoir des appas et tout ce qu'il faut pour attirer les hommes... fussent-ils de fer.

« *L'aimant* attire le fer à soi, » et non le *ver à soie*, (comme dirait un allemand peu *ferré* sur la langue française.)

AIMER (S'), sous entendu, *soi-même*. *v. pr.* Acte d'égoïsme commis jadis avec excès par le beau Narcisse : se branler.... ce qui s'appelle : *semer sans récolter*, a dit un sapeur, pour qui rien n'est sacré.

« Tu meurs, tu veux mourir, toi si jeune et si beau !
Triste et désespéré, *tu te cherches toi-même* ;
D'étranges voluptés creusent ta tempe blême,
Et tes *honteuses mains* te mènent au tombeau. »

H. CANTEL.

AIMER ET JOUIR DEBOUT. *v. a.* Se branler à l'intention de celle que l'on désire.

«... Je brave le fantôme menaçant de la goutte, qui promet sa société à ceux qui osent ainsi rêver seuls, *aimer et jouir debout*, et ma langue desséchée balbutie : Ah ! Manon, c'est pour offrir un holocauste à tes charmes que cette liqueur précieuse, dont T... et mainte autre louve n'ont jamais assez, s'échappe à grands flots de ses réservoirs... » (*Veillées du couvent*.)

« En dépit du servage,
On dit qu'à Saint-Acheul
Chacun fait son ouvrage
Tout seul.

GRUMEM.

AIMER LE CHANGEMENT. *v. a.* Avoir l'amour de la variété : Voltiger de caprice en caprice, tout effleurer, sans s'attacher à rien.... Bref, changer souvent d'amant, — ou de maîtresse, — de goût et de plaisir...

« Il me faisait regretter de n'être pas assez sensible... pour n'exister que pour un seul objet, lui vouer toutes les facultés de mon être.. J'avais été partisane du *changement*... et je souhaitais maintenant me fixer... »

(*Felicia*.)

AIMER LE SOLIDE. *v. a.* Préférer un bon gros vit à une pine médiocre et à toutes les galanteries possibles :

« Le meilleur madrigal est un vit bien bandant. »

L. PROTAT.

« Va donc ! et s'il y a par là-bas quelqu'un de convenable, envoie-le moi tout de suite. Point de marmots, du *solide*, entends-tu?..... »

A. de N. (*Les Aphrodites.*)

Aimeuse. *s. f.* Petite dame — galante; — qui fait profession *d'aimer.*

Synonymes: Putain, lorette, cocotte, grue, catin, vache, etc., etc.

« Les juifs avaient leurs Madeleines;
Les fils d'Homère, leurs Phrynés.
Délaçons pour tous les baleines
De nos corsets capitonnés.
Rousses, blondes, brunes ou noires,
Sous tous les poils, sous tous les teints...,
Qu'il pourrait raconter d'histoires,
Le cercle de nos yeux éteints!
Folâtres ou rêveuses,
Nous charmons;
Nous sommes les *aimeuses*:
Aimons! »

Eug. Imbert.

Aine. Ce mot se trouve dans tous les dictionnaires; on l'emploie au figuré en fouterie pour signifier les parties sexuelles, comme on se sert en latin du mot *inguen inguina*. Le libertin s'en fait quelquefois un faux con.

Air cancan (*Avoir l'*). C'est avoir l'

Air polisson. Ces deux expressions jumelles s'appliquent aux cancaneuses des bals publics de Paris, qui ont un petit *air décidé*..... à accepter toutes les danses; — toutes!

« On sonne; parbleu! c'est madame,
Avec son p'tit *air polisson*...
Et je comprends qu'elle réclame
Une façon de ma façon. »

J. Duboys.

Airs de rosière (*Se donner les*). Faire l'étroite ou la sainte nitouche: Ce qui n'empêche pas une fille d'avoir des roses — un peu partout.

« Plus de ces *airs de rosière!*
Allons! dépose en entrant
Ta pudeur au vestiaire,
Pour l'oublier en sortant. »

H. de Saubagnac.

Aisselle. Parties sous les bras dont quelques individus se servent en guise de con, par crainte du mal vénérien et d'autres pour varier les plaisirs de l'amour.

Alcove. *s. f.* Enfoncement dans une chambre pour y placer le lit. — C'est là que se jouent tous les drames de l'amour conjugal.

« Il ne faut jamais divulguer les *secrets de l'alcôve.* » Tel mari qui vante à un ami les petits talents de sa femme, donne à cet ami l'envie de la mettre à l'épreuve. — Telle femme qui, — à une amie vante.... etc., etc., risque de produire le même effet.

Alentours (*Les petits*). On appelle ainsi, tout ce qui, dans le duel amoureux, se fait en dehors de *l'acte principal* : — les pelotages, langues fourrées, mordillements des tétons, pattes d'araignées, etc., etc., qui sont, en effet, les préliminaires de la fouterie et l'assaisonnement du plaisir.

Alipsiaire. Epilateur dans les bains romains.
(*Erot. Bib.*)

Allée des veuves. *s. f.* Avenue qui se trouve dans les Champs-Elysées. Ancien lieu de rendez-vous de Messieurs et de *Mesdames* les pédérastes. Aujourd'hui, ils et *elles* se rencontrent partout.

Aller a bobino. *v. n.* Obtenir des entrées au petit *théâtre de la nature*, en le gamahuchant ; — descendre, avant de *monter*.

Aller a la campagne. *v. n.* Être enfermée à la prison de Saint-Lazare. — Terme usité parmi les filles publiques.

Pour les cocottes, les étudiantes, etc., *aller à la campagne*, signifie autre chose :

« Elles ont disparu depuis quatre ou six mois. On les savait malheureuses. Elles reparaissent tout à coup plus fières et plus fringantes que jamais ; elles ont été passé *une saison à la campagne*, — dans une maison de prostitution de province. » A. Vermorel.

Aller a pinada. *v. n.* Faire l'acte vénérien, — à *dada* — sur une *pine*.

Aller au bain. *v. n.* Prétexte qu'emploient les femmes pour sortir et rester *dehors* pendant deux heures, ce qui leur permet de se mettre *dedans* avec un amant.

« En thèse générale, méfiez-vous des femmes qui disent et répètent : *Je vais au bain, je reviens du bain.* Sur cent, il y en a la moitié qui passent devant l'établissement et donnent le cachet à leur femme de chambre. »

Joachim Duflot.

Aller au café. *v. n.* Gamahucher une femme.

On dit aussi : *prendre sa demi-tasse* au café des Deux Colonnes.

Aller au choc. Baiser une femme.

L'autre jour, pour aller au choc,
Je troussais mon froc. Collé.

Aller au ciel. *v. n.* Foutant de n'importe quelle façon, jouir; et, dans l'extase, ne plus songer à rien de ce qui est sur cette pauvre terre.

Aller au gratin. *v. n.* Baiser une femme publique, — à l'œil, — ce qui est une gourmandise pour certains *travailleurs.* Allusion au *gratin* que laisse un mets au fond de la casserole et qui trouve toujours un amateur — quand *tout le monde* est servi.

Aller au persil. *v. n.* Faire la chasse au miché. Sortir avec un petit panier, sous prétexte de faire un tour de marché pour acheter.... rien du tout, le *persil* se donnant pour rien. Bref, sortir pour ramener un homme.

Aller au persil ne se dit que chez les filles libres et signifie plutôt : se faire suivre que raccrocher ; — ces dames n'ayant le droit de *travailler* que le soir.

Aller au vague, *v. n.* Dans le jargon des filous, signifie : Aller voler. Dans celui des putains, *aller au vague*, veut dire au *hasard*, à la chasse du miché. Comme on ne sait jamais s'il sera généreux, le profit est chose *vague*. On raccroche, au petit bonheur!

Aller au vice. *v. n.* Aller au bordel.

ALLER AUX ÉPINARDS. *v. n.* Le contraire d'aller au persil, quoique le but soit le même : l'argent. Le maquereau dont le gousset est vide et les bourses pleines, va offrir *son nœud*... ou ses œufs, à la putain de son choix, laquelle lui fournit *du beurre*, pour avoir des épinards.

« *Un mac en pied*; — T'as pas encore été aux épinards?

— M'en parle pas; Joséphine se balade. Voilà deux jours qu'à n'fout rien... ça m'embête.

— Faut la *semer* et en *planter* une autre. »

ALLER DE SON VOYAGE (Y.). *v. n.* Homme, foutre une femme qui vous déplait ; femme, céder à un homme, qui ne vous plait pas. Cette expression appartient plutôt aux filles de bordel qui, dans une autre acception, l'emploient, pour dire qu'elles ont joui avec un miché :

« J'y ai *été de mon voyage*. »

ALLER EN RABATTANT. *v. n.* Ayant été bon fouteur, ne plus tirer qu'un mauvais coup, par-ci, par-là, jusqu'à ce qu'on n'en puisse plus tirer du tout.

« Moins bon qu'alors où blonde ou brune,
J'en payais vingt tout au comptant,
J'ai bien du mal d'en servir une...
Je vais toujours en rabattant. »

HIPP. DEMANET.

ALLER SE FAIRE..... LANLAIRE. *v. n.* C'est-à-dire aller se faire.. . foutre.

« *Va te faire lanlaire* avec tes scrupules... »

A. DE NERCIAT. (*Diable au corps.*)

ALLER VOIR MORICAUD. *v. n.* — Aller *à la visite*, — dans l'argot des filles publiques, qui corrompent tout, jusqu'au nom des gens avec qui elles sont en contact.

M. *Maréeot*, sous-chef au bureau des mœurs, est chargé de statuer sur le sort des filles visitées, après le rapport du visiteur, M. le docteur Dénis.

Ces demoiselles disent aussi : aller à Saint-*Dénis*.

Allez vous faire foutre! Expression injurieuse qui ne peut convenir à aucun homme, fût-il dans le cas de se faire enculer. On le fait, c'est peut-être bon ; mais on n'aime pas à s'entendre dire qu'on le fait.

Cette injure adressée à une femme ne porte guères, attendu que l'idée qu'elle peut avoir de se fâcher ne lui ôte pas celle qu'elle a certainement, d'aller se faire foutre quand bon lui semble.

Elle vous remerciera donc et suivant le conseil, *ira se faire f...* — je passe outre.

Allumelle. Membre viril.

Plusieurs n'aimassent tout autant pour chatouiller leur allumelle le réservoir d'une pucelle.

H. de Paphos.

Allumer les désirs. *v. a.* Faire des agaceries à un homme ou à une femme, pour *le* — ou *la* — faire bander.

Alsacien. *s. m.* Affreux patois, qui est à l'allemand ce que l'auvergnat est au français. — Les Alsaciennes foutent comme les Auvergnates : — très *pien*.

Amanché (*Être bien ou mal*). Avoir un vit très convenable, ou par trop médiocre.

« Cet homme est monstrueusement *amanché*.... onze pouces de long sur sept pouces six lignes de circonférence. »

De Nerciat. (*Le Diable au corps.*)

Amants. *s. m. pl.* Individus de sexe différent, qui s'aiment quelquefois, vivent ensemble, foutent ensemble, et, ne faisant qu'un, n'ont qu'une seule volonté, — qui est toujours celle de la femme.

Amant. *s. m.* Le mâle de l'association ci-dessus, qui dépense son temps, son foutre et son argent pour sa tendre.

Amante. *s. f.* — V. *Maîtresse*.

Ambidextre. *s. et adj.* Qui se sert aussi bien de sa main droite que de sa main gauche, pour branler, peloter, faire postillon, etc. — Toutes les femmes sont *ambidextres*, même la veuve Poignet, qui ne sert que les hommes.

... Partisan du con et du cul, docteur inatroque, avec les deux sexes.

Dès ce moment l'ambidextre prince a fait tous ses plans. (*Aphrodites.*)

AMITIÉ. *s. f.* Dans tout vocabulaire érotique, *amitié*, est le synonyme d'*amour*. — C'est tout un petit drame intime et bourgeois, qui se joue à trois personnages : La femme, le mari et l'amant. S'il en survient un quatrième, c'est l'*ami* de l'*amant*, qui — presque toujours, — est à l'amant....

«... Ce que l'amant est au mari. »

GAVARNI.

AMORCER LE SIPHON. *v. a.* Branler ou sucer un homme qui *n'a pas de velléités*, afin de le décider par l'érection à faire l'acte naturel :

« Un service en vaut un autre. » V. *Sucer*.

AMORCES. *s. f. pl.* — Au figuré, *appas* — *tout* ce qui attire, pousse à la peau : les *machins*, les choses, etc..., etc..., etc..., — les *appâts*, quoi !

AMOUR (*et faire l'*). Sentiment passionné qui attire l'un vers l'autre deux individus de sexe différent.

AMOUR, substantif des deux genres : échange de deux fantaisies ; privilége pour toutes les folies que l'on peut faire ; pour toutes les sottises que l'on peut dire. On a de l'*amour* pour les fleurs, pour les oiseaux, pour la danse, pour son amant, quelquefois même, pour son mari ; jadis on languissait, on brûlait, on mourait d'*amour* ; aujourd'hui, on en parle, on en jase, on *le fait*, et le plus souvent on l'achète. » E. JOUY.

AMOUR.

J'appelle *amour* cette atteinte profonde,
L'entier oubli de soi-même et du monde ;
Ce sentiment soumis, tendre, ingénu,
Prompt, mais durable, ardent, mais soutenu,
Qu'émeut la crainte et que l'espoir enflamme ;
Ce trait de feu qui des yeux passe à l'âme,
De l'âme aux sens ; qui, fécond en désirs,
Dure et s'augmente au comble des plaisirs. »

GENTIL-BERNARD.

Selon Théophile Gautier, *l'amour* est « un sentiment ridicule, accompagné de mouvements malpropres. » — J'en sais beaucoup qui sont de cet avis.

« De son vit couturé de chancreuses ornières,
Pénétrer, chancelant, au fond d'un con baveux,
Mettre en contact puant les canaux urinaires :
De scrofules pourris, nous créer des neveux ;
De spermes combinés, faire un hideux fromage ;
Au fond de la cuvette, humide carrefour,
En atômes gluants, voir le foutre qui nage...
Voilà l'*Amour !* »

PAUL SAUNIÈRE.

Et d'un !....

AMOURACHER. *v. a.* Engager quelqu'un, ou quelqu'une, dans une folle passion.

S'AMOURACHER. *v. pr.* S'éprendre d'un fol amour. (*Tous les dictionnaires*, y compris celui-ci, — qui n'en est pas un.)

AMOUR CONJUGAL. *s. m.* Fouterie morale, légitimée par le mariage.

Venette a écrit sur ce sujet un gros livre, qui est l'art de conjuguer et de baiser correctement pour faire des enfants corrects... ou infirmes.

AMOUR D'AUTREFOIS (L'). *s. m.* Il ne s'agit pas ici (de l'amour) des anciens, qui ne connaissaient que les choses de la fouterie et qui les pratiquaient mieux qu'on ne le fait aujourd'hui. Le poëte cité plus bas, parle d'une époque intermédiaire, où l'on avait fait de la fouterie, l'amour ; de l'amour, un sentiment ; et de ce sentiment un crime ; — il donne tout simplement une pointe dans le passé.

« Ah ! qu'ils faisaient l'amour platement autrefois !
Ces chevaliers errants, ces paladins courtois,
Filant à leurs beautés une tendresse pure ;
Ils pensaient que les foutre était leur faire injure... »

(*Art Priapique.*)

(V. *Novateurs du plaisir.*)

AMOUR DE L'AMOUR. Aimer le plaisir avant tout. Baiser et jouir indifféremment avec qui que ce soit, — pour l'amour de la chose.

« C'était l'heure où l'avenue des Soupirs est foulée par une infinité de petites marchandes, etc., qui vont chacune avec son Adonis voir la lune perpendiculairement et se faire caresser, les unes pour donner des cornes à leurs maris ..., les jeunes filles pour anticiper sur les prérogatives de l'hymen..., les autres enfin, pour l'*amour de l'amour.* » MERCIER DE COMPIÈGNE.

AMOURETTE. *s. f.* Amour passager, frivole.

« *Amourette* est spécialement employé pour signifier *folles amours*; on entend par là, un attachement caché entre personnes de positions différentes, un marquis et une grisette, par exemple. »

AMOUREUX SILLON (L'). *s. m.* La ligne *courbe verticale* qui parcourt le long de cette vallée mystérieuse qui tourne d'Orient à Occident, c'est-à-dire du con au cul.

AMOUR-PROPRE. *s. m.* Vanité. — Bonne opinion que l'on a de soi-même.

AMOURS MASCULINS. *s. m. pl.* Amour de l'homme — pour les hommes. Loi presque naturelle : «*Aimez-vous les uns les autres,*» dit l'Évangile.

« Les anciens avaient plus de bon sens que nous; non seulement ils toléraient, dans la société, les *amours masculins*, mais ils ne les excluaient même pas du culte religieux. » (*Diable au corps.*)

AMOUR SOCRATIQUE. Désir d'enculer.

Passion qu'avait le sage Socrate et dont il a laissé le nom au sujet.

AMOUR STÉRILE. *s. m.* L'amour d'un vieillard, qui, baisant, — ne peut pas about'r.

L'amour des gougnottes.

L'amour des sodomistes.

« Filles, de ces paillards fuyez l'*amour stérile* ;
Ne vous chargez jamais d'un priape inutile :
Vit qui ne bande point est fade et rebutant
Une matrice en feu le rejette à l'instant. »

(*Art Priapique.*)

Amuser. *v. a.* Montrer le jeu d'amour à une fille. Lisez : l'abuser, — par pensées, par paroles, par actions et surtout, — par émissions.

> Mademoiselle, auriez-vous un amant?
> De mon neveu le Jockey vous *amuse* :
> Songez-y bien, je fais mon testament! »
> BÉRANGER.

Amuser (S'). *v. pr.* Se branler.

Anandryne. Femmes qui n'aiment pas les hommes ou au moins leur préfèrent les femmes pour se livrer au libertinage et à la fouterie. Sapho était anandryne, elle avait un long clitoris et s'en servait comme un homme de son vit avec les femmes. Horace appelait Sapho *mascula*, femme mâle, femme homesse, comme le dit Mirabeau dans son *Erotika-Bib*. Les Vestales à Rome, les Gymnopédistes à Sparte, instituées par Licurgue, étaient anandrynes.

Anchois (l') de l'amitié. *s. m.* Petit membre viril, — qu'une femme ne peut accepter que par amitié.

« Laisse-moi mettre l'*anchois de l'amitié*, dans le saladier de l'amour. J. Ch.

Andrins. Culistes, hommes qui ne font aucun cas des charmes féminins et ne fêtent que des Ganymèdes.

Les andrins sont les jacobins de la galanterie ; les janicoles en sont les monarchiens démocrates, et les francs sectateurs du beau sexe sont les royalistes de Cythère.
D. de C.

Androgyne. *s. m.* et *f.* Qui est des deux sexes.

« Être deux et n'être plus *qu'un* par l'accouplement, c'est ce qu'on appelle faire l'*androgyne*, ou autrement, la *bête à deux dos*. »

Ane. *s. m.* Amant à quatre pieds et à longues oreilles, qui a un vit — d'âne, c'est tout dire. Les jouisseuses insatiables, ne voulant le céder en rien aux dames romaines, qui s'en servaient souvent, se plaisent à mesurer ce grand vit dans leurs grands cons.

« Je me précipitai violemment sur la sellette, défiant toutes les nonnes. L'*âne* fut à l'instant dressé devant moi, à l'aide d'une courroie. Son bracquemard terrible, échauffé par les mains des sœurs, battait lourdement sur mon flanc. Je le pris à deux mains, je le plaçai à l'orifice, et après un chatouillement de quelques secondes, je cherchai à l'introduire. Mes mouvements aidant... je fus bientôt maîtresse de cinq pouces au moins... Oh! quelle jouissance! Je la sentis courir en jets de flamme et tomber goutte à goutte au fond de ma matrice.... Dans mes élans lubriques, j'avais gagné deux pouces.... »

ALF. DE M. (*Gamiani.*)

ANELITROÏDE. Femme non perforée d'un con et qui conçoit et engendre par le trou du cul ou anus.

MIRABEAU.

ANGE. *s. m.* Nom d'oiseau, — à cause des ailes. — S'adresse à une femme, aussi bien qu'à un homme, toujours à cause des ailes... ou du *zèle*. — Par réciprocité.

Les Auvergnats y ont droit aussi :

« Ah! je n'y tiens plus! le cul me démange...
Qu'on m'aille chercher l'Auvergnat du coin;
Car je veux sentir le vit de cet *ange*,
Enfoncer mon con comme avec un coin. »

ALF. DELVAU. (*Parnasse Satyrique.*)

ANGUILLE. Nom figuré du vit.

ANIMAL PORTE-PINE. L'homme.

Je te parle donc à peine de deux cent soixante à quatre-vingts animaux porte-pine par an.

(*Aphrodites.*)

ANNEAU. *s. m.* Le con de la femme.

« Une femme aimable est un *anneau* qui circule dans la société, et que chacun peut mettre à son doigt. »

S. ARNOULD.

ANNEAU (L'autre). *s. m.* Le trou du cul.

« Il se met en expert, non pas l'anneau d'Hans Carvel, — mais *l'autre.* (*Diable au corps.*)

ANNEAU DU MARIAGE. *s. m.* Le con de la mariée, qui a été béni le matin, et que le marié doit essayer le plus souvent possible la première nuit de ses noces, avec un gros doigt — sans ongle.

« Chantons *l'anneau du mariage*,
Bijou charmant, bijou béni ;

C'est un meuble utile au ménage,
Par lui seul, un couple est uni.
Avant quinze ans, jeune fillette
Veut que l'on pense à son trousseau
Et, qu'on lui mette, mette, mette,
Mette le doigt dans cet *anneau*. »

BÉRANGER.

Anneau rétif (l') *s. m.* Le trou du cul, que le gros doigt a de la peine à perforer, s'il n'est enduit de pommade ou d'huile.

« — Mouille donc ; fais comme tu l'entendras, mais qu'il soit mis ! » Mouillé, l'agent de ma fantaisie réussit à passer la tête dans mon *rétif anneau* ; mais je suis martyrisée, près de me trouver mal. »

A. de Nerciat.

Antiffler ou *entiffler.* *v. a.* Marier. (Argot des voleurs.)

Antifflement. *s. m.* Mariage. (Idem.)

Anti-Justine. Roman licencieux de Nicolas Rétif de la Bretonne, attribué longtemps, par celui-ci, à l'avocat Linguet, qui était mort avant sa publication. Ce roman, qui a pour but de contre-balancer la *Justine* du marquis de Sades, est, à mérite égal, sans les actes féroces qui se commettent dans cette œuvre infâme, aussi immoral et aussi dangereux.

(Voir la notice qui se trouve dans les *Galanteries du XVIII*e *siècle*, par Ch. Monselet)

Antilles. s. *f. pl.* Les testicules. (Argot ancien.)

Antony. Arthur sentimental ; — faux poitrinaire. Date du succès de l'*Antony*, d'Alex. Dumas. (1831.)

« D'ici à quelques années il y aura moins de chance de rencontrer aux barreaux d'une boutique, le cadavre d'un poëte pendu, et de voir les jeunes *antonys*, drapant leur amour-propre avec leur agonie, plonger leur dignité dans le fossé bourbeux de la réclame méphytique. »

(*Figaro*, 1863.)

Anuiste. *s. m.* Partisan de l'anus. — Enculeur, anticoniste, sodomite ou fouteur en cul.

« Anuiste, d'*anus*, — comme casuiste, de *casus*. »

Anus (l') *s. m.* Le trou du cul.

« Déferle ton entrecuisse,
Que j'contemple
Le saint temple
De Vénus
Et ton anus. »
G. de la Landelle.

Aphrodisiades. *s. f.*

« Quand chaque semaine le libraire F... publie, pour votre délassement, deux ou trois volumes de priapées ou d'*aphrodisiades*... » A. Delaberge.

(Voir *Priapées*.)

Aphrodites. Société d'hommes et de femmes, qui s'était formée aux environs de Paris, pendant la révolution, et dont un certain marquis Persan était le président. Cette association à laquelle chacun des initiés concourait dans une proportion convenue, n'avait d'autre but que le libertinage. Des femmes de la cour, des abbés, des princes, de riches étrangers, etc., en faisaient partie.

M. Andréa de Nerciat, dans un ouvrage des plus importants et des plus remarquables dans le genre érotique, a raconté les exploits des *Aphrodites*. Rien de plus spirituel, de plus amusant que cet aimable recueil.

(Voyez *Nerciat*.)

Apothicaire. *s. m.* Amant pédéraste, qui encule sa maîtresse au lieu de la baiser.

« Jean, ce frotteur invaincu,
Au soir, dans une taverne,
Frottait Lise à la moderne,
C'est-à-dire, par le cul.
Elle, qui veut qu'on l'enfile,
Selon sa nécessité,
Disait d'un cœur irrité,
Qu'un clystère est inutile
A qui crève de santé.
(*Cabinet Satirique*.)

Appliquer un homme sur l'estomac (s'). *v. a.* Se faire foutre par l'homme que l'on désirait ; quelquefois une emplâtre.

« ... Et fut-il coiffeur ou laquais, d'aussi huppées que vous *se l'appliqueraient sur l'estomac* sans lui demander ses preuves. » A. de Nerciat.

Apporter sa vertu. Une dot d'Auvergne : son pucelage, avec cinq sous.

> « . . . . Comprend-tu
> Qu'à son époux ma fille *apporte sa vertu ?*
>
> A. Glatigny.

Apprentif-célador, *s. m.* Amoureux timide et sans expérience. — Jeune galantin qui cherche à singer l'homme à bonnes fortunes.

« La dame était jolie, bien faite et suffisamment spirituelle, mais avait le travers d'une intrigue avec un officier, un de ces hommes pour qui le bonheur suprême est d'être montré au doigt, d'être canonisés par d'antiques femmes à passions, et révérés des *apprentifs céladons...* »

A. de N. (*Félicia.*)

Apprêts cantharidés. *s. m. pl.* Aphrodisiaques. — Mets ou portions apprêtés avec des mouches cantharides, dont l'effet est d'exciter les sens jusqu'à l'insatiabilité.

Après la panse, vient la danse. Vieux proverbe : Après la mangeaille, la fouterie.

> « Pour vous mettre en humeur, il faut emplir la panse ;
> Sans Cérès et Bacchus, Vénus est sans pouvoir ;
> Un ventre bien guédé est plus prompt au devoir :
> *Après la panse*, aussi, ce dit-on, *vient la danse.* »
>
> (*Proverbes d'amour.*)

Araignée. Faire patte d'araignée. Action de prendre les couilles et le vit de l'homme de manière à chatouiller le tout à la fois en allant de la tête du vit au périné et au trou du cul, de haut en bas, à droite et à gauche et retour, en y joignant des coups de langue au filet du vit décalotté, le tout jusqu'à jouissance complète.

Arc tendu. Vit bandant.

> « J'exige qu'on tende
> Mon arc tour à tour
> Archers, que l'on bande. »
>
> Béranger.

Architricline. *s. f.* La maîtresse d'un bordel, ordonnatrice naturelle de tous les plaisirs que l'on peut s'y procurer, soit à table, soit au lit. C'est elle qui rédige le menu des repas, prépare les sauces, goûte les vins et les liqueurs, essaye quelquefois les hommes et plus souvent les femmes.

« En ce moment, on entra, c'était l'*architricline*, suivie de quatre figures si comiques, que nous fûmes sur le point d'oublier notre incognito.... » A. de Nerciat.

Ardeur. *s. f.* Synonyme : amour brûlant.

Areigne. *s. f.* Pour araignée (vieux mot). — Grande femme maigre — et noire, — qui vous prend le meilleur de votre sang et vous ronge le cœur.

Il y a dans les contes drôlatiques de Balzac, un cul de lampe de Gustave Doré qui représente une femme, un buste qui se termine en araignée. L'*areigne* a tendu sa toile, et, sur cette toile, gisent les cadavres des *amants-mouches* qu'elle a sucés, épuisés, vidés et mis *a quia*.
Le conte a pour titre : Le Succube.
Oh! les *areignes* — en chaleur !!!

Arétin. (Pierre). Né à Arezzo en 1496, le poëte le plus impudent, le plus éhonté et le plus... *cochon* de l'Italie. On lui doit une foule de poésies, satires, raisonnements et dialogues lubriques. Les frères Carrache illustrèrent ses œuvres. Pierre d'Arezzo mourut à Venise, en 1556.

«... Mon cher Laroche, je t'envoie
Les postures de l'Arétin....
Mais en contemplant les peintures,
Où tu verras en cent postures
Multiplier le genre humain,
Empêche que ton vit ne dresse
Et qu'il ne te crache en la main
En l'absence de ta maîtresse. »

(*Cabinet Satyrique.*)

Argent mignon. *s. m.* Celui que l'on *gagne* facilement et que l'on dépense de même. — Produit de la prostitution, que la femme donne au mari, — la fille à son amant.

Argument. *s. m.* Pousser un argument *naturel* et irrésistible ; c'est-à-dire, une déclaration d'amour, sous la forme d'un bon vit — dans un bon con, qui ne trouve rien à redire à cela.

« Sans brusquer une fillette,
Moi j'attends patiemment
Qu'elle soit bien en goguette
Pour *pousser mon argument.* »

E.-C. Piton.

Argus, *s. m.* Espion mâle ou femelle, surveillants et surveillantes des amoureux.

« Donner un *argus* à une belle, c'est lui dire qu'elle est aimable et qu'elle doit mettre à profit *ses appas....* »

Armes. *s. m. pl.* Le vit, arme offensive et traîtresse, qui, changeant souvent de nom, est tantôt *un fusil, un braquemart, une épée* ; et tantôt *une pique, une lance, une flèche, un javelot*, etc. Le vit combat plus souvent avec les femmes et les filles ; s'il en veut à un homme, c'est par derrière qu'il l'attaque.

Pour les femmes, *rendre les armes* signifie : les accepter, s'en servir et — avouer sa défaite.

Arrière-charmes (les). *s. m. pl.* Les fesses et le trou du cul, rivaux naturels des tétons et du con.

« ...Il me vint le capricieux désir d'apprendre d'Alexis ce que peut éprouver une femme qui prête ses *arrière-charmes.* »

A. de Nerciat. (*Joies de Lolotte.*)

Arrière-vénus. *s. m.* Le cul, opposé au con — par derrière.

« Aucune femme n'avoue son goût pour l'*arrière-Vénus*, c'est là même une de ces choses dont on est convenu de rougir. Lorsque deux amies se font part de leurs plus secrètes voluptés, et se dévoilent l'une à l'autre les mystères du lit conjugal, elles gardent toujours le plus parfait silence sur cette que tion.

« Par malheur, il n'en est pas moins vrai que lorsque une femme a goûté une fois ce plaisir anti-naturel, accompagné simultanément de l'action du doigt sur le clitoris, elle le préfère souvent à tous les autres. Il y a aussi des hommes extrêmement passionnés pour cette

S'arranger — se branler :
« Je ne suis pas comme Louise,
à voir ses yeux cernés les autres
prétendaient qu'elle s'arrangeait
toute seule. »

jouissance; mais on peut dire, sans être prude, que les femmes ne sont pas faites pour êtres prises de ce côté-là. »

LA COMTESSE DE N..*

(*Vade-mecum des femmes mariées.*)

ARRIVE QUI PLANTE. Devise des femmes qui foutent quand même, de toutes les façons, à tout prix et même gratis.

« Fi de ces bégueules!
Messieurs, chez nous seules
Rien n'est défendu
Et rien n'est perdu.
La place est brûlante,
Arrive qui plante. »

BÉRANGER.

« Vous me dites qu'un époux
Est méchant, grondeur, jaloux;
La sœur à Lucien, — m'a parlé du sien,
J'essaierai, — je verrai,
J'en veux un, ma tante....
Arrive qui plante.

N. BRAZIER.

ARRIVER AU NOIR. *v. n.* Dans le paroxysme de la jouissance, ne plus rien voir, ni connaître, c'est ce qu'on appelle *arriver au noir.*

Autre acception :

Après avoir bien aimé et trop joui, être rassasié de l'objet aimé, — devenir maussade, triste, jaloux, brutal, etc..., c'est encore *arriver au noir.*

ARSONNEMENT. *s. m.* Masturbation. — Argot des voleurs.

ARSONNER (S'). *v. pr.* Se masturber. — Dans le même argot.

ART D'AIMER. *s. m.* C'est l'art de foutre : Foutez d'abord, et vous verrez après, — si vous devez *aimer.*

ART DE GAMAHUCHER. Tout un poëme... V. *Gamahuchage.*

Art de jouir (l'). *s. m.* Le premier des arts : c'est celui de bien foutre.

« Vous êtes bien éloignés de connaître ce sublime secret de l'*Art de jouir*, fouteurs bornés et timides, dont la présence d'un tiers peut éteindre la débile flammèche... Je voudrais, moi, figurer la millième dans un chorus de fouterie où tous les autres se pâmeraient à mon unisson ; plus je verrais de femmes mourir sous les vits, d'hommes darder leurs âmes et les perdre au fond des cons et des culs, plus aussi je sens que je serais heureuse ! » A. de Nerciat.

Arthur. *s. m.* Nom que l'on donne à l'amant de cœur de la lorette.

« M. Anatole N... qui lui faisait la cour, passait pour un des heureux *Arthur* de la Chaussée-d'Antin. »

Arthurine. *s. f.* Cocotte dont on ne sait pas le nom ; — la femelle d'un *Arthur* quelconque.

Article (Être fort sur l'). Être toujours prêt à foutre; — porté sur sa pine comme un gourmand — l'est sur sa bouche.

« Et *sur l'article*, ah ! que j'étais *solide*,
Dis-moi, Marton, dis-moi, t'en souviens-tu ?... »
(*Chanson anonyme moderne.*)

As de pique (l'). *s. m.* La partie naturelle de la femme, que l'on pourrait nommer aussi : *l'as qui court*.

Ce mot s'adressait jadis à un imbécile, à un homme dépourvu de toute capacité :

« Taisez-vous, *as de pique !* »

Molière.

Le grand poëte ne pouvait pas écrire : Taisez-vous, espèce de *con* ; c'est pourtant ce qu'il voulait dire.

Asnières-de-Bigorre. *n. de l.* Village d'*Asnières*, autrement connu par les navigateurs (d'eau douce), sous le nom de *Gadoue-Ville*. — Rendez-vous des cocottes et des canotiers.

Aspirer. Avaler, sucer le sperme au moment de l'éjaculation ; acception exacte mais négligée par les dictionnaires dans le sens libidineux.

Assassiner le plaisir. *v. a.* Branler un homme, lui faire répandre le plus pur de son sang, — son foutre; — lui retirer ses forces au préjudice du plaisir qu'il pourrait vous donner.

« Pour mâter les fougueux désirs dont on me faisait hommage, souvent *ma main* avait une *complaisance* qui ne fut, au surplus, jamais trop de mon goût; c'est ce me semble *assassiner le plaisir* que de rendre aux hommes cet humiliant service. » A. de Nerciat.

Assaut. *s. m.* Prendre une femme de force et réussir à la baiser, c'est la prendre *d'assaut*.

Tirer péniblement un coup, étant gris ou fatigué, c'est soutenir un *assaut*, — quel *assaut* !!!

On dit et l'on a tort : *sauter* une femme; on devrait dire l'assauter.

Astic. *s. m.* Vit, — outil qui sait rendre les cons *polis*.

Asticot (Attrapper l'). C'est-à-dire le mal vénérien.

« Si pour nisco,
J'attrappe l'*asticot*,
Tant pis pour mes rouleaux :
Voilà l' turco (*bis*) bono ! »
(*Chanson anonyme*).

Asticotter. *v. a.* Badiner; taquiner une fillette jusqu'à ce qu'elle se rende.

« Petit bossu, noir et tortu
Qui m'*asticottes*
Et fripe mes cottes ;
Petit bossu noir et tortu,
De me baiser, finiras-tu ? «

On finit toujours par là.

Atre (l'). *s. m.* Le con de la femme, qui, toujours flambant, est un foyer assez ardent pour enflammer l'allumette que nous portons au bas du ventre.

« On sait que de Cléopâtre,
Antoine embellit le sort,
En faisant cuire à son *âtre*,
Des *marrons* qu'elle aimait fort. »

Alphonse.

ATTACHE. *s. f.* En bon français, *de cuisine*, signifie :

ATTACHEMENT. *s. m.* Tendre sentiment d'amitié ou d'amour.

Le troupier et la bonne d'enfant disent en changeant de *quartier* ou de *garnison* : Ça m'embête, parce que j'avais une *attache* !..

ATTENTER AUX MOEURS. *v. n.* Entreprendre de débaucher les gens, par écrits, par paroles ou par actions.

Chanter des chansons ordurières, dire des mots obscènes, prendre le cul à une Agnès quelconque, enculer un adolescent, c'est commettre un *attentat*....

— *O mœurs !!!...*

ATTOUCHEMENT. *s. m.* Badinage plus ou moins répréhensible, — à la volonté des parties.

Toucher du bout des doigts, ou prendre à pleines mains, la taille, les tétons, le cul, etc., etc., d'une femme, c'est lui faire des *attouchements*, — pour *la toucher*.

Tâter le vit d'un homme à travers sa culotte, c'est absolument la même chose, —pour *le toucher*.

ATTOUCHEMENTS CRIMINELS. *s. m. Pl.* (Pelotage innocent. — On appelle ainsi les caresses que se font entr'eux et sur eux-mêmes les adolescents des deux sexes, qui commencent à *se sentir*.

C'est l'A, B, C, de l'éducation amoureuse, qui fait les onanistes, les petits sodomites et les jeunes tribades, — histoire de leur faire attendre l'âge où *l'on aime*... plus naturellement.

ATTRAITS. *s. m. pl.* Synonyme d'appas, beautés, charmes.

« Quand on s'est servi d'*appas* et de *charmes*, pour diversifier, on emploie le mot *attraits*; il ne signifie pas plus qu'appas. »

ATTRAPPE-MICHÉ. *s. m.* Fille sage qui vous fout la vérole en se laissant prendre *de force*.

« Que ces drôlesses-là sont souvent de bons greniers à chaudes-pisses ! ce qu'on appelle de véritables attrappe-michés. » COMTE DE CAYLUS.

Novice que l'on fout de force et qui, — de bonne volonté, vous fout la vérole.

Autel. *s. m.* L'endroit où se consomme le sacrifice : le lit, le divan, la chaise, l'herbe tendre ou la mousse,

« Qui est toujours douce » — quand elle sert d'*autel* au plaisir.

« .... Il m'entraina doucement, je me trouvai sur l'*autel* où Vénus attendait que je fusse immolée. »

A. DE NERCIAT. (*Félicia*).

Auteurs licencieux. Avec citation d'un ou deux de leurs principaux ouvrages :

Pierre d'Arrezzo, dit l'*Arétin*. D'Argens et d'Arles de Montigny, auteurs supposés de *Thérèse philosophe*. Barret, *le Grelot*. Béroalde de Verville, *le Moyen de parvenir*. Marquis de Bièvre. *Amours de l'Angelure*. Bibiena, *le Petit Toutou*. Boccace, *le Décaméron*. Brantôme, *Vies des Dames galantes*. Brion, *Comtesse de Launay ; nouvelle académie des Dames*. Bussy-Rabutin, *Histoire amoureuse des Gaules*. Comte de Caylus, *les confidences réciproques*. Choderlos de Laclos, *les Liaisons dangereuses*. Crébillon fils, *le Sopha*. Desforges, *Adolphine*. Diderot, *la Religieuse ; les Bijoux indiscrets*. Dorvigny, *Ma tante Geneviève*. Dulaurens (l'abbé), *Compère Mathieu ; Je suis pucelle*. Duprat, *les Décrets des sens*. Eutrapel (*les Contes d'*). Fougeret de Monthron, *Margot la ravaudeuse*. Gervaise de Latouche, *le Portier des Chartreux*. Guiard de Servigné, *les Sonnettes*. Lemercier, *les Quatres métamorphoses*. Lesage, *Parades*. Louis XI, *les Cent nouvelles nouvelles*. Louvet, *Faublas*. Marguerite de Navarre, *l'Heptaméron, contes*. Millot, *l'Escole des filles*. Mirabeau, *Ma conversion ; le Rideau levé*. Mercier de Compiègne, *les Veillées de Couvent*. Mursius, *Entretiens d'Aloysia*. Nerciat (A. de), *Félicia*, *Monrose et les Aphrodites*. Nogaret, (Félix), *les Quarts d'heure d'un joyeux Solitaire*. Nougaret, *Lucette, ou les progrès du libertinage*. Pigault-Lebrun, *La Folie espagnole*. La Popelinière, *les Passe-Temps*. Ragot, *Agathe, ou la chaste princesse*. Rétif de la Bretonne, *le Pornographe ; l'Anti-Justine*, etc., etc. Marquis de Sade, *Justine, ou les malheurs de la Vertu*. Tissot, *l'Onanisme*. Vadé, *Parades ; Catéchisme poissard*. Veinant, *Gaudriole*. Venette, *l'Amour conjugal*. Voisenon, *Exercices de l'abbé Roch*. Voltaire, *Contes et romans ; la Pucelle*. Plancher-Valcour, *le Petit neveu de Boccace*...., etc. — V. *Contemporains et poëtes licencieux*.

Autre façon (l') *s. f.* De deux façons de foutre une femme, l'une, qui est la bonne, c'est la baiser ; *l'autre*, — qui est peut-être meilleure, — c'est l'enculer.

« Il est vrai qu'avec une femme qui a vécu, il y a quelque chose à gagner de *l'autre façon*, pour un jeune homme qui n'a pas de quoi remplir les espaces.. »

A. de Nerciat. (*Félicia.*)

Avance. *s. f.* Le membre viril ; — d'où cette fantaisie foraine :

« Mam'zelle Jeanneton, vous avez un petit *fond*, moi j'ai quelqu'*avance ;* si vous vouliez, nous mettrions le tout ensemble et nous pourrions faire quelque chose... »

Avances. *s. f. pl.* Premières faveurs que s'accordent les amoureux : œillades, sourires, pressements de mains, baisers sur le front, etc.. etc. — à-comptes sur la fouterie.

« J'ai un caprice..., je le lui explique aux trois quarts, et mon butor me quitte après mes *avances* humiliantes. » A. de Nerciat.

Avances (Faire des). Par pensées, par paroles, par actions et par... *émissions*, faire comprendre à un homme, ou à une femme quand on est homme, que l'on a grande envie de foutre avec lui, — ou avec elle.

« ... Un monsieur, qu'était dans l'aisance,
Désirant lui *faire* quelqu'*avance*
S'approch' d'elle une bourse en main... »

Perchelot.

Avant-gout des plaisirs *s. m.* Lecture qui pousse à la peau et donne envie de jouir. V. *Alentours* (les petits).

« Mollement couchée entre deux beaux draps fins, lis cet ouvrage, il servira à allumer tes désirs et te procurera l'*avant-goût de ces plaisirs* qui seraient plus vifs, si j'avais moi-même le bonheur d'arroser des pleurs de l'amour ce jardin planté des mains de la nature. » Mercier de Compiègne.

Aventure. *s. f.* Synonyme d'amourette.

« Une *aventure* galante plaît infiniment, surtout si elle est assaisonnée de crainte et de danger... »

D. Duradier.

AVEU. s. m. « *Serez-vous encore longtemps à m'accorder un tendre aveu :* Cela signifie avec une coquette :

« Il me semble que j'ai passé par tous les degrés qui conduisent à la conclusion, c'est assez soupirer à crédit, je commence à m'ennuyer, etc... »

Et avec une novice :

« Il n'y a plus qu'une certaine pudeur qui vous retient, vous êtes déjà persuadée, franchissez le pas. »

DREUX-DURADIER.

AVOIR. Avoir eu foutre ou avoir foutu avec une femme ou une fille que l'on désirait.

« Eh bien ! ma mie, tu vois comme je t'aime, je laisse ma prébende pour t'avoir. »

BEROALDE DE VERVILLE.

« Fais donc que j'aie cette fille et je te rendrai riche. »

P. DE LARIVEY.

AVOIR PIGNON SUR RUE. Avoir des tétons plantureux, qui font saillie sur la perpendiculaire du corps, et dont l'avancement attire plutôt que de repousser.

AVOIR PONDU. Fille ou femme qui a eu un ou plusieurs enfants.

AVOIR SON PAQUET. Être enceinte.

AVANT-COEUR. s. m. Les tétons.

« N'étouffons-nous pas un petit brin ? lui dit-il en mettant la main sur le haut du buse ; les *avant-cœur* sont bien pressés, maman. BALZAC.

AVOIR DU PERSIL DANS LES PIEDS. Se dit d'une fille publique qui a les pieds sales.

AVOIR QUELQU'UN. Femme, être entretenue.

« ...Elles ont un amant qui paie ; tantôt elles l'appellent *monsieur*, tantôt un *bienfaiteur*. Entre elles, elles disent : *Tu sais bien*, Paméla ; maintenant elle *a quelqu'un*. » B. DE SAINT-ELME.

AVOIR UN ARLEQUIN DANS LA SOUPENTE. C'est-à-dire, dans le ventre. Être enceinte d'on ne sait qui, — de plusieurs amants, — de toutes couleurs.

Avoir un polichinelle dans le tiroir. Être enceinte.

Avortement. *s. m.* Fait accompli. — Fruit d'un accouchement *prématuré*, que l'on dédie, ordinairement, aux lieux d'aisances — et à la cour d'assises.

Avorton. *m. s.* Enfant difforme, ou *sans formes*, qui déménage avant le terme. V. *fœtus*.

Aze (l') te foute. Vieux dicton qui signifie : Va te faire foutre — par un âne.

« ...Ainsi les dieux ont esleu
Tels oiseaux qui leur ont pleu.
Priape qui ne voit goutte,
Haussant son rouge museau,
A taston, pour son oiseau
Print un *ase qui vous foute.* »

Motin.

« Lors, dit Catin : N'entends-tu pas !
Quoi ! répond l'autre. — L'*aze*, écoute ..
Si l'*aze* pète, dit Colas,
Parsanguié ! que l'*aze te foute !* »

Piron.

Babé. *s. m.* Les lecteurs de Balzac savent que les *babés* sont les petits jeunes gens qui débutent auprès de ces dames (*babe*, baby, enfant). La prononciation donne *bée*, bée, le bêlement de la farce de Pathelin.

« Ne vous fâchez pas, ô *Babés!* vous êtes heureux!
Que d'hommes faits et défaits vous portent envie! »

Bachelière. *s. f.* On appelle ainsi la maîtresse d'un jeune étudiant, — parce qu'elle est toujours assez savante pour conduire un *bachot* jusqu'à Bercy, et un bachelier, jusqu'à Clichy.

Badinage. *s. m.* Petit jeu de mains, que les vilains

seuls se permettent. Les allemands disent *patinage* et ils disent *pien*:

« Lorsque Bacchus fient m'attapler
Brès te fille au chentil corsache,
Ché me plais à chesticuler :
Ch'aime peaucoup la *patinache*. »

L. Festeau.

Badiner. *v. a.* C'est-à-dire : *Patiner* le cul et les tétons d'une femme... histoire de *la tâter*.

« Célimène prude et sage
Haïssait tant les badins,
Que le moindre badinage
Lui causait mille chagrins ;
Mais je *badine* avec elle,
Et loin de la chagriner,
J'ai si bien fait, que la belle
Voudrait toujours *badiner*. »

...

« Si vous osez étendre encor vos ailes,
Songez-y bien, j'y mettrai le holà ?
Je ne veux pas qu'on alarme les belles...
Badinez, mais restez-en là.

Emile Debraux.

Badouille. *s. f.* — Mari qui se laisse mener par sa femme. Terme populaire.

Bague-con.

Carvel, j'ai pitié de ton cas,
Tiens cette *bague* et ne la lâches ;
Car tandis qu'au doigt tu l'auras
Ce que tu crains point ne sera.

La Fontaine.

Bahut. *s. m.* Grande chambre d'un bordel, où sont parquées les putains pendant le jour.

Baisaüffler. *v. a.* Baiser.

Baisologie. *s. f.* Art ou action de baiser.

Baigne dans le beurre. *s. m.* Maquereau.— Allusion à la manière d'arranger ce poisson

Baiser. *s. m.* Preuve d'amour qui se donne avec les lèvres, sur les lèvres d'un amant ou d'une maitresse. Le langage érotique admet une foule d'expressions plus ou moins... érotiques à cet acte éloquent. On dit : Un *baiser* amoureux, ardent, brûlant, clandestin, dérobé, délicieux, enchanteur, enivrant, furtif, humide, impudique, lascif, mal assuré, ravissant, savoureux, tremblant, vif, voluptueux, etc., etc. Un *baiser* de feu, de flamme, l'ardeur d'un *baiser*, la flamme d'un *baiser*, l'ivresse, le nectar du *baiser*. Ravir un *baiser*, le cueillir, le savourer, Effleurer d'un *baiser*, boire le nectar des *baisers*, etc., etc.

« Le front est le siége du *baiser* respectueux et civil, ou celui de l'amour maternel ; la main est pour le *baiser* de protection ; les joues sont pour l'amitié ; le cou pour l'amour ; et les lèvres d'en haut et d'en bas pour l'amitié et l'amour. » MERCIER.

BAISER (le). *s. m.* L'acte vénérien, — *proprement* dit.

« Va, si tu veux, chercher un fiancé stupide,
Cours offrir un cœur vierge à ses cruels *baisers* ;
Et pleine de remords et d'horreur, et livide,
Tu me rapporteras tes seins stigmatisés.... »
CH. BAUDELAIRE.

BAISER. — *Verbe très actif.* — S'accoupler ; faire l'acte vénérien. Voici quelques-uns des synonymes de ce mot charmant :

Faire ça ou cela, faire l'amour, fourbir une femme, faire criquon-criquette, ourser, piner, voir, faire panpan, ou zizi-panpan, et mieux que tout cela : *foutre*.

On *baise*, à l'œil, sur le pouce, à la dan, à la papa, en bourgeois, en maçon, en épicier, à couillons-rabattus, à culs nus, à la paresseuse, en levrette ;

On *baise* en tétons, en cuisses, en aisselle, en con, en cul, à la française, à la florentine, etc., etc. V. *Foutre et Coït.*

BAISER DE LA LANGUE (le). *s. m.* La langue fourrée : qui est l'absinthe de la fouterie.

« Le *baiser de la langue*, c'est une autre tromperie de l'amour qui cherche la conjonction en toutes choses et en toutes sortes de manières ; c'est une image et représentation du vit qui entre dans un con, pour s'unir à sa moitié, et la langue qui glisse en la même guise sous une autre langue, étant pressée à l'entour par les deux lèvres ennemies, l'âme est trompée par la ressemblance de cet objet. D'où vient qu'elle veut aussi quelquefois plus de résistance par l'opposition des dents, pour mieux imiter cette douce force que le vit rencontre par le bas, pour s'unir parfaitement au con. C'est pourquoi il semble alors que le cœur s'exhale par la bouche en souffrant les carresses qui lui sont faites....... et l'imagination se réjouit presque autant de cette vaine figure que si le plaisir véritable y était conjoint. » MILLOT.

BAISER DES QUATRE SOEURS... ou des *quatre fesses*.— On appelle ainsi le frottement volontaire ou involontaire qui a lieu, lorsque deux personnes couchées ensemble se retournent pour s'endormir.

«.... Le soir elle retroussait nos chemises pour appuyer ses fesses contre les miennes, et me donner le *baiser des quatre sœurs*.

MIRABEAU. (*Rideau levé.*)

BAISER OU FOUTRE EN MAÇON. *v.a.*—*Gâcher l'ouvrage*, c'est-à-dire, foutre pour son propre compte, sans s'inquiéter de la femme ; en *mufle*, en véritable égoïste... ventre sur ventre.

Synonyme d'*ourser*.

BAISER OU FOUTRE COMME UN DIEU. *v. a.* Étant bon fouteur, conduire une femme au ciel par le chemin que vous savez ; inutile de dire qu'il y faut aller en même temps, puisqu'on l'y conduit.

« Madame Durut, sentant les approches du suprême bonheur, se livre avec transport, et s'agitant à l'avenant, s'écrie : Foutre ! c'est trop de plaisir ! il *fout comme un Dieu !* (A. DE NERCIAT.)

BAISER SUR LA BOUCHE. *s. m.* Renseignement que l'on prend au premier, pour savoir si le rez-de-chaussée est à louer.

« La femme qui vous livre sa bouche vous a déjà tout livré. » J. VIARD

BAISEUSE. *s. f.* Partenaire du fouteur. Toutes les femmes sont baisées, mais ne sont pas baiseuses. La vraie *baiseuse* est celle qui, de tous les moyens de foutre, préfère le *baiser*, — pine en con, — sait faire jouir et ne jouit que quand on la *baise*.

« Point d'éloges incomplets,
S'écrira cette brunette

A moins de *douze* couplets
Au diable une chansonnette !
Quoi ! *douze*, ou rien ? dit un sot.
Oui, c'est l'humeur de Margot.
Nous t'en promettons *treize* :
Viens, Margot, viens qu'on te *baise*. »

BÉRANGER.

BAL. *s. m.* « Les femmes aiment les *bals* et les spectacles, comme le chasseur aime les lieux où le gibier abonde. » LATÉNA.

« L'amour au *bal* a des succès certains :
L'éclat du lieu, le tumulte, la danse,
L'air du désir, la voix de la licence,
L'impunité, le masque officieux,
Tout y fait naître un feu séditieux. »

GENTIL-BERNARD.

BALADEUR. *s. m.* Flaneur. — *Balader*. — Choisir, chercher ; marcher sans but ; flaner.

BALADEUSE. *s. f.* Coureuse.

« Elle t'a trahi, sans te trahir : c'est une *baladeuse*.. »

G. DE NERVAL.

BALAFRE. Solution de continuité qui existe entre les jambes de la femme.

On ne conçoit pas d'abord où ces dames à grandes *balafres* peuvent loger. (*Aphrodites*).

BALAYEUSE. *s. f.* Petite dame qui balaye les trottoirs avec ses longues jupes. (*Argot du peuple*).

BALLE, BALLE D'AMOUR. *s. f.* Physionomie ; jolie physionomie. — (*Argot.*) VIDOCQ.

BALCON (*Faire le*). Moyen ingénieux employé par les filles pour faire savoir à leurs abonnés quelles sont visibles : — Il leur suffit de mettre au balcon une chaise sur laquelle sera déposée une chemise ou une jupe commencée... puis de retirer le tout quand le client est entré.

« Je vous dis que vous faites la fenêtre ; on vous a vue au *balcon*.

— « Ah ! M. le commissaire, comme on vous a trompé : — Je ne vais jamais à ce *bal là !* »

J. CH.-X.

BANDAILLER. Voir *Bandocher*.

BANDE-A-L'AISE. *s. m.* Se prend en bonne et en mauvaise part.

Dans le premier cas, c'est un fouteur toujours bandant, toujours prêt à se mettre en action.

« Qu'on me baise,
Mon con, Nicaise,
Se présente à toi... :
Viens, *bande à l'aise* :
Vite, mets-le moi... »

PIRON.

Dans le second cas, c'est un homme mollasse, indifférent, qui n'en prend qu'à son *aise*, — quand ça lui plait, — et quand il peut.

« Va, ton.... est un vrai *bande-à-l'aise*,
Qui, l'autre jour,
Pour m'enfiler à la façon française
Me fit la cour.

(*Chanson moderne.*)

BANDER (le). *s. m.* L'érection de la pine ; l'action de bander.

« Le toucher léger rend le *bander* énergique,
Facilite beaucoup l'éjaculation. »

(*Compendium érotique.*)

«.......... Soulevez sa chemise,
Caressez doucement et comme par méprise,
Son cul tout chaud encor des ardeurs de la nuit.
A ce contact si doux, le *bander* se produit. »

(*Idem.*)

BANDEUR. *s. m.* Godeur, godilleur, bandant pour toutes les femmes et toujours prêt quand il s'agit de baiser. — Une jolie jambe, une taille fine, une poitrine garnie, le font retourner sur ses pas. S'il voit venir devant lui *quelque chose* de mieux, il abandonne sa poursuite et la recommence en l'honneur du nouveau caprice. Il risque de perdre ses pas, mais qu'importe : *il bande !*

« Mais pour gagner de gros salaires
On doit oublier la pudeur
Et baiser avec ses affaires :
Rien n'est sacré pour un *bandeur*.

EM. HÉMERY.

Bandille. Couille.

Bandocher. *v. n.* N'être pas en train : Bander faiblement, difficilement. — Avoir des velléités d'érection.

Barbe (Faire une). *v. a.* Tirer un coup à la hâte ; c'est souvent faire *une queue.* — (Argot des artistes coiffeurs).

Barbue. *s. f.* La Motte ; — poisson d'eau douce qui se mange à la sauce blanche.

Bassiner un lit. *v. a.*

Le sien ; — Baiser dessus — avant de se coucher, — une femme obligée de rentrer chez elle.

Celui qui n'est pas le sien ; Baiser la propre femme d'un autre, sur le propre lit de cet autre, qui trouvera la place chaude en rentrant.

Bassinoire. *s. f.* La femme ci-dessus désignée.

Autre acception : — Homme ou femme importuns, qui vous *bassinent* et vous font *suer.*

Batard. *s. m.* Enfant de trente-six pères et d'une seule putain.

— « Toi ! t'es *bâtard* ; t'as pas d'père...
— « J'en ai p't être plus qu'toi des pères !
(*Ancienne lithographie.*)

Batifoller. *v. n.* Badiner. Terme Familier.

Batifolage, badinage.

Batifoleur, Batifoleuse. Qui badine.

Bateau. Nom donné au con.

Batir. *v. a.* Femme, être enceinte.

Baton de chair. *s. m.* Le vit, qui corrige les femmes, en les empêchant de se branler.

Baton de la Brinvilliers. La célèbre empoisonneuse n'ayant plus en perspective que la torture et la mort, avait tenté de se suicider dans sa prison. Voici, selon M. de Coulanges, de quel moyen elle avait usé :

« Elle s'était fichée un bâton, devinez où ?... ce n'est point dans l'œil, ce n'est point dans la bouche, ce n'est point dans l'oreille, ce n'est point à la turque; devinez où c'est... tant y a qu'elle était morte, si on n'était couru au secours... »

La Brinvilliers fut brûlée vive le 18 juillet 1676.

(*Lettres de Madame de Sévigné.*)

Battre le briquet. *v. a.* Faire l'acte vénérien. *Amadouer* un con avec le bout d'un vit qui lui sert de *briquet*; sonder vigoureusement l'endroit où se place la *pierre* et en faire jaillir un feu qui ne s'éteint pas toujours avec une seule pluie de sperme.

Baudruche. *s. f.* Pellicule de boyau de mouton, que l'on neutralise pour en faire des *choses* très utiles : — des capotes anglaises. V. Millan.

Baume de vie. (*ou de vit*). La semence de l'homme, — que donne le *vit* et qui donne la *vie*.

« C'était pour me procurer mille morts délicieuses, qu'il ménageait avec art ce *baume* précieux qui donne la vie. » (*Félicia.*)

On dit aussi : *Baume génital.*

Beau. *s. m.* Jeune *beau*, *beau du jour*. — Synonymes: gandin, cocodès, col-cassé, petit-crevé, etc., etc.

Jeune homme intéressant qui, se soumettant à la mode qu'il a inventée, de complicité avec d'autres, porte des chapeaux impossibles, enjambe des pantalons collants... trop collantes, et endosse des jaquettes indécentes pour faire en marchant, des effets de cuisses et de fesses.

Antinoüs-Callypige... *Proh pudor !*

Beau port (Avoir un). Un port de reine. *s. m.* Se dit d'une femme qui a la taille belle, les tétons beaux et.. tout ce qu'il faut pour donner envie de la baiser.

Beauté. *s. f.* Le premier présent que la nature nous donne et le premier qu'elle nous enlève.

« La *beauté* est un bien, — pour les autres. »

Bion.

« S'il est un fruit qui se puisse manger cru, c'est la *beauté*. Alph. Karr.

« Une femme sans *beauté*, ne connaît que la moitié de la vie. » Mme de Montaran.

Beauté. *s. f.* Le *sexe* en général : — La femme — fût-elle laide comme tous les péchés de la capitale.

« Mais s'il advient, que taillé par le fer,
Il perde un bras, une jambe, une oreille,...
Il devient sourd, manchot, boiteux, c'est clair :
Mais la laideur sied toujours à merveille.
Et quant du corps on n'a plus qu'un côté,
On est superbe aux yeux de *la beauté*.

Maxime de Redon.

Beauté. *s. f.* Les femmes en *général*, avec, ou — *sans uniforme*. — Les grasses ayant de belles épaules, laissent aux maigres leurs *épaulettes*.

« Dieu créa, pour notre bonheur,
La beauté, le jus de la treille,
Je veux, ce soir, en son honneur,
Chanter *le con* et la bouteille. »

J. C.

Beauté des tétons. Pour être dans la plus belle proportion possible, il faut, selon Anacréon, qu'ils ne soient pas plus gros ni moins blancs que deux œufs de tourterelles. — Ces globes, ces monts que l'on nomme *tétons*, doivent pour être de la beauté la plus régulière, ne jamais s'approcher si près, qu'une main ne puisse en l'étalant, se placer entre eux sans les toucher. Ils doivent êtres fermes et blancs, et embellis du plus joli bouton de rose, ce sont les réservoirs du lait qui doit nourrir les fruits de l'accouplement des deux sexes.

Beaucoup d'hommes aiment les gros tétons,

« Allons nous coucher dans de bons draps blancs,
Avec un' bell' fille de quinze à seize ans,
Ayant de belles fesses et de bons gros tétons,
Voilà qu'est bon ! bon ! bon !

(*Vieille chanson.*)

« Un téton ferme et rond, au moins, c'est positif... »

Th. de B.

Beauté du diable (la). La jeunesse. — On dit de toute fillette qui n'est ni laide ni jolie : elle a la *beauté du diable*, c'est-à-dire : elle est jeune.

«... Quelques-unes sont fort gentilles, deux sont fort laides, les autres ont de ces physiques dont on ne dit rien, mais qui plaisent souvent parce qu'ils ont ce qu'il est convenu de nommer la *beauté du diable*; ce qui veut dire de la jeunesse... » P. DE KOCK.

(*Sans Cravate.*)

BEAUTÉS CACHÉES. *s. f. pl.* Le con, le cul, les tétons, etc.—tout ce que nous dérobent les ajustements féminins, et que, pour cette cause, on appelle aussi les *appas secrets*.

BEAUTÉS OCCIDENTALES. *s. f. pl.* Les fesses d'une femme où l'on ne saurait s'*orienter* sans son consentement. En Turquie, les fesses sont des beautés *orientales*.

BEAUTÉS POSTÉRIEURES. *s. f. pl.* Encore le fessier.

«.... Le grand camarade, tourmenté de ses désirs, se mettait préalablement au fait des *beautés postérieures* de la soubrette... et cherchait à s'établir en levrette, mais de petits coups de cul le dénichaient comme sans dessein. (*Mon Noviciat.*)

BEAU TRAVAIL. *s. m.* On dit, d'une putain qui, connaissant parfaitement la *rocambole* de l'amour, sait se servir de ses mains, de sa bouche et de tout ce que la nature lui a donné pour faire jouir les hommes : — Elle a un *beau travail.*

(*Argot des filles et des souteneurs.*)

BÉBÉ. *s. m.* Poupard. — De l'anglais baby. — Voici une définition qui me paraît bien plus exacte.

Le nom vient de BÉBÉ, nain du roi Stanislas. Les fabricants de jouets d'Allemagne inventèrent une poupée à articulations mobiles. Ce jouet eut un succès fou en France; les marchands lui mirent une petite chemise et, au carnaval, le *bébé* devint le costume à la mode.

Bébé est devenu un nom d'amitié que les cocottes donnent à leur gros monsieur; *mon gros bébé* !...

« Le regard des houris ne m'allait point à l'âme,
Les bras blancs des *bébés* ne m'allaient point aux yeux. »

HENRY R. (*Diogène*).

« Un mot dont on nous favorise,
Mot aux nourrices dérobé,
C'est, aurait-on la barbe grise :
— Comment ça va ? Bonjour, *Bébé*. »

FR. DE COURCY.

(V. *Babé.*)

BEC. *s. m.* Bouche. — Se rincer le bec, boire; — Tortiller du *bec*, manger; — avoir du *bec*, savoir blaguer et river le *bec* aux blagueurs.

BÉCOT. *s. m.* « Petit baiser pris du bout des lèvres avec la prestesse de l'oiseau qui donne un coup de bec. »

« Encore un bécot. »

CH-RY.

BEC A CORBIN. Vit qui a reçu quelque gentillesse de dame Vénus, et qui par cette cause se replie en forme de bec à corbin.

BÉCOT (Donner un). *v. a.* Baiser la tête d'un vit comme on baise le bec d'une clarinette.

Cette aimable action ne faisant aucun bruit, on peut aller longtemps : d'abord *moderato*, puis *allegretto*, *vivace*... chaque pause vaut un soupir

« Et quand je lui donne un *bécot*,
Comme il lève la tête,
Jacquot ! »

AL. DALÈS.

BÉCOTTER. *v. a.* Donner des *bécots*.

« Petit bossu
Noir et tortu,
Qui me *bécottes*
Et fripes mes cottes ;
Petit bossu, noir et tortu,
De me baiser, finiras-tu ?... »

BÉRANGER.

BEDAINE. Gros ventre, ventre de femme enceinte.

R'garde donc c'te bedaine ;
Qui qui l'a mise comme ça.

(*Chanson griv.*)

BÉGUEULE. (Faire sa). C'est, dans le grand monde, se faire dévote ; jouer la vertu, et ne prêter son con à tout venant que pour avoir quelque chose à dire à son confesseur.

Dans le petit monde des cocottes, on dit : *Faire sa gueule*; c'est-à-dire, afficher la vertu que l'on n'a pas, pour mieux faire payer les vices que l'on a — à en revendre.

> « Fi des coquettes maniérées,
> Fi des *bégueules* du grand ton ;
> Je préfère à ces mijaurées,
> Ma Jeannette, ma Jeanneton. »
>
> BÉRANGER.

De toutes les femmes, la *bégueule* est celle qui sait le mieux dissimuler ses plaisirs.

BELAUX. Couilles.

> Les belaux.
> Testiculi
> Sont coupés, le fleuve les entraîne.
>
> (*T. du Bordel.*)

BELLE, *s. f.* La femme, belle ou laide, — votre maîtresse, par exemple :

> « Ma *belle* est la *belle* des *belles*. »
>
> (*Vaudeville ancien.*)
>
> « On n'offense point une *belle*
> « Quand on s'y prend si poliment. »
>
> ALEX. DUVAL.

BEL ENFANT, *s. m.* Petit nom que l'on donne à un amant adolescent, qui vous appelle : *belle maman.* — Puceau ; homme à former, ou à réformer.

BELLE DE NUIT. *s. f.* Vieille putain.

« La plupart de ces *belles de nuit* ne seraient pas présentables au grand jour.... à la faveur d'un léger crépuscule..... tout ce qui porte les attributs du *sexe* s'embellit, et acquiert le droit de plaire ; les grâces surannées reprennent leur fraîcheur ; la matrone la plus hideuse trouve encore à trafiquer de sa laideur dégoûtante... »

(*Anecd. sur mad. Dubarry.*)

BELLE ENFANT. *s. f.* Nom que l'on donne à une jolie fille, tant qu'elle est en âge de faire *l'enfant*, ou de faire *un enfant*.

> « *Ma belle enfant !...* »

Cette expression se trouve dans tous les drames possibles et impossibles, depuis la *Pie voleuse*, jusqu'à la *Grâce de Dieu*, etc. etc. Dans cette dernière pièce, elle s'adresse à Mlle Clarisse Miroy, qui a 46 ans et est grosse comme Mlle Georges : — *La belle enfant !*

Belle femme. *s. f.* Créature humaine qui s'habille, babille et se déshabille. Elle est, à la fois, le paradis des yeux, l'enfer de l'âme et le purgatoire de la bourse. (*Recueil d'Anas.*)

Bénitier. *s. m.* La partie naturelle de la femme qui reçoit dévotement notre *goupillon.*

« Je crois bien que notre gros vicaire,
Aura mis le doigt au *bénitier.* »

BÉRANGER.

« aussi, ma foi,
Laissez-moi mettre un doigt
Au *bénitier* de ma belle Lise. »

EMM. DELORME.

Benoiton. Diminutif de *Benoit,* qui signifie : imbécile.

Ce mot date de la représentation au Vaudeville d'une pièce de Vict. Sardou. Cette pièce, intitulée : *La Famille Benoiton* eut un grand retentissement, fit gagner beaucoup d'argent à son auteur, et dota le vocabulaire de l'avenir des gracieux mots qui suivent :

Benoitonnade. Œuvre dramatique dans le goût de la pièce susdésignée.

Benoitonnage, au masculin, a la même signification.

Benoitonne. Cocotte, qui porte robes, filets, chapeaux, etc.,—à la *Benoiton* :—tout *à la Benoiton.*

Benoitonner. Verbe inutile qui signifie : parler argot, faire de la

Benoitonnerie, c'est-à-dire, des grimaces, des gestes, et des mots.... *à la Benoiton.*

Berger. *s. m.* Synonyme d'amant ; — ne s'emploie plus.

Bergère. *s. f.* Meuble de boudoir, — ou de foutoir. Fauteuil très large garni d'un coussin sur lequel on se met à l'aise pour baiser ou se faire baiser.

« Dans de riches appartemens
On a vingt meubles différens :
Un seul m'est nécessaire :
Mieux qu'avec un sopha doré
Mon petit réduit est paré
D'une simple *bergère.* BOUFFLERS.

On appelle aussi *bergère,* le tendron qui secoue la *houlette* de son galant, à *l'heure du berger.*

Besace. *s. f.* Le ventre d'une fille enceinte.

> « Finalement, v'là Boniface
> Qui s'présente et veut m'épouser :
> Comme il faut qu'chacun *porte sa b'sace*,
> Je m'promets bien d' l'utiliser.
> Un mal de cœur, suit' d'un' scène amoureuse
> Rendit bientôt ma *position* chanceuse.... »
>
> Ph. Vionet.

Bestialité. *s. f.* Crime honteux que l'on commet avec une bête.

« Rien ne fut plus commun au moyen âge, que ce crime que l'on punissait de mort quand il était patent et confirmé par le tribunal. — Les registres du parlement sont remplis de ces malheureux qu'on brûlait avec leur chien, avec leur chèvre, avec leur vache, avec leur pourceau, avec leur oie! — On aurait volontiers pardonné à la bête plutôt qu'à l'homme; mais on la tuait de peur qu'elle ne vint à engendrer un monstrueux assemblage de la bête et de l'homme. »

Pierre Dufour.

«.... La lutte s'engage, les coups se portent, la *bête* devient l'égale de l'homme. Sainte est *embestialisée*.... ensinginée...» Alf. de M. (*Gamiani.*)

Bête (La). *s. f.* La femme, — après l'homme.

« Le plus sot animal, à mon avis, c'est l'homme. »

Boileau.

> « Si je veux croire les railleurs
> Elle a fort peu de cheveux à la tête ;
> Les sujets qu'on en dit ne sont pas des meilleurs ;
> Ce n'est pas bien l'endroit par où j'ai vu *la bête*,
> Mais elle en a beaucoup ailleurs
> Où elle est souvent arrosée
> De la plus douce des liqueurs. »
>
> (*Le Zombi du grand Pérou.*)

Bête (La). *s. f.* La nature de la femme ;—j'appelle un chat un con,—comme on appelle un con : un *hérisson*, un *ourson*, un *petit lapin*, un *caniche*, etc., etc On dit aussi : — bête comme un con.

> « Jadis, au lit, discret amant,
> Près de ma grisette,
> Je l'embrassai timidement
> Des pieds à la tête.
> Aujourd'hui, d' la poitrine au g'nou,

Ma main s'promène et s'arrête où
Je trouve sa *bête*....
Bête comme chou.

JUL. CHOUX.

BÊTE (Se payer sur la). *v. n.* Ne pouvant obtenir d'une femme l'argent qu'elle vous doit, la baiser ; c'est autant de pris, — c'est-à-dire : autant de *foutu*.

On s'est *payé sur la bête*.

BIBITE. *s. f.* Pine d'enfant, — qui n'en est pas encore une, — ou de vieillard, — qui n'est plus rien du tout.

«..... Ça n'est que pour pisser. »
Mr AUBER (*De l'Institut.*)

BETTERAVE. Le vit.

BICHERIE. *s. f.* Les biches du demi-monde, ou du monde galant. Il y a la haute et la basse *bicherie*, c'est-à-dire les biches bien ou mal entretenues.

BICHON. *s. m.* Amant de cœur. — Chien complaisant pour les dames qui n'ont rien de mieux à faire que de se faire *bichonner* : lèche-cul.

BICHONNER. *v. a.* Arranger avec coquetterie : friser comme un *bichon* — caniche, *se bichonner* ; se faire beau : s'adoniser.

BIDET. *s. m.* Meuble de cabinet que les dames enfourchent pour faire leurs ablutions secrètes.

« Madame entre au cabinet
Et commence sa toilette,
Se met dessus son *bidet*
Afin d'être blanche et nette... »

PINSON.

BIDET. *s. m.* Membre viril. — Dada que les dames enfourchent pour aller au bonheur.

« Il est d'une vigueur que rien ne peut abattre.
Que ce drôle était bien mon fait !
Trois fois sans débrider, il poussa son *bidet*.
(*Les Plaisirs du Cloître.*)

« A da da, à da da
A da da sur mon *bidet*. »
JACQUEMART.

« Il la jeta d'abord sur sa couchette,
Lui présenta son pétulant *bidet*.
(*Le Cosmopolite.*)

BIEN. *s. m.* Homme ; femme : — L'homme est le *bien* de la femme, qui est très souvent son mal.

— « Vous n'avez pas vu mon *bien* ?. .. — Qui, votre mari ?.. Il sort d'ici, il n'y a qu'un instant. »

« Mon *bien* devient endormant, disait une femme que son mari commençait à ennuyer... »

Faire valoir son bien, c'est : baiser souvent sa femme dans le but d'avoir des enfants.

BIGARREAU. *s. m.* La tête du vit ; le gland. — Allusion de forme et de couleur.

BIJOU DE FAMILLE. *s. m.* Le seul que l'on conserve jusqu'à la mort, à moins d'accident grave.

Le *vit*, que l'homme tient de ses père et mère ; — le *con*, apanage de la femme, qui provient de la même source, — et de la même *bourse*.

« Qu'il soit pauvre, avare ou brutal,
Un père, au moins, donne à sa fille
Pour en jouir, soit bien, soit mal,
Un petit *bijou de famille*... »

EM. DEBRAUX.

BIJOU DORÉ. Nature de la femme dont la couleur du poil est d'un blond tirant plus ou moins sur le roux.

BIRBE, BIRBON, BIRBETTE : « Les dames des tables d'hôte ont adopté trois mots pour peindre la vieillesse : à cinquante-cinq ans, c'est un *birbon* ; à soixante ans, c'est un *birbe* ; passé ce délai fatal, c'est une *birbette*. L. LESPÈS.

BISTOQUER. *v. a.* Faire l'acte vénérien : Exercer sa *bistoquette* dans une *tirlirette*. *Voy. ces deux mots.*

« Brantôme assure que Mahomet, époux de onze femmes, ne mettait qu'une heure à les *bistoquer* toutes. »

BISTOQUER : — Faire un présent à quelqu'un, le parer d'un bouquet, lui en offrir un. (*Patois de Lille.*)

BISTOQUETTE. *s. f.* La pine.

« Savez-vous, bons citadins,
Ce que le dieu des jardins
A bien plus gros que la tête ?
Turlurette,
C'est la *bistoquette*. »

L. FESTEAU.

BIT. *s. f.* Partie honteuse de la femme.
(*Argot des voleurs.*)

BITUME. *s. m.* Le trottoir, — dans l'argot des filles

« Voulant se faire un sort plus beau,
Dans l'entreprise du *bitume*,
Elle porte à présent ch[illegible]peau,
En montrant son goût sur la plume. »

JUL. CHOUX.

BITUMER. *v. a.* Faire le trottoir.

« Fouler le *bitume*,
Du boulevard, charmant séjour. »

Synonymes : *faire la retape*, *raccrocher*, *battre son quart*, etc. etc., — Argot des filles.

BLASÉ (être). Avoir abusé des plaisirs de l'amour au point qu'un homme ou une femme ne vous inspire plus rien.

« Il n'y a que les catins *blasées* qui souffrent les barbons vigoureux et libertins...» *L'Anti-Justine.*

« L'auteur a prétendu ranimer les maris *blasés*, pour les faire jouir de leurs femmes avec goût, à l'aide de la lecture d'un demi chapitre de son ouvrage.

RÉTIF DE LA BRETONNE.

BLÈCHE (être) *adj. des 2 genres.* Être laid ou laide.

BLONDE. *s. f.* Voyez : *brune.*

BLONDIN. *s. m.* Séducteur, quelle que soit la couleur de ses cheveux.

« L'autr' jour en rentrant chez moi,
J'trouv' la clé dans la serrure...
J'entre, et j' vois ma femm' près d'un grand *blondin*,
Tout autre aurait pris la mouche soudain... »

J.-E. AUBRY.

« De certain *blondin*, la binette
Me faisait mazurker le cœur...»

S. TOSTAIN.

BOUCARD. *s. m.* Bordel. — Argot populaire.

BOGUE. *s. m.* Le vit. Ce mot vient de l'argot des voleurs: *Bogue d'Orient*, montre d'or. Le vit étant un bijou qui se met en *montre* à sa manière, on a dû lui adjoindre un mot qui le fasse reconnaître.

On dit donc : un *bogue en cric*, pour dire un *bogue en viande*, un vit.

Boire un coup. *v. a.* Gamahucher une femme après l'avoir baisée, pour se préparer au second coup. La femme ne s'étant pas lavée, on est obligé d'ingurgiter le résultat de la première émission. Ce qui est *rentrer dans son bien*... avec intérêts. Voici à ce sujet une anecdote qui explique la chose:

M. X, — ou M. Z, — couché avec une actrice de la Comédie-Française, — Mlle X, — ou Mme Z, — avait déjà, — courant la poste, — fait une course... féconde. La fantaisie lui vint de gamahucher. Il invita donc la dame à passer au lavabo. Celle-ci, craignant le froid, ou ne tenant au sacrifice que pour plaire au sacrificateur, ne daigna pas se déranger, et, parodiant un vieux proverbe, elle s'écria en riant :

« *Ah ! bah !... quand le* COUP *est* TIRÉ, *il faut* LE BOIRE ! »

Bois de cerf. *s. m.* Cornes ; — coiffure de cornard. Vient du bois de Boulogne, du bois de Romainville, de Vincennes ou... du lieu où la femme a emporté le *dragon* — sous son bras.

« Et j'appris que mon front,
D'un très beau *bois de cerf* avait subi l'affront. »

Boite au lait. *s. f.* La gorge d'une femme; — dans l'argot du peuple, qui se souvient de sa nourrice.

Boite a jouissance. *s. f.* Fille publique.

Boite a vérole. *s. f.* Femme *pour tous* (comme le *journal* de ce nom) qui empoisonne dix hommes par jour, aussi facilement que Trimm en abrutit quarante mille.

« Écoute si tu peux, vieille *boîte à véroles* ;
Écoute si tu peux mes dernières paroles.. »

(*Un Troupier au clou*).

Boiter d'un oeil. *v. n.* Être borgne. De l'argot : *boiteux d'une chasse* : borgne.

Bonde. *s. f.* Mal de Naples, — dans l'ancien argot des voleurs.

Bon ami. *s. m.* Amant ou soupirant, — dans l'argot des bonnes d'enfants.

« Vous, pucelles de coulisses.
Fillettes encor novices
Qu'on ne peut voir qu'à demi,
Et vous, femmes sédentaires,
Qu'hymen rend célibataires,
Dites-nous d'un *bon ami* :
Il a toujours le nez au vent... »

Dauphin.

Bon goût (Avoir). Savoir bien choisir son fouteur, ou sa fouteuse, selon le sexe auquel on appartient.

« Madame est bien heureuse, Colin... elle est encore aimable et elle *a bon goût*...

Mercier (*V. du Couvent.*)

Bonheur du jour. *s. m.* Sorte de petit meuble à tiroir, fort en vogue vers la fin du xviiie siècle. Les belles dames y serraient leurs bijoux, leurs papiers et autres menus objets auxquels elles attachaient du prix.

« Mon brocanteur a trouvé cet éventail dans un *bonheur du jour* en marqueterie que j'aurais acheté si je faisais collection de ces œuvres-là. Balzac.

Bonjour. (Le). s. *m.* Le coup que l'on est presque forcé de tirer le matin, lorsque l'on bande en s'éveillant.

« Et lui souhaitant, contre son espoir,
Deux fois le *bonjour*, trois fois le bonsoir,
J'ai si galamment étonné la dame,
Qu'elle s'écriait, prenant goût au jeu :
Plus qu'ça de monnaie, excusez du peu ! »

(*Chanson moderne.*)

« Il me foutait. Assurée du fait, je fermai vite les yeux, afin qu'aucune distraction ne me fît perdre la moindre douceur de ce *bonjour*. (*Mon Noviciat.*)

Bon motif. *s. m.* Fréquenter, ou avoir quelqu'un, pour le *bon motif* : — le mariage.

Bonne. *s. f.* *Avoir à la bonne*, — aimer quelqu'un. Être *à la bonne*, — être aimé ou aimée. — Argot des voleurs et des filles.

BONNE AMIE. *s. f.* Maîtresse, — dans l'argot des troupiers.

« Il n'y a pas moyen d'éveiller M. Lambert, à cause des sottises que M. le chevalier fait à sa *bonne amie*... » (*Félicia*.)

BONNE DÉESSE (La). *s. f.* Vénus...

« C'est que cette jeune adorée
Est la *déesse* des beaux jours;
C'est la céleste cythérée:
C'est *Vénus, mère des amours!*.... »
J. CHOUX.

« Il y avait quelque temps que nous n'avions offert ensemble de sacrifices à la *bonne déesse*, nous trouvâmes dans notre jouissance tous les charmes de la nouveauté. » (*Félicia*.)

BONNE FOUTÉE. *s. f.* Fille jeune, belle et bonne, — à être bien foutue.

« Les paillards qui soupent ici nous planteraient bientôt là pour cette mijaurée, qui, dans le fond, me paraît une assez *bonne foutée*. »
Comte DE CAYLUS. (*Le Bordel*.)

BONNE JOUISSANCE. *s. f* Fouteuse qui, avec tous ses charmes, fait encore tout son possible pour vous faire bien jouir, désireuse qu'elle est de bien jouir elle-même.

BONNE PERSONNE. *s. f.* Femme laide et bête.

« Dans la bouche d'une femme, une *bonne personne* est une autre femme qui a la *bonté*... de n'être pas jolie. » MARIVAUX.

BONSOIR (Le). *s. m.* Le coup que l'on tire avant de s'endormir. Voyez : *bonjour*.

BORDEL. *s. m.* (Rien du *Prostibulum*, que le peuple connaît, sans avoir appris le latin.)

Il s'agit ici d'un fagot de *petit bois* que les filles font flamber dans leur cheminée, afin de réchauffer le miché.

Il est vrai que si toutes les chambres d'une maison publique étaient chauffées aux dépens de ladite, la maquerelle ne ferait pas ses frais. C'est pourquoi l'on y *consume* de ces petits fagots que nos spirituels charbonniers ont appelés : *bordels de deux sous*.

Bordel honnête, *s. m.* Nom que MM. les libertins donnent — plus ou moins justement, — à certains hôtels, ateliers et magasins, où femmes et filles sont en majorité.

Borgne (Le), *s. m.* Le cul, qui n'a qu'un œil : *l'anus.*

« V'là que j'me retourne et que j' lui fais baiser mon *gros visage*... ce qui a fait dire aux mauvaises langues qu'il avait vu mon *borgne*. »

Rétif de la Bretonne.

Bosse, *s. f.* Se dit d'une femme enceinte : elle a une *bosse*; — celle de la maternité.

Botte florentine (La), *s. f.* L'enculage, qui est la manière de foutre la plus usitée chez les habitants de Florence.

On dit aussi : *botte italienne.*

« Peut-être aussi, le plus bizarre de tous les goûts pour une femme..., fait-il qu'elle ne prend aucune précaution contre la *botte florentine* qui pourrait la menacer. » A. de Nerciat.

Bouche, *s. f.* Le con d'en haut, en opposition à la *bouche* d'en bas.

« Puisque d' nos lèvres nous pourrions,
T'nir lieu du plus étroit des cons... »

J. Choux.

« Et pour joindre le *Créateur*
L'*âme* s'exhale par la *bouche*. »

Jest.

Bouche impure. Le trou du cul, dont on n'aime pas la *parole brève*, et dont on *prise* peu les *soupirs*.

« Déjà le comte, dans un moment de délire assaisonné des exclamations les plus passionnées, est allé jusqu'à déposer un baiser fixe et mouillant sur cette *bouche impure* de laquelle, en pareil cas, il serait disgrâcieux d'obtenir un soupir. » (*Les Aphrodites.*)

Bouche-l'oeil, *s. m.* Pièce de monnaie de cinq, dix ou vingt francs, — dans l'argot des filles galantes.

Allusion à la pantomine des gros michés qui, selon leurs moyens ou leur générosité, s'appliquent sur l'œil, en guise de lorgnon, une de ces pièces. C'est leur moyen d'éblouir les filles dont ils désirent les faveurs.

« Reine du lieu, garce à la franche allure,
Et des *bouche-l'œil* plein ses bas,
Et puis, surtout, plus cochonne que dure,
C'est Antonia. »

P. Saunière.

Bouchère en chambre. *s. f.* Fille publique libre, qui, à défaut de balances, vous pèse les *baloches* avec la main.

Bouder. *v. a.* et *n.* Joli mot, sotte chose, a dit Commerson. — Laisser voir, par l'expression de son visage, qu'on a de l'humeur ou du ressentiment contre quelqu'un.

On dit aussi : *bouder contre son ventre.*

« On ne saurait *bouder* longtemps
Quand on *boude* contre son ventre. »

(*Improvisateur français.*)

« Tu sais que ta ci-devant femme, quant à ce qui est d'ça (foutre), n'aime à *bouder* ni contre son ventre, ni contre son bas-ventre.... » Sophie Arnould.

Bouffer un chat. *v. a.* Gamahucher goulument une femme que l'on désirait depuis longtemps.

« Oh! cette gonzesse-là... J' lui *boufferais le chat* avec bonheur!... » J. C.***

Bougiron. Bougre.

« Bougiron, veux-tu bien ne pas franchir la porte.
Halte-là, si jamais mon époux. »

(*Tour du Bordel.*)

Bougrillon. *s. m.* Jeune bougre ; petit enculeur.

« Si ce charmant *bougrillon* pouvait bien trouver quelque plaisir à se fourrer au cul d'un cacarel, ne devait-il pas être enchanté d'en enfiler un de seize ans, féminin et vierge ! » (*Mon Noviciat.*)

Boni-boni. *s. m.* Petit café, petit bal, petit théâtre, petit bordel, caboulot, etc., etc.

Bonis. *s. m.* Bordel. (Argot ancien.)

Boulonner, *v. a.* Chatouiller et pelotter les couilles d'un homme.

« Connette, *boulonne*, boulonne les couilles de ton maître !... »

« *Boulonne*-lui la bouteille à miel du bourdon d'amour... » Rétif de la Bretonne.

Boulotte. *s. f.* Petite femme, grosse et grasse.

« ...Une petite pelote de graisse, une vraie *boulotte*, quoi !... Elle ne marchait plus, elle roulait. »

J. Ch-x.

Bourdon. *s. m.* Membre viril, grosse *corde* qui *donne le ton* dans le duo amoureux.

« ...Extasiée, fendue par l'énorme grosseur du vigoureux *bourdon* de mon dévirgineur, les cuisses ensanglantées, je restai quelque temps accablée par la fatigue et le plaisir. » (*Mém. de miss Fanny.*)

Bourrelet. *s. m.* Espèce de petit coussin en soie, rempli de coton, fait en rond et vide par le milieu, selon la circonférence du vit qui doit l'occuper. — Ce bourrelet est destiné à éviter les inconvénients que présente un membre trop long, dans l'acte copulatif.

Dès que l'amour fait ressentir son feu, le fouteur passe son vit par le trou du *bourrelet*, qui doit être d'une épaisseur en rapport avec l'excès de longueur de son membre. Le *bourrelet* s'attache aux cuisses ou aux reins, avec deux rubans cousus à l'effet de le tenir assujetti. Dès lors, on jouit de nouveaux plaisirs que l'artifice a inventés, sans craindre de blesser la femme, qui ne redoute plus l'approche d'un *bourru*, désormais *bienfaisant*.

« ...Dans mes élans lubriques, j'avais gagné deux pouces; toutes les mesures étaient passées, mes compagnes étaient vaincues. Je touchais aux *bourrelets* sans lesquels on serait éventrée ! » (*Il s'agit ici d'un vit d'âne.*) (*Gamiani.*) A. de M.

« Le duc de Roquelaure avait un membre très gros et très long. Quand il avait à se plaindre de sa femme, il la menaçait de la foutre *sans bourrelet*. »

(*Anecdotes du Temps.*)

BOURSILLER. *v. n.* Vider *ses bourses* aux dépens de la sienne :

« Payant, foutant, — quitte ! »

BOUSINGOT. *s. m.* Petit bordel.

« Un soir, dans la rue aux Fèves,
Près d'un *bousingot*,
Un' putain me suc' les lèvres,
M' fait l'offr' du dodo. . »

SCHANNE.

BOUT (Le). Du monde, le membre viril n'est-il pas en effet, le bout.

« Quand vos maris joyeux,
Sous vos yeux,
Mettent le bout du monde.

(*Anc. chanson.*)

BOUT-CI, BOUT-LA (*Faire*). *v. a.* Faire tête-bêche ou soixante-neuf. Gamahuchage mutuel.

BOUT D'HOMME. *s. m.* Tout petit homme. On dit aussi *bout de cul.*

BOUTE-JOIE. *s. m.* « Le membre viril, qui *boute* en effet quelque *joie* au sexe auquel nous devons les plus belles putains. »

« Cependant, je ne laissais pas de redouter l'instant où mon nouvel enfileur m'incrusterait son formidable *boute-joie*, mais je m'armai de courage. »

Joies de Lollotte.

BOUTON DE ROSE. *s. m.* La tête d'une pine : le gland, — qui ne fleurit malheureusement — que *malheureusement.*

« A sa Lisette qu'il dispose,
Vois le jeune et plaisant Lucas,
Présenter un *bouton de rose*
Dont la tige ne fléchit pas...»

F. DAUPHIN.

BOUTONS D'AMOUR. *s. m. pl.* Le bout des seins et le clytoris, dont la bouche de l'homme se fait volontiers la boutonnière.

« Porte mes pieds sur ton sein, frotte-les doucement sur tes jolis *boutons d'amour*... »

A. DE MUSSET.

5

Boxonner. *v. n.* Être putassier,—ou putain; — courir les bordels, soit pour y baiser, ou (dans l'autre cas) pour s'y faire baiser.

« Du dieu Vulcain, quand l'épouse mignonne,
Va *boxonner* loin de son vieux sournois...»

(*Parnasse satyrique*).

Boutonnière. *s.f.* La nature de la femme, en opposition à l'anus que MM. les pédérastes appellent *l'œillet.*

Boyau pinal. *s. m.* Le canal de l'urètre.

« Lorsque je bande,
Je me demande,
Si j'ai dans le *boyau pinal*
Tous les sabres de l'arsenal...

(*Chanson moderne.*)

Boyau ridé. *s. m.* Vit qui ne bande plus.

« Adieu! et jamais plus ne t'advienne entreprendre
De faire le vaillant, toi qui ne saurais *tendre.*
Adieu! contente-toi et ne pouvant dresser,
Que le *boyau ridé* te serve pour pisser. »

Remy Belleau.

Baiser. *v. a.* Payer, *abouler de la braise*, c'est-à-dire, donner de l'argent. On dit aussi: *braisiller.*

Braiseur. *s. m.* Entreteneur; amant qui, payant pour lui, paie pour *les autres.*

Brandon. *s. m.* Membre viril, tison qui n'est pas un brandon de discorde.

«... Levant mes jupes, il me fit voir un superbe *brandon*...., qu'il fit agir avec toute l'impétuosité qu'un long jeûne de mer pouvait lui fournir. »

(*Mém. de miss Fanny.*)

Brandouiller, *v. a.* Branler doucettement quelqu'un — ou quelqu'une, pour le — ou la — faire bander et l'exciter à jouir.

Exemples à l'usage des deux sexes :

« Le roi disait à la reine Victoire :
Si tu voulais,
Une heure ou deux, me *brandouiller* l'histoire,
Je banderais...»

« Plus d'une fois, une main sous ta cotte,
Tandis que l'autre écartait ton fichu,
Je carressais et *brandouillais* ta motte...
Dis-moi, Marton, dis-moi, t'en souviens-tu ?... »

(*Chansons anonymes modernes.*)

Branlade. L'action de branler.

Branleur-euse. *s. m.* Vieux paillard qui, ne pouvant plus baiser, branle les femmes — et quelquefois les hommes, — pour se donner des idées et du nerf.

Ressource des vieilles putains, qui *branlent* ou sucent les hommes, sous les ponts ou dans les allées sombres des jardins publics.

Bras d'enfant (Un). *s. m.* Terme dont on se sert pour donner une idée de la longueur et de la grosseur d'une pine. Peu de femmes s'en effrayent.

Bréda-street, *s. m.* Cythère parisienne qui comprend non-seulement la rue Bréda, mais toutes les rues avoisinantes, où s'est aglomérée, depuis une vingtaine d'années, une population féminine dont les mœurs laissent beaucoup à désirer, — mais ne laissent pas longtemps désirer.

(*Langue verte.*) A. Delvau.

Brédi-bréda. Quartier Bréda.

« Hier, la jeunesse dorée, — eut soirée,
Au quartier *Brédi-bréda*,
Où les dames n'ont de doutes, d'être toutes
Sur les vertus, à dada. »

J. Choux.

Bretteur-euse. *s. m. et f.* Fouteur, fouteuse.

Bricole. *s. f.* La pine, ou la fouterie.

Pour la *bricole*, elle en aura tant qu'elle en voudra... mais pour l'argent, nisco.

Bricoler. *v. a.* Jouer de la *bricole*; — baiser.

Bricoleur-euse. *s. m. et f.* Baiseur, baiseuse.

« En *toute occasion*, — ou secrète ou publique... »

(*Ruy Blas.*)

Brimballer. *v. a.* Foutre énergiquement, c'est-à-dire. avec ce va-et-vient qui met les couilles en branle— comme des cloches..., un jour de fête carillonnée.

On dit aussi : Brimboller.

Briscollefietiller. Foutre.

Broque. Membre viril, — très viril ; — d'où vient : *broquette*, qui l'est beaucoup moins.

« Lorsque d'Adam en Paradis,
Eve soulevait la breloque,
Qu'importait à son clytoris,
Un nœud, une pine... une *broque*!

Paul Saunière.

Broquer. *v. a.* Travailler ou jouer de la *broque* : se branler, baiser, enculer, etc., etc.

« Ici bas, voilà notre état :
A coups de cul, il faut qu'on *broque*.
Le plus pauvre, sur son grabat
Se démène à grands coups de *broque* :
Rois, juges, soldats valeureux,
Musulmans, païens, chacun *broque* ;
Et le Saint-Esprit amoureux
Nous a fait chrétiens par la *broque*. »

P. Saunière.

Brouette. Baiser une femme en brouette, c'est-à-dire en la faisant mettre les mains sur un tabouret, et lui levant les deux jambes que l'on passe à hauteur de ses hanches, de cette façon les jambes de la femme semblent les bras de la brouette que l'homme pousse devant lui. *V. Aretin franca et init libert.*

Brouetter son cavalier, *v. a.* Jouer des reins sous l'homme, pour le faire avancer.

« Ah ! qu'elle foutait bien ; jamais femme enconnée n'a *brouetté son cavalier* comme Conquette. »

Rétif.

Brouille. Brouillerie, *s. f.* Fâcheries sans conséquence, apanages ordinaires d'un commerce amoureux.

« On se *brouille*, on se fâche et l'on se raccommode... »

« C'est le ragoût des coquettes et des galants de profession : savoir accuser et se justifier. Comme ils n'aiment pas ni les uns ni les autres avec beaucoup

de fidélité, ils ne croient pas non plus qu'on en ait beaucoup pour eux. De là, ces reproches, ces explications, ces raccommodements, ces ruptures et ces haines déclarées. »
D. du Radier.

Bruler. *v. n.* Etre très amoureux. Désirer ardemment une personne ou — *sa* chose. Synonyme d'aimer, languir, etc., etc.

« Vénus, à ta charmante loi,
Mon cœur n'est point rebelle :
Je me sens presque malgré moi,
Brûler pour chaque belle. »

Arm. Gouffé.

Brune. *s. f.* Maîtresse, — qu'elle soit blonde, brune, ou rousse.

« Ne demandez pas à ma *brune*,
Vous, que je crois ambitieux,
Une mèche de ses cheveux :
Elle n'en a plus qu'une. »

B. Lamôme.

On dit aussi : *ma blonde.* Je vais voir ma blonde.

Brune. *s. f.* Heure du berger : le soir, après le coucher du soleil.

Brunette. *s. f.* Jeune fille brune.

« Quoique l'auteur du *Traité des passions* dise que la dispute des *brunes* et des blondes a été inventée par les voluptueux, et que ce ne sont pas précisément les beaux yeux noirs ou les beaux yeux bleus qui nous font aimer, il faut cependant convenir que les *brunes* ont de tout temps fait les délices des esprits délicats, témoin Marot, qui a dit :

Pour aimer, prenez *la brunette.*

Brusquer. *v. a.* Terminer promptement une affaire d'amour. Saisissant une occasion, joindre le geste aux paroles ; — baiser une femme en lui disant qu'on l'aime, ce qui, pour elle, est une vraie preuve d'amour.

Sans *brusquer* une fillette,
Moi, j'attends patiemment
Qu'elle soit bien en goguette
Pour pousser mon argument.

E. C. Piton.

Bullier. *n. p.* (Celui du directeur de l'Établissement.) Bal très fréquenté par les étudiants et *leurs élèves* du beau sexe. Il est situé Carrefour de l'Observatoire, au bout de la rue d'Enfer.

S'est appelé d'abord : la *Chartreuse*, le *jardin Bullier*, puis la *Closerie des lilas*.

Aujourd'hui certains danseurs l'appellent : Bull-*bal*, et les buveurs de bière : Bull-*bock*.

Burnes. *s. f. pl.* Les couilles.

(*Argot des banquistes*).

Ça. (*cela*). *Ça*, c'est le vit ; *ça*, c'est le con ; — *ça* c'est tous les agréments de la fouterie qu'on n'ose nommer, parce qu'ils s'appellent comme *ça*. — *Faire ça*, ou *cela*, c'est faire l'amour ; *Faire çi* et *ça*, c'est faire *ça*.... et autre chose.

« Quand je suis sur *ça*,
Mon plaisir ne peut se comprendre ;
Et, ma foi, sans *ça*,
Que pourrais-je faire de *ça* ?
J'aime assez m'y reprendre,
Pour arriver encore à *ça*.
Afin de mieux m'étendre,
Sur ce beau sujet-là,
Ah ! que j'aime *ça* !
Ce mot me plait à la folie ;
Il semble déjà
Que je suis à même de *ça*.

(*Chanson anonyme.*)
Gaudriole 1834.

Cabaque. *s. f.* Variété de grisette qui ne se voyait que dans le quartier latin chez ceux qui fréquentaient les écoles. De préférence, elles s'attachaient aux étudiants en droit, parce que, disaient-elles, *ils avaient meilleur genre*.

Type inventé en 1840 par M. Jules Sandeau qui, à cette époque, faisait à la plume des croquis pour les petits journaux.

CACHER. *v. a. En cacher.* Faire disparaître un bout de pine dans le cul d'un camarade : — l'enculer.

S'en cacher : Entre pédérastes, s'enculer mutuellement.

S'en faire cacher : Se faire enculer seulement.

(Argot des gens qui *s'en cachent.*)

CACHET DE L'AMOUR. *s. m.* Baiser appliqué sur la bouche; suçon imprimé sur le cou ou sur toute autre partie apparente d'un homme ou d'une femme.

« Sur les lèvres d'ma Colette,
Qui d'ses deux bras m'accolait,
J'vous imprimais en cachette
D'amour le brûlant *cachet.*

F. VAUBERTRAND.

CADET (Le). *s. m.* Le fessier d'une femme — son con étant le frère aîné de son cul :

« Du côté de la barbe est la toute puissance. »

Quand z'alle entre au cabaret,
Sur z'un banc alle se met ;
C'est trop z'haut pour son *cadet,*
A c'te guenon, comme aux duchesses.
Faudrait z'un tabouret.... »

VADÉ.

CADIÈRE (La) *s. f.* Le cul, qui sert à s'asseoir sur une chaise ou sur un vit.

« Elles rougissent de voir une femme, la *cadière* ainsi une aux yeux d'un homme.... J'ai vu des oiseaux, mais ils étaient l'un sur l'autre ; cet homme est derrière. Colin, que lui fait-il donc ?.... »

(*V. du Couvent.*)

« Croyons plutôt à la *Cadière*
Qui fait sauter un Loyola
De Sodome jusqu'à Cythère.

(*Le Cosmopolite.*)

CAFÉ DES DEUX COLONNES. *s. m.* Prendre son café aux deux colonnes, c'est-à-dire, gamahucher une femme. Le con sert le café au lait ; les deux jambes sont là, pour *la forme* ; et ne servent que d'enseigne : *aux deux colonnes.*

Calège. *s. f.* Putain qui a des accointances avec les voleurs de la haute. « Elle vend très cher ce que la *Ponante* et la *Dossière* livrent à un prix modéré ; sa toilette est plus fraîche, ses manières plus polies, mais ses mœurs sont les mêmes ; la *Ponante* danse le chahut à la Courtille ; la *Calège* danse le cancan au bal Musard ; l'une boit du vin à quinze et se grise ; l'autre boit du champagne et se grise ; la première a pour amant un *cambrioleur* ou un *roulottier* ; l'amant de la seconde est faiseur ou escroc. »

Vidocq. 1837.

Calendosser (*ou se faire*). *v. a.* Mettre, ou se faire mettre une *calle* dans le dos, — ou plus bas : — *enculer*, ou se faire enculer.

On dit aussi : *Encaldosser*.

Calice. *s. m.* La nature de la femme : — son con.

« Ça fait plai-ir, quand moins novice,
D'amour tu m'offres le *calice*. »

Guilhem.

Calicote. *s. f.* Grisette, qui se grise, danse, soupe et — baise avec les *calicots*.

« Clara Fontaine est une étudiante ;
Pomaré est une *Calicote*. »

(1843. *Les filles d'Hériodade*.)

Callypige. *s. f.* Femme qui comme la Vénus de ce nom, a de belles et grosses fesses bien blanches ; bref, un beau cul.

« Quand il vient en levrette, avec un jeu mutin,
Au ventre s'adapter d'amoureuse manière
Et rien alors n'est plus gai pour le chevaucheur
Que de voir dans un cadre ondoyant de blancheur,
Le joyeux va-et-vient de l'énorme derrière. »

Emm. des Essarts.

Lassagne disait : Vénus *qu'à la pige...* pour les fesses.

Calymanthe. *s. f.* Femme lubrique, *furieuse*, — que l'on peut comparer à la Thyade de ce nom, que la mythologie représente se livrant aux bêtes.

«... On aurait pu calculer les gradations du chatouillement que ressentait cette affreuse *calymanthe*... »

(*Gamiani*.)

Cambrioleur. *s. m.* Voleur qui s'introduit dans les chambres (cambriolles) par effraction ou par escalade. (*Argot*). *V. Calège.*

Camillion (ne). Servant ou servante pour tous les actes de fouterie. (*Les Aphrodites.*)

Campagnes. *s. f. pl.* Les étapes amoureuses d'une fille galante : tant d'amants, tant de *campagnes.* — Les absences de son logis et ses présences à Saint-Lazare, autant de *campagnes.* Les *années* passées à faire jouir les hommes, encore autant de *campagnes*, qui comptent doublement pour la *retraite* de ces dames.

« Madame Durut : J'ai pourtant, comme tu sais, mes petits trente-six ans, bien comptés, dont grâce à Dieu, vingt *campagnes.* » (*Les Aphrodites.*)

Canapé. *s. m.* Meuble de boudoir, — intelligent et discret, — qui entend et qui voit bien des choses... chut !

Canapé *s. m.* « Le *canapé* est le rendez-vous ordinaire des pédérastes; les *Tantes* s'y réunissent pour procurer à ces libertins blasés, qui appartiennent tous aux classes éminentes de la société, les *objets* qu'ils convoitent ; les quais, depuis le Louvre jusqu'au Pont-Royal, la rue St-Fiacre, le boulevard, entre les rues Neuve-du-Luxembourg et Duphot, sont des *canapés* très dangereux.

Vidocq. 1837.

Canaux spermatiques. *s. m. pl.* Les conduits qui, des testicules, portent le sperme au conduit principal : — le canal de l'urètre.

Voir tous les dictionnaires de médecine ; ils vous diront tous la même chose — peut être autrement.

Canichon *s. m.* Con poilu et frisé comme un caniche.

« Est il bien méchant, ma tante,
Vot'tiot *canichon* ?
— Non, que m'répond ma parent'e,
C'est un vrai bichon.
N'sens-tu pas sa bouch' qu'est close ?
Entre ton doigt d'dans..
— Tiens, que j'dis, la drôl' de chose,
Vot'quien n'a point d'dents. »

Léon Charly.

CANTAMITE. *Bardache.*

CANTHARIDE, *s. f.* Mouche verte qui a la vertu de provoquer la furie amoureuse. Réduite en poudre, elle entre, à certaine dose, dans la fabrication des aphrodisiaques les plus puissants.

CAPITULER. *v. n.* Femme, ouvrir ses bras et ses cuisses au vainqueur de son cœur, qui met tout au pillage.

CAPOT. *s. m.* « Vous allez faire *pic, repic et capot,* à tout ce qu'il y a de beau dans Paris. » Phrase de petit maître qui, toute ridicule qu'elle est, ne laisse pas de plaire.

« On dit aussi qu'une belle est demeurée *capot,* lorsque s'étant mise en rang pour danser, elle n'a point été priée. — Alors, vous êtes demeurée *capot*—est le dernier outrage qu'on puisse lui faire. »

(*Dictionnaire d'amour,* 1741.)

CAPOTE. *s. f.* Redingote anglaise. Voyez *Baudruche* et *Milan.*

CAPRICES. *s. m. pl.* Les caprices sont les lois de l'amour.

T'en trouveras qu'auront bien des *caprices,*
Plus d'un vaurien prend l'objet à rebours ;
De ces Judas, déroute les malices,
En leur offrant le ruisseau des amours.

L. FESTEAU.

CAPRICES (*Avoir des*). Après avoir fait l'acte naturel — naturellement, chercher d'autres moyens de jouir : Enculer, sucer ou se faire sucer, etc., etc.

« C'est ainsi que chacun *a ses caprices,* ses goûts, et l'art de se procurer des reflets de plaisir... »

(*Mon Noviciat*).

CARABINE. *s. f.* Femme qui fréquente les élèves en médecine et se fait *carabiner* par eux.

«... Son petit air mutin
Plaît fort, au quartier latin.
C'est Flora la *carabine*
Dont la mine si lutine,
Promet à chacun son tour
Un beau jour d'amour. »

J. CHOUX.

Caractère. *s. m.* Qualité d'une personne; sa manière d'être. Il y a de bons et de mauvais caractères.

« — Rue Larochefoucauld,... quelles maximes !
— Rue Labruyère,... quels caractères! ..»

Gavarni.

Caresser (*ou se faire*). Baiser, ou se faire baiser.

« Moi, quand je veux, pour rien,
Je *caresse* ma Lisette. »

L. C. Durand.

Cardinal (*Avoir son*). Avoir ses règles.

La jeune fille un peu pâle et tout éplorée,
A son amant chéri fit cet aveu fatal
Qu'elle avait pour neuf mois, perdu *son cardinal.*

T. du Bordel.

Caresseur. *s. m.* Fouteur ; — *caresser* une femme, étant la foutre.

« Pendant tout le temps, il fut à raconter combien, quand elle le voulait, elle donnait du plaisir à son *caresseur* !... Rétif de la Bretonne.

Carogne. *s. f.* Pour charogne. — Femme galante qui, ayant été *gâtée* par les hommes, *gâte* les hommes à son tour.

« Le poëte Voiture, qui avait plus d'une fois expié ses bonnes fortunes sur un lit de douleur, était logé chez son père, à Amiens, tandis que la cour résidait dans cette ville. Comme il était à la mode et fort connu des dames, il y en avait toujours quelqu'une qui le venait demander. Dès qu'un carosse s'arrêtait à la porte de la maison, son père criait par la fenêtre : il n'y est pas ! — Ces *carognes-là*, ajoutait-il en grondant, ont déjà donné la vérole à mon fils, et si Dieu ne l'assiste, je crois qu'elles la lui donneront bientôt pour une troisième. »

(*Hist. de la Prostitution.*)

Cartel galant. Voici l'agréable défi, que porte aux fouteurs, la dame supposée l'auteur des *Joies de Lolotte.*

« Apprends que j'ai vingt-quatre ans à peine ; que je suis grande, svelte sans maigreur, blanche sans manquer de coloris, blonde sans être fade ; oui, de ce blond *vénustique* auquel maints habiles connaisseurs se sont étrangement mépris, car ils m'ont crue *tiède*, tandis que ce qui m'anime est le *feu grégeois*; viens subir les morsures de mes perles incisives; viens savourer mes baisers à la rose; viens te faire presser dans mes bras parfaits; viens juger si le trait de ma *chute des reins* est assez moëlleux, si ma *motte* est assez relevée, mon *con* assez serré, assez brûlant, si mon *cu*, non moins actif, est assez charnu, ferme et satiné. Prince, gentilhomme, bourgeois, moine ou laquais, accours si la nature t'a gratifié d'un *vit* d'hercule, et si ta couille hautement relevée, est prodigue de cette sublime essence que notre langue n'a pas eu jusqu'à présent le génie de nommer un peu décemment... Viens encore, si, au défaut de cette raideur et de cette onctuosité que j'idolâtre, tu possèdes du moins à quelque degré d'habileté, l'exercice d'un doigt frétillant ou d'une langue souple et vive. Je te défie! et Vénus ou Ganimède à ton gré, je te ferai si tu veux, l'amitié de ne te renvoyer qu'après t'avoir éteint pour un siècle. »

A. DE NERCIAT.

CARTES DE GÉOGRAPHIE. *s. f. pl.* On appelle ainsi les taches que laisse la fouterie aux chemises et aux draps du lit des amants. Ces traces informes figurent néanmoins les cartes d'une contrée connue sous le nom de *Pays du tendre*. Bien qu'elles ne soient jamais pareilles, on ne craint point de brouiller les *cartes*. Il n'y a qu'une route : -- celle des plaisirs.

CAS. Substantif à l'usage des deux sexes: pour l'homme, le membre viril.

« Un capucin malade de luxure,
Montrant son *cas*, de virus infecté... »

PIRON.

Le con de la femme est un *cas* différent :

« Je croyais que Marthe dût être
Bien parfaite en tout ce qu'elle a ;
Mais, à ce que je puis connaître,
Je me trompe bien à cela.
Car, bien parfaite elle n'est pas :
Toujours on besogne à son *cas*. »

BERTHELOT.

CASSER LE CROQUANT. *v. a.* Dépuceler une fille. On dit aussi : *forcer la barricade*.

CASSEROLLE. *s. f.* Moucharde. Ce que les voleurs appelleraient un *mouton femelle*.

Vieille putain qui, hors de service, n'a pour ressource

que de servir la *grande cuisine*, c'est-à-dire : la préfecture. C'est elle qui désigne les *filles* — ses sœurs — qui sont bonnes à prendre... et à garder.

Casser son patin. *v. a.* Commettre la moindre faute ; perdre son pucelage, — ne fut-ce que pour la vingtième fois.

Cette expression, qui appartient au vocabulaire dramatique des danseuses de l'Opéra, date du ballet des patineurs, au 3e acte du *Prophète*. Les *patineuses* avaient chacune, pour ce pas fatigant et dangereux, une gratification exceptionnelle de cinq francs. Quand, par hasard, — souvent, — l'une d'elles manquait son service, elle était *cassée* aux gages, c'est-à dire, *aux patins*. De là, l'intelligence proverbiale de l'endroit a bien vite modifié cette expression, et l'on dit tout simplement, quand une ballerine de l'Opéra *a fait une faute* :

« Mademoiselle.., une telle, *a cassé son patin*.»

Catalanière. *s. f.* — Voir : *Pré-Catalanière*.

Catau. *s. f.* Poupée ; — *femme de carton*, — très légère.

« Parmi les *cataux* du bon ton.
Plus d'une, de haute lignée,
A force d'être patinée
Est flasque comme du coton.»

Emile Debraux.

Catin. *s. f.* Femme galante. — Nom que l'on donne à toute femme jolie ou à peu près, qui fout avec tous les hommes qui la désirent.

« Retiens cette leçon, Philippine : quelque *catin* que soit une femme, il faut qu'elle sache se faire respecter, jusqu'à ce qu'il lui plaise de lever sa jupe. — Je pense de même.. » A. de Nerciat.

«......... En tout, tant que vous êtes,
Non, vous ne valez pas, ô mes femmes honnêtes,
Un amour de *catin*. »

Alf de Musset.

Caton. *s. f.* Poupée.

« Mot d'amitié que certains maris adressent à leurs femmes, comme d'autres leur disent : *ma chatte*. — Fille de mauvaise vie. — Cela prouve une fois de plus qu'un mot n'a de valeur que celle qu'on lui donne. »

Th. Desrousseaux.

Causer avec Bambou. *v. a.* et *n.* Se munir d'une canne, pour avoir une explication avec sa maîtresse. Dans *la Vie de Bohême,* Murger fait dire par Schaunard à Mlle Phémie :

« Madame, ce soir, nous *causerons avec Bambou.* »

Dans le monde des maquereaux, on dit : *coller du rotin...* ou du *rototo.*

« Six fois par mois, tout au plus, il me baise,
Et quand je r'naude il me *coll'* du rotin. » ...

Causette (Faire la). *v. a.* Se dit de deux individus de sexe différent, qui causant de choses et d'autres, finissent par faire *la chosette.*

Causeuse. *s. f.* Espèce de petit sopha, où deux personnes peuvent s'asseoir et causer côte à côte; dans une autre occasion, on peut s'y mettre, toujours à deux, pour causer... ventre sur ventre. — (Voyez : *Canapé, Divan, Sopha.*)

Cavalcades. *s. f. pl.* Aventures amoureuses d'une femme.

« Ça fait des manières, un porte-maillot comme ça ! — et qui en a vu, des *cavalcades.* » Gavarni.

Cavalier. *s. m.* Homme aimable. Sorte de sigisbé qui, ayant ses grandes et ses petites entrées chez une femme, lui rend ses services : l'accompagne partout, à la promenade, au théâtre, au bal et jusqu'en cabinet particulier.

Cazzoné. *n. pr.* Le très-recommandable docteur *Cazzoné,* membre extraordinaire de la joyeuse Faculté phallo-coïro-pygo-glottonomique, auteur du *Diable au Corps,* des *Aphrodites,* etc., etc.... Pseudonyme de M. De Nerciat. — (Voyez ce nom.)

Cela (Ou faire). Baiser. — Voyez : *Ça.*

Cela. Nature de la femme.

« Dieu, les vilaines gens que ces bougres donc, puisque vous dites qu'on les nomme comme cela.

— Oui, mais moi qui n'en suis pas un, je suis pour le *cela,* ici,—et son doigt marquait le but. » (*Nerciat.*)

CÉLADON. *s. m.* Vieux fat.

« Qu'un *Céladon*, aux pieds d'une cruelle,
Meure d'amour et n'en puisse inspirer :
Toi, tu vaineras..... »

F. DAUPHIN.

CENTRE (Le). *s. m.* Le con, pour le baiseur ou la gougnotte; — le cul, pour l'enculeur ; — il n'y a pas d'autre milieu. Par amplification, on dit aussi : le *centre* du bonheur; — le *centre* des plaisirs; — le *centre* de la volupté, etc., etc.

Exemples : « D'un seul coup, Rose rejeta la couverture : il ne s'attendait pas à nous voir totalement nues, et nos mains placées au *centre* de la volupté. »

MIRABEAU (*Rideau levé.*)

« Celle des deux qui triomphait par ses gestes et sa débauche, voyait tout-à-coup sa rivale éperdue fondre sur elle, la culbuter, la couvrir de baisers, la manger de caresses, la dévorer jusqu'au *centre* le plus secret *des plaisirs*, se plaçant toujours de manière à recevoir les mêmes attaques. » A. DE M. (*Gamiani*).

(Voyez : *Petit centre.*)

CE QUI EST FENDU. Le con ; — l'*abricot* de madame, ou celui de mademoiselle, — s'il est *fendu*, ou mal *défendu*.

« Il faut une épaulette
A ton grand morfondu ;
L'ministre qui brevète
Aime assez c' *qu'est fendu*.
Encore un coup d'cu, Jeannette... »

E. DEBRAUX.

CE QUI S'AUGMENTE. Le membre viril, qui, au repos est tout rabougri, tout ratatiné, et qui, à la vue d'une belle femme, se tend, *s'allonge*, grossit et rougit de colère en attendant qu'il pleure de plaisir. — Si parfois il ne dresse que difficilement, un coup de main suffit pour le mettre en état....

« Enivré des plus doux plaisirs,
Il forma de nouveaux désirs :
Ce qui s'augmente... s'augmenta...
Alleluia !... »

(*Goguette de Lilliput.*)

CERF. *s. m.* Manière polie — ou à peu près — de désigner un cornard : « *C'est un vieux cerf!* »

« L'amant quitte alors sa conquête
Et le *[illegible]* entre à la maison. » BÉRANGER.

CERTAIN BOBO. *s. m.* La vérole, — qui est un mal certain. Piron l'appelait un *petit mal gaillard*.

« Un jeune élève d'Esculape,
Me guérit de *certain bobo*....
Un beau jour, il me dit : Ma chère,
En moi, vos yeux ont excité
Certain feu. — Je le laissai faire...
Pour m'assurer de *ma santé*... »

(*Gaudriole*, 1834.)

CERVELAS. *s. m.* Nom que donnent au vit la plupart des cuisinières ; aussi bien que : *boudin*, *saucisson*, *andouille*, *bout de viande*, etc..., selon la forme, la longueur ou la grosseur de l'objet, qui est un produit de la *cochonnerie*.

« Oui, mon cher, à vot' *cervelas*
On a fait un' rud' brèche...
Vous n' me l' mettrez pas, Nicolas ;
Je n'aim' que la viand' fraîche. »

J.-E. AUBRY.

CHAINE. *s. f.* Le mariage, ou le concubinage. Ce qui attache, asservit, ahurit et abrutit un homme : — une femme.

CHALIT. *s. m.* Bois de lit.

CHAMBRILLON. *s. f.* Jeune *bonne — à tout faire.*

CHALCIDISSER. *v. a.* Lécher les couilles (*Mirabeau*). Suivant Érasme : enculer.

CHAMBRER. *v. a.* Sécurité que l'on prend en renfermant dans sa chambre l'homme ou la femme qu'on destine à ses plaisirs amoureux et dans la crainte qu'il ne porte à d'autres une partie du tribut que l'on se réserve.

« Ailleurs, la comtesse, avec moins d'égards pour son estomac, *chambre* le joli Fessange. » (*Aphrodites.*)

CHAMEAU. *s. m.* Femme qui a deux bosses : celles du putanisme et de la méchanceté.

— « Dis donc, Titi, veux-tu te faire enlitrer? — Oh! non, il n'y a pas mèche; je suis marié. — Bah! et depuis quand? — Depuis huit jours. — Et avec qui? — Avec un *chameau.* » H. (*Bals publics de Paris*)

Autre acception : Femme galante, qui, sur le dos, reçoit tout le monde... sur le ventre.

« L'un sur son échine
Porte ses bosses bêtement;
En pleine poitrine,
L'autre les porte galamment... »

J. CABASSOL.

CHAMPISSE. *s. f.* Putain. (*Instr. libertine.*)

CHAMOUSKA (La). Danse en *ka*, comme *polka*, *cancanska*, et cœter... *ka*, — mise à la mode par les chameaux.

« Il m'entraine à Mabille
Pour danser la *chamouska*.... »

FR. TOURTE.

CHANGER DE RELIGION. *v. n.* Homme, devenir pédéraste; — femme, devenir gougnotte.

CHANGER DE SEXE. *v. n.* Avoir divorcé avec la nature : — Homme, devenir femme en se faisant enculer; femme, devenir tribade ou faire l'homme — sur l'homme.

« Parfois la femme aussi veut *faire l'homme*;
C'est un plaisir que l'on renomme!
Elle monte à cheval sur vous
Pour tirer ses deux ou trois coups.
Sa motte agit sur votre ventre;
Plus elle pousse et mieux ça rentre;
Et son foutre mouillant les draps,
Elle se pâme entre vos bras! »

MARC-CONSTANTIN.

CHAPEAU DU COMMISSAIRE (Faire). Sucer la pine d'un homme en lui pelottant doucement les couilles.

« En même temps elle peut *faire*
Aussi *chapeau du commissaire.*

Ce doux jeu qu'inventa l'amour
Est aussi simple que bonjour!
Tant que sa petite menotte
Avec adresse vous pelotte,
Sa bouche vous suce le dard
Pour en obtenir le nectar... »

MARC-CONSTANTIN.

CHAPELLE. *s. f.* Le con... — que l'homme ne *voit pas* sans ployer les genoux.

« Il tâcha de faire entrer son idole dans ma *chapelle*; à quoi je l'aidai en écartant les cuisses et en avançant le croupion autant qu'il me fut possible. »

(*Mém. de miss Fanny.*)

CHAPITEAU. *s. m.* Le gland, qui sert de couronnement à la *colonne*, que l'on nomme vulgairement la pine.

CHAPOTTER UN MERLE. *v. a.* Amuser un vit. — *Se chapotter le merle*, signifie : S'amuser tout seul ; se branler le vit. (*Argot lyonnais.*)

CHAPON. *s. m.* (Au figuré) : Homme châtré ou impuissant.

« En termes de cuisine, l'on appelle *chapon* le croûton de pain frotté d'ail qui aromatise la salade.

Un de nos confrères, célèbre par sa *continence*... forcée, dînait dimanche à la campagne.

— Aimez-vous le *chapon?* lui demande la maîtresse de la maison.

— Oh! non, je ne peux pas le sentir.

— Parbleu! fit un convive, ça lui rappelle Boileau. »

ÉMILE BLONDET.

« Pour ma part, moi j'en réponds,
Bienheureux sont les *chapons*. »

BÉRANGER.

CHARADES. *s. f. pl.* Jeu de société qui, comme tous les jeux innocents, ne contribue pas peu à l'instruction des jeunes filles.

On jouait aux charades chez la princesse X... — Une jeune dame proposa celle-ci :

« Mon *premier* est un instrument de plaisir,
Mon *second* sert dans les jeux de hasard,

Et mon *tout* est le nom d'un grand homme. »

— Je le tiens! s'écria madame A.... Et elle articula, presque timidement, ces deux syllabes : *Con-dé.*

— C'est assez compris, dit l'auteur; mais il y a quelque chose de trop grand et quelque chose de trop petit.

Une dernière dame hasarda : *Lamotte-Piquet.*

— Il y a du bon, mais ce n'est pas encore cela, Voyons... personne ne dit plus mot?... Eh! bien, le nom de mon grand homme, c'est.., *Vaginjeton.*

La princesse rit encore. — Elle rit toujours!

Voici une anecdote qui concerne cette aimable femme :

On lui avait recommandé un jeune auteur d'avenir. Celui-ci se présente au jour qu'elle avait fixé pour le recevoir.

— Ah! c'est vous, dit-elle, Monsieur... Monsieur *Lévy*, je crois?..

— Madame, je me nomme *Lépine.*

— Oh! mon Dieu, reprend la princesse, c'est la même chose. Il me semblait bien aussi qu'il y avait un *vit* ou une *pine* au bout de votre *Lé*. -- Asseyez-vous donc, je vous prie, et quand je connaîtrai *votre affaire*, je verrai ce que je puis pour vous. (*Historique.*)

Charme. *s. m.* Attrait, illusion, enchantement magique.

« Avec beaucoup de charmes, c'est-à-dire de beauté, on peut manquer de *charme* : on peut de même avoir beaucoup de *charme* avec très-peu de beauté. Réunir *le* et *les*, c'est la perfection à son comble. »

A. de Nerciat.

Charnière. *s. f.* Le périnée, — c'est-à-dire, l'endroit qui sépare le con du trou du cul.

« Elle s'en est tant foutu,
Qu'ell' s'est rompu la *charnière*...

. . . .

Si bien, que *du con au cul*,
Ça n'fait plus qu'une gouttière :
Bon, bon, de la Bretonnière »

(*Vieille chanson.*)

Chasser les mouches. *v. a.* Se dit de toute personne qui sent mauvais de la bouche.

« Tiens, Paul s'est lâché du col.
Est-y fier depuis qu'il promène
Clara, dont la douce haleine
Fait *tomber les mouches au vol.* »

Colmance.

Chatte. *s. f.* Femme.

« Un petit être sauvage et domestique tout à la fois, qui a l'œil intelligent et les mouvements gracieux, fait patte de velours et ron-ron, et qui pourtant a de petites griffes très-méchantes qu'il lance au visage quand on l'irrite ; il aime les sucreries, les gâteaux, et se laisse prendre quelquefois sur les genoux. »

A. Veirmar.

Chauffe-la-couche. *s. m.* Homme qui s'occupe du ménage et soigne les enfants ; — mari d'un bas-bleu.

Chaufferette. *s. f.* Pierreuse. Vieille putain qui masturbe les vieux. Elle exerce sous les ponts, derrière les monceaux de démolition, et autres endroits déserts. Son surnom lui vient de ce qu'en hiver elle porte toujours une chaufferette.

Chauffoir. *s. m.* Morceau de linge que les femmes se mettent entre les cuisses pendant la menstruation.

Chausser quelqu'un. *v. a.* Lui faire trouver *chaussure à son pied*, en faisant son affaire — pour la *douce affaire*.

Chausson. *s. m.* Fille de la dernière catégorie, qui *chausse* tout le monde et se fait chausser par tout le monde.

« Joséphine ! elle a chaussé le cothurne à la salle de la Tour-d'Auvergne, chez Ricourt .. — C'est pour cela que je l'appelle *chausson*... qu'elle est. »

L. de Neuville.

Chenille *s. f.* Femme sale et laide — comme une *chenille*.

Chemise de dévote. Les dévotes, afin d'empêcher des attouchements qui les feraient tomber dans le péché, ont trouvé le moyen de jouir des plaisirs de l'amour sans succomber à la tentation ; leurs chemises sont fendues.

« Chemise de dévote, chemise fendue en regard de leur nature, et qui ne foutent point sans lumière ou à travers des chemises fendues comme certaines dévotes. »

(Noviciat).

CHERCHER DES ÉPINGLES A TERRE. Vit qui ne bande pas ou plus, qu'elle qu'en soit la cause, et qui, par cette raison, a le nez baissé.

« Tous les engins cherchent maintenant des épingles à terre.» (*Aphrod.*)

CHERCHER LE FOULARD. *v. a.......?*

— « Mais, que fais-tu donc, mon chéri ?

— *Je cherche le foulard...* Et le polisson disparaissait sous les draps et les couvertures. Quand il reparut, la belle n'avait plus rien à lui demander : — le cochon lui avait fait *minette*.» (*Une* SÉVIGNÉ *de Breda-Street*.)

CHEVALIER DE LA ROSETTE. *s. m.* Pédéraste actif ou passif, qui prend ou se laisse prendre la rosette qu'il porte — non à sa boutonnière — mais entre les deux fesses.

« L'un des plus célèbres *chevaliers de la rosette* que l'on connaisse est César, le grand César, que l'on appelait « Ruelle de Nicomède » — *Spondam regis Nicomedis* — parce que, chez les Romains, les femmes couchaient au lit du côté de la ruelle. » A. DELVAU.

CHEVALIER DU CROISSANT. *s. m.* Cocu.

CHEVALIERS DU PINCE-NEZ. *s. m. pl.* Gandins, — petits jeunes gens qui mettent des *pince-nez* pour avoir l'air impertinent ; qui portent des fleurs de lys à leurs manchettes ; cachettent leurs lettres avec des cachets armoriés ; parlent de tout ce qu'ils ne connaissent pas ; disent du mal des femmes — qui le leur rendent bien ; — en un mot, qui méritent éternellement l'éternelle claque qu'ils veulent donner.

« *Ces chevaliers du pince-nez*, ces gandins, ces inutiles, dont le mieux fait est bossu, bancal, grêlé ou manchot, — font une certaine loi dans un certain monde »

L. DE NEUVILLE.

CHEVILLE AU TROU (Mettre la). *v. a.* Mettre la pine au con.

CHEVILLE OUVRIÈRE (La). *s. f.* La pine, capable de faire *œuvre de chair* ; dans le cas contraire, *cheville ouvrière*, — qui ne fait que ce qu'elle peut.

« A l'impossible, nul n'est tenu.»

Cheviller. *v. a.* Opérer le va-et-vient, la *cheville* au trou : baiser.

Chiasse. *s. f.* Une femme. (*Argot des banquistes.*)

Cette expression vient du dicton populaire :

« Elle est assez jolie ; mais c'est dommage qu'elle *chie* ! » C'est-à-dire : Elle mange, et il faut la nourrir.

Chicot. *s. m.* Fœtus ; résultat d'une fausse couche.

« Manon, que l'adroite Lucine
A délivré d'un fier *chicot*.. »
L. Festeau.

Chiffonier. *s. m.* L'omnibus, — qui ramasse en chemin un tas de *chiffons*.

Chiffre. *s. m.* Le prix d'un coucher avec une courtisane ou avec une putain.

« A Mabille :

La Dame. — Finissez-donc, monsieur ! Vous chiffonnez mon mouchoir ! ..

Le monsieur. — Madame, c'est pour voir votre chiffre.

La dame. — *Mon chiffre*, c'est cent francs, »

(*Nain jaune*).

Chinois. *s. m.* Le vit toujours chauve — par la tête — et pour qui le con n'est rien moins que le *céleste empire*.

On dit : se polir, ou se balancer le *Chinois*, pour se branler.

Chipette. *s. f.* Gougnotte, ou : — rien qui vaille :

Ça n'vaut qu'*chipette*!»

Choix. — Choisir. *s. m.* Amant ou époux, maîtresse ou femme légitime. Celui que l'on a choisi pour en être foutue ; celle que l'on a choisie pour foutre.

« Action de l'âme, qui se détermine plutôt pour un objet que pour un autre. »

Choisir. — *v. a.* — Faire son *choix* : élire, préférer quelqu'un — ou quelqu'une.

Chômer. Se dit d'un homme ou d'une femme qui sont privés depuis quelque temps des plaisirs de l'amour, bienqu'ils auraient grande envie de les satisfaire.

CHOSE. Pour ceux qui ne veulent pas qu'un chat soit un chat, une pine c'est *une chose*; un con c'est *un chose*; baiser, c'est *faire la chose*; comprendre *la chose*; — une des *choses* de l'amour, c'est encore *autre chose*.

« Un vieux, qu'il me semblait avoir vu quelque part,
Se faisait bravement sucer le bracquemart;
Un autre, en sens inverse, ayant compris *la chose*,
Gamahuchait le con le plus frais, le plus rose
Qui soit jamais sorti des mains du Créateur... »

L. PROTAT.

CHOSE (La). *s. f.* Pseudonyme décent de la vérole et de la chaudepisse.

« J'eus bien du bonheur un jour.
Je demandais son amour
A fillette blanche et rose:
Mam'zell' Rose...
— Mam'zell' Rose...
Me donna *la chose*. »

JUL. CHOUX.

CHOSES DE L'AMOUR. *s. f. pl.* Faire tout ce qui concerne le culte du petit dieu: branler, sucer, piner, gamahucher, enculer, gougnotter, jouir, aller aux anges, etc. — bref, éprouver tous les *mots* que renferme ce livre, qui est la boîte de Pandore.

« Maudit soit à jamais le rêveur inutile,
Qui le premier voulut dans sa stupidité,
S'éprenant d'un problème insoluble et stérile,
Aux *choses de l'amour* mêler l'honnêteté!... »

CH. BAUDELAIRE.

« Hippolyte, cher cœur, que dis-tu de *ces choses*?... »

LE MÊME.

« Embrasse bien tendrement ta femme pour moi; et vous, mesdames, toutes les fois que vous ferez *ces choses*, faites-les en mémoire de moi. »

SOPHIE ARNOULD.

CHOU. *s. m.* La nature de la femme ou, encore un *nom d'oiseau*, si l'on veut:

« On dit *mon chou*, comme on dirait mon ange,
Mon cher trognon, mon trésor, mon bijou!
Et l'Harpagon, qui n'entend que l'échange,
Donne et reçoit en disant: *chou* pour *chou*. »

EMILE CARRÉ.

Choses (ces) — Le coït, expression de mépris employée par femmes [illegible] en parlant de l'acte conjugal [illegible] elles font la petite bouche:
« Il veut avoir [illegible] aussi bien [illegible] par la nuit et continuellement [illegible]

CHOUNETTE. *s. f.* La nature de la femme.

(*Patois de Lille.*)

CHOUSANT. Chouser, baiser.

« Crois-moi; en *chousant* avec lui, c'était toi sur mon âme. » (*T. du Bordel.*)

CHUTE. *s. f.* Le premier faux pas d'une fille qu'elle réussit toujours à cacher... *chut!...*— à moins qu'il n'y ait enflûre.

C'est ce qu'à l'Opéra, les dames du corps de ballet appellent: *casser son patin* (V. *cette expression au C.*)

CHUTE DE REINS. *s. f.* La ceinture: chute mille fois plus agréable à la vue que celle du Niagara, du Giesbach et du Staubach. De là, tombent des cuisses, des fesses, des mollets et des pieds qui vous font souvent remonter de bas en haut. (V. *Tour de reins.*)

CIEL INVISIBLE. *s. m.* Celui que l'on ne *voit* que les yeux fermés, — dans le paroxysme de la jouissance alors que l'on est *aux anges.*

CIRCULUS. Mot indéfinissable. Le citateur se contentera de reproduire ce passage des *Aphrodites :*

« La duchesse est enfilée, à cheval sur le comte et lui tournant le dos. Au même instant, cette coquette de Célestine, qui se proposait de faire au comte, en passant, quelqu'amitié, s'incline pour lui donner un baiser, qu'il reçoit en se penchant un peu sur la gauche derrière la duchesse. L'égrillard chevalier profite de la posture de Célestine pour lui jeter ses jupons par dessus les hanches, et, sans dire gare il lui plante vigoureusement ce dont tout à l'heure elle venait de s'amuser. La formation de cet assemblage est telle, que les célestes figures de la duchesse et du chevalier se trouvent fort à portée l'une de l'autre. En dépit de cette double infidélité, l'aimant du plaisir les attire; leurs bouches s'unissent, leurs langues s'enlacent, ils se baisent et se sucent avec fureur.

« Ainsi chacun des quatre acteurs se partage presqu'également; la volupté *circule*; le plaisir que la duchesse doit au comte, elle le communique au chevalier, qui le rend à Célestine, qui le ramène à sa première source. » A. DE NERCIAT.

Citerne. Nom donné au con.

Citoyen rétroactif. *s. m.* «Nom qu'on donnait vers la fin du XVIIIe siècle, aux pédérastes, — gens aimant mieux *retroagere* que *anteagere*. Le nom est tombé, mais le goût est resté.»

(*Dict. érotique moderne, suppl.*)

«L'univers sait que l'équivoque marquis de Villette est le président perpétuel du formidable district des citoyens rétroactifs.» (*Les Aphrodites.*)

Claquedent. *s. m.* Bordel, — dans l'argot militaire.

Clapier. *s. m.* Grand con où peuvent se loger lapin et — *la pine.*

«Je les ai furetés tous deux, ces *clapiers*-là, j'en connais peu d'aussi logeables.»

A. de Nerciat.

Clitoriser (Se). Se branler entre femmes; se chatouiller le clitoris, seule ou à deux, réciproquement.

«La nature le veut; c'est le seul moyen d'être sage au couvent, puisqu'on ne peut l'être sans *se clitoriser* ou se manuéliser.» Mercier de Compiègne.

«Quelle vision! grand Dieu!... Ma mère sur le dos, les cuisses repliées vers sa poitrine et les jambes en l'air, d'une main tenant un livre et de l'autre... se chatouillant le clitoris avec la plus belle vivacité...»

(*Joies de Lolotte.*)

Clysoir galant. *s. m.* Le membre viril, — qui se fourre *galamment* partout.

Clystère. *s. m.* Lavement extraordinaire que l'on se fait donner avec un *clyso-vit.*

«On croit l' mettre par devant,
Pas du tout, c'est par *derrière*;
On croit être son amant,
On est son *apothicaire*...
Bon, bon, de la Bretonnière, etc.»

(*Vieille chanson.*)

Coblentz (Aller à). *v. n.* «La partie du boulevard qui est comprise entre le Château-d'Eau et le faubourg du Temple, avait été surnommée *Coblentz*, parce que les *émigrés* des cafés environnants s'y donnaient rendez-vous... Toutes les tribus du boulevard, celles qui étaient chassées en même temps du Café des mousquetaires, des Cafés du Cirque et de la Porte-St-Martin, venaient s'installer sur les chaises et les fauteuils, et y devisaient entr'elles jusqu'à trois heures du matin.

C'était là ce qu'on appelait *aller à Coblentz.* »

(*Mém. de Thérésa.*)

COCARDE. *s. f.* Blanche ou rouge... affaire d'opinion. C'est le foutre qu'on lance, ou le sang que l'on fait répandre, au con d'une pucelle.

« Heureux, qui mettra *la cocarde*
Au bonnet de Mimi-Pinson. »

A. DE MUSSET.

COCARDEAU. *s. m.* Cornard; — le Prud'homme du cocuage, d'après Gavarni.

« ... Madame H. fut singulièrement tendre avec Anatole, et tout porte à croire que son infidèle époux a subi la loi du talion. Encore un coquardeau! »

(*Recueil d'Anas.*)

COCATRIX. Vieille et laide putain, maquerelle, maîtresse de bordel. (*T. du Bord.*)

COCCIS *ou* COCCIMARGOUIN. *s. m.* L'os situé à l'extrémité du sacrum (coccyx).

Les voyous emploient ce mot pour dire d'une femme : « Je lui ai pris le cul ; — je lui ai attrapé le *coccis...* »

COCHONS'TÉS (Faire ou dire des). Dire ou faire des cochonneries ou des saletés. Expression nouvelle, fruit d'un *lapsus linguæ.*

Une fille publique, causant avec une *femme honnête*, allait risquer le mot *cochonneries*; mais, se reprenant, elle voulut y substituer le mot *saletés.* La langue lui fourchant, elle mit tout ensemble et dit : des *cochons'tés.* — Cette expression, répétée, fit beaucoup rire et finit par prendre place dans le vocabulaire des filles galantes. — Elle sert aujourd'hui de masque aux deux mots... dodus qui l'ont fait naître.

COCODÈTE *ou* DANDYE. *s. f.* Femme du monde qui imite la cocotte — dans sa mise — et quelquefois la surpasse par l'excentricité.

Au masculin : *cocodès, cocodet, gandin.*

Cocotte. *s. f.* Synonymes : Lorette, cocodette, infâme, impure, grue, pieuvre, lionne, etc., etc.

« *Cocotte*, terme enfantin pour désigner une poule ; — petit carré de papier plié de manière à présenter une ressemblance éloignée avec une poule. — Terme d'amitié donné à une petite fille : *ma cocotte* ; — et quelquefois à une grande dans un sens *un peu libre*. »

Littré.

Cocotterie. *s. f.* Monde galant, — côté des *cocottes*. Ce mot fait pendant au mot : *Bicherie*.

« V. Sardou engageait amicalement une dame à surveiller les toilettes de la jeune fille de la *famille Benoiton*, plus excentriques qu'il ne convient à une honnête bourgeoise.

— Bast ! elle est si jeune et si innocente, ce n'est pas même de la coquetterie.

— Non, répliqua Sardou, mais c'est presque de la *cocotterie*. » (*Figaro*, n° 1123.)

Cocu. *s. m.* Mari trompé par sa femme ; comme Ménélas, comme Sganarelle et Dandin, comme vous et moi, — comme des millions d'autres.

« Tous les hommes le sont...
— Excepté Couillardin... »

. . . .

« Qu'appelle-t-on cocu ? L'homme de qui la femme,
Livre non-seulement le corps, mais aussi l'âme,
Partage le plaisir d'un amant chaleureux,
Le couvre avec bonheur de baisers amoureux,
Fait l'étroite pour lui, même quand elle est large,
Et, manœuvrant du cul, jouit quand il décharge. »

L. Protat. (*Serrefesse*.)

Synonymes : — *Cornard, cornu, prédestiné, un de plus, etc., etc., etc.*

Coeur. *s. m.* Nom que se donnent l'amant et la maîtresse, qui réciproquement, se sont donné leur *cœur*. Moyen sûr de ne pas nommer Arthur, quand on baise avec Jacques, ou Arthurine, quand on fout Mélanie.

« Mon cœur, mon cher cœur !!...
(*Monsieur Tout-le-Monde*.)

L'autre acception de ce mot a été donnée dans le *Dictionnaire érotique* ; mais on a oublié de dire que certains farceurs pudibonds l'épelaient ainsi : c-o-x, *cœur*.

Coeur d'artichaut. *s. m.* Viscère que toute femme galante a sous le téton gauche; sorte de portefeuille tellement avide de *souvenirs*, qu'il a toujours un feuillet au service de celui qui, ayant du *foin*, veut s'y faire inscrire.

— « Ah! tenez, Gabrielle, vous avez un *cœur d'artichaut*.

— Eh! bien, oui, monsieur, j'ai un *cœur d'artichaut*. J'en donne une feuille à tous mes amants, et je garde le *foin* pour mon mari.

(Journal *le Hanneton*, 1865.)

Coeur neuf. *s. m.* Affaire de confiance : — c'est souvent un vieux mobilier.

« Dès que cet enfant n'est pas de vous, ma belle nymphe, et qu'avec un *cœur neuf*, vous m'apportez en mariage des beautés *immaculées*, pourquoi rougirais-je?.... »

A. de Nerciat.

Cohabiter. *v. n.* Coucher avec sa femme et *la biter*. C'est Paul de Kock qui, le premier, a donné à ce mot cette signification.

— « Ah! on appelle cela *cohabiter?*... Je ne savais pas... Eh! bien, monsieur le commissaire, ma femme ne veut pas que je *cohabite* avec elle, et c'est pour cela que je suis venu vous trouver... ayant pris une épouse pour... *cohabiter*. » (*Monsieur Dupont.*)

Coiffer. *v. a.* *Coiffer* une femme, c'est la rendre amoureuse de vous.

Coiffer un homme, c'est le faire cocu.

Être *coiffé* ou coiffée de quelqu'un — ou de quelqu'une, — c'est en être amoureux ou amoureuse.

Coiffer Sainte-Catherine. *v. a.* Avoir vingt-six ans et n'être pas encore mariée; c'est-à-dire : entrer dans la catégorie des *vieilles filles*.

— « Et demain, sans rémission, j'aurai vingt-six ans accomplis : c'est l'âge où l'on *coiffe Sainte-Catherine*. »

Edm. About.

Coiffure de Moïse. *s. f.* Dédiée aux cocus. Il s'agit ici des deux rayons lumineux dont les peintres décorent le front de Moïse, lesquels figurent parfaitement des cornes.

« Un vieux monsieur portant lunettes,
A la plus fraîche des brunettes
Offre avec grâce, aménité,
Sa main et... son obésité.
Un beau jour, sur sa tête grise
Brille le bonnet de Moïse.... »

S. Tostain.

Coin (Petit). *s. m.* Petit vit, pour fendre les petits cons.

Coit. *s. m.* L'acte vénérien.

« Union charnelle des deux sexes. C'est la volupté qui mène à la génération. (En langage familier, on dit : Baiser. (*Voir ce mot.*) Quand la femme s'est placée dans le lit conjugal, elle se met sur le dos et écarte les cuisses. Le mari la couvre alors de son corps et aidé par la main de sa femme, introduit l'instrument du plaisir dans l'asile qui lui est destiné. Elle referme alors légèrement les cuisses, et enlace son mari de ses jambes Il colle sa bouche sur la sienne, et commence avec les reins ce mouvement de va-et-vient qui produit le plaisir mutuel. La femme n'a plus alors qu'à se laisser aller à la volupté; et à répondre aux baisers qu'elle reçoit. Tantôt, nonchalente et paresseuse, elle laisse agir l'homme, sans faire d'autre mouvement que celui de deux bouches qui s'unissent; tantôt adoptant le rôle actif, elle fait onduler ses reins, en enfonçant dans le *con* à chaque va-et-vient, la vigoureuse queue qu'elle tient entre ses cuisses. Ses lèvres roses pressent avidement celles de son époux. Sa langue s'enlace à la sienne; ses seins tout rouges de baisers applatissent leur courbe gracieuse sur sa poitrine, tant ses bras le serrent avec force. Son petit pied le talonne comme pour l'aiguillonner, De temps en temps elle se pâme en poussant de petits cris de plaisir; ses reins souples interrompent leurs voluptueuses ondulations, et elle demeure quelques instants immobile, savourant les coups précipités du vit furieux, et les jets de la liqueur de feu dont il inonde le temple de l'Amour.

C'est ainsi que se produit le *coït*, la volupté la plus naturelle à l'espèce humaine, et qui est pour elle, non-seulement un besoin, mais un devoir imposé par la Providence divine.....»

« Ne vous livrez pas au *coït*, ni à toute autre volupté après avoir mangé : attendez que la digestion soit faite. » COMTESSE DE N.***

(*Vade-mecum des femmes mariées.*)

COLIQUE SPERMATIQUE. *s. f.* Se dit de la fatigue douloureuse que l'on ressent dans les aines et dans les testicules, après une érection non satisfaite. On dit aussi : *colique bâtonneuse.*

«.... Mais, tu m'as fait trop bander ! Ta précieuse faveur, ou j'aurai une *colique spermatique* épouvantable. »

(*Anti-Justine.*)

COLLAGE. *s. m.* Concubinage. *Se coller* : se mettre en ménage.

« Qu'est-ce que va devenir Anatole ? — Le monstre ! il est déjà *collé* avec Rachel. »

(*Les Cocottes.*)

COLLANT, — ANTE. *s. m.* Homme dont on ne peut se défaire ; — femme dont on ne peut se débarrasser.

« *Il est collant. — Est-elle collante !* »

COLLER UN BÉCOT. *v. a.* Coller ses lèvres sur une bouche ou sur le gland d'une pine, action qui regarde les dames, qui, étant plus ou moins *cochonnes*, aiment plus ou moins les *glands*. — (*V. Bécot.*)

COLLINE. Les deux parties proéminentes qui sont au bas des reins, ou autrement les fesses.

COLLINES DE L'AMOUR (*Colles amoris*). *s. f. pl.* — Les tétons.

« O contours veloutés, mamelles féminines,
Dont une coupe grecque a moulé la rondeur.
Une robe nous cache et votre exquise odeur
Et de vos deux boutons les fraises purpurines.

Les beaux seins rebondis creusent sur les poitrines
Un amoureux vallon où fleurit la pudeur ;
Un souffle égal et tiède ou haletant d'ardeur,
Mystérieux volcan, soulève les *collines*.

Là nous buvons le lait, la force et la santé ;
Notre sang, pur et chaud, sort du sein de la femme,
Et plus tard par l'amour nous lui rendons notre âme.
L'amant, las de baisers, pose avec volupté
Entre ces blancs côteaux sa tête nonchalante
Et s'endort, écoutant le cœur de son amante. »

H. Cantel.
(*Amours et Priapées.*)

Colombe s. f. Femme ou maîtresse, — dans le langage populaire lyonnais.

Colonnes d'Hercule. Les jambes de la femme, qui sont les colonnes qui soutiennent.

« Aux colonnes d'Hercule
Je voulus naviguer,
Mais mon vaisseau (vit) recule
Je ne pus avancer. »
(*Le Pilote et la Mer de Paphos.*)

Comble du bonheur. s. m. La suprême jouissance ; le dernier étage de la volupté, — près du ciel.

« La putain est bientôt au *comble du bonheur* ;
De son con tout baveux, la semence ruisselle... »

L. Protat.

Comédie (Laisser à la). v. a. Laisser une femme à la *comédie*, c'est, la baisant, jouir avant elle et débander au moment où elle allait *le faire*. (« *Le faire, ma mie, c'est décharger.* »)

H. Monnier.

Comme de cire. Fort à propos : « Ah ! vous voilà, Infante de mon âme ! vous arrivez *comme de cire*. Il y a longtemps que je vous attendais. » Ghérardi.

Cette locution, n'étant pas *assez vicieuse*, n'est plus usitée aujourd'hui.

Venir, aller *comme de cire*, aller, convenir parfaitement :

« C'mari-là, moi, ça m'va comm'de cire ;
— C'te femme-là, moi, ça m'va comme un gant. »

(Désaugiers.)

C'est-à-dire, figurément : Ce mari-là est *moulé*, fait pour moi : il sera facile à *manier*.

Commercer. *v. n.* Homme et femme, entretenir un *commerce* charnel ; fouterie très répréhensible, quand la femme est en puissance de mari.

Commissaire (le). *s. m.* Un vit bien raide qui, quoique dur, sait toujours arranger les deux parties : le con et le cul. — En voici la preuve :

Un commissaire avait rendu un petit service de son ministère à une fille publique. Celle-ci, pas ingrate, lui en avait promis un du sien. Un soir d'été, que la belle prenait le frais à sa fenêtre, le commissaire passant l'aperçoit ; il monte chez elle, et sans la déranger il se met en devoir de la trousser par derrière et de la foutre en levrette. Au moment de la jouissance, la belle faisant un mouvement, donne du genou dans un pot de fleurs qui tombe sur la tête d'un passant. Celui-ci, dont ce n'était pas la fête ce jour-là, se retourne furieux et apostrophant notre baiseuse, la menace d'aller chez le commissaire.

— *Le commissaire !* réplique-t-elle : *je l'ai dans le cul !*

Compas. *s. m.* Instrument de précision, formé par les deux jambes d'une femme, qui en sont les deux branches recourbées. Le con, qui les joint, est la charnière qui leur permet de s'ouvrir et de se resserrer pour mesurer des longueurs et des circonférences — de pines.

« Sans ce métal qui brille,
Ne crois pas qu'une fille — enfile son aiguille.
Pour reprendre ton bras,
Colas,
Laisse donc mon *compas.* »

(*Vieille chanson anonyme.*)

Complaisance. *s. f.* Étant femme galante, prêter son con à un homme qui vous est indifférent, mais qui vous rend quelques petits services — pour lui *complaire* ou le payer de ses peines.

Homme, baiser *complaisamment* une femme qui vaut à peine le coup ; — toujours pour lui *complaire.*

Compliment. *s. m.* En amour, se fait avec la pine :

c'est un coup bien porté, à la satisfaction de la femme qui le reçoit.

« Nous avons un grand homme
Arrivé depuis peu
Dans ce lieu,
Qui fait, quand on l'en somme,
Six *compliments* par jour
En amour.... »

(Collé.)

Avant la fouterie, quand on ne s'entend pas, ou après, quand on s'est entendu. On dit aussi : rengainer *son compliment*, pour : remettre son vit dans la culotte.

Compliment vénéneux. *s. m.* Flèche élégante dont la pointe est empoisonnée. Les femmes bien élevées s'en servent à l'égard des autres femmes. L'expression est d'Alphonse Karr.

Exemples :

« *Une femme bien faite*, c'est une femme qui a des marques de petite vérole, ou les cheveux rares et mal plantés, ou une bouche trop grande ; en un mot, c'est une femme dont on nie la figure.

Une belle personne, c'est une femme qui n'est plus très-jeune, qui a la taille un peu épaisse, qui manque d'élégance et qui a une grosse gorge placée trop haut....

Une femme d'esprit, une femme très-aimable, c'est une femme qui n'est ni jolie ni bien faite.

Une bonne personne, cela veut dire laide et bête, etc., etc. »

Con (Le). *s. m.* Partie naturelle de la femme.

Voici la description qu'en donne l'auteur des *Veillées du couvent* :

« Entre deux colonnes d'un albâtre lisse et arrondi, est situé cet ovale charmant, en forme de poire, protégé par une petite éminence et une jolie *motte* ; cet ovale et cette motte sont couverts d'un poil noir bien frisé, comme une mousse légère, du milieu de laquelle sort une source féconde, filtrée dans les reins et élaborée dans les testicules pour être répandue pendant le doux mystère et mêlée à la nôtre pour multiplier notre espèce. Plus haut, est un point, qui, chez certaines femmes, est fort gros et fort long, que l'on appelle clitoris : c'est le premier agent du plaisir, le dispensateur des extases : son toucher seul fait tressaillir et opère bientôt la crise après une titillation légère..... Priape aime à se désaltérer dans ce ruisseau, et n'en sort jamais que la larme à l'œil, tant il a regret d'en sortir..... »

(Voyez dans le *Dictionnaire érotique*, les mots : (CON (un), CON BAVEUX, CON BIEN BOISÉ, CON CHASSIEUX et CONCON.)

(V. ci-après ; CON BÉNI, CON EFFONDRÉ, CON FROMAGEUX, CON EN RIBOTTE, CON GLUANT, CON GOULU, CON INSATIABLE.)

CONAILLER. *v. a. et n.* Foutre sans enthousiasme.

« Le fouteur, qui n'était pas habitué à ces raffinements de volupté, se récriait : « Ah ! que vous foutez bien, ici ! dit-il en déchargeant. On ne fait que *conailler* ailleurs. »

RÉTIF DE LA BRETONNE.

CONASSE. *s. f.* Vieux con, gris, gras et large.

« Un vit, à quoi cela sert-il ? — A mettre dans un con. — « Mais j'ai un conin, à ce que m'a dit mon frère, et ma belle-mère une *conasse*. Depuis qu'il est grand et qu'il a ce qu'on nomme du foutre, il met son engin dans la *conasse* de ma belle-mère que ça fait trémousser et criotter. »

RÉTIF.

CON BÉNI. *s. m.* Con aspergé par le goupillon d'un monseigneur quelconque.

Se dit aussi d'un pante à qui une femme fait accroire tout ce qu'elle dit.

CONCOMBRE. *s. m.* Entreteneur. (Plante de la famille des cucurbitacées.)

« Quand ils sont petits, on en fait des cornichons ; — quand ils sont grands — et gros, — on en fait..... des entreteneurs. »

(*Figaro.*)

Renvoyé au Dictionnaire de l'Académie, — quand il en sera à la lettre C ; — j'ai dit : *quand ?*

CONCUBINER. *v. n.* Vivre maritalement avec quelqu'un.

« L'abbé de la Rivière, le favori de Gaston d'Orléans, entretenait ouvertement une demoiselle Legendre ; il la gardait auprès de lui dans son château de

Petit-Bourg et *concubinait* avec elle, sans seulement songer à sauver les apparences. « Elle est à cette heure comme sa ménagère, écrivait Tallemant vers 1660. »

(*Hist. de la Prostitution.*)

CONCULCAVIT. Ce mot latin, qui scandalise les vieilles femmes et fait rougir les jeunes filles, se décompose ainsi :

« Tenez ferme ce *con*, haussez le *cul*, laissez le *ca* et allongez le *vit*. »

(*Un maître de plain-chant.*)

CONDON. *s. m.* Capote anglaise.

« Je ne suis pas peu surprise de voir certain *condon* sortir d'une poche ; puis d'un vit arqué par en bas qui, s'étant *encapuchonné* là-dedans, se présente à l'entrée bien offerte de mes plus secrets appas. »

(*Diable au Corps.*)

CON EN RIBOTTE (Avoir le). C'est-à-dire : avoir ses règles.

CON EFFONDRÉ. *s. m.* Vieux con, qui a été trop fréquemment et profondément fouillé : un véritable *gouffre secret*, — une vraie *conasse*. (V. ces mots.).

CON FRAMAGEUX. *s. m.* Celui qui, n'étant que rarement lavé,

« De spermes combinés fait un hideux fromage
Et repousse les vits qui lui rendraient hommage. »

CON GLUANT. *s. m.* Celui auquel des besoins de jouir permanents font suinter le foutre. Tous les vits se laissent prendre à cette glu-là.

« L'hiver et l'été je sue,
Et qui me touche *s'englue*
Comme fourmis dans le miel ;
J'ai de fer et non de verre
Toujours le cul contre terre
Et les yeux dedans le ciel. »

DE SYGOGNES.

CON GOULU. *s. m.* C'est-à-dire, capable d'avaler les vits les plus gros, et toujours prêt à se gaver de foutre.

« Il faut donc, pour ce vit, un grand con vermoulu,
Un *con* démesuré, qui dévore, *goulu*,
La tête et les couillons pour les mettre en curée,
Un con toujours puant, comme vieille marée. »

RÉMY BELLEAU.

CONICHE, CONICHET, CONICHON, CONICHONNET. Noms donnés par Rétif de la Bretonne aux petits cons qui lui ont servi — dans *l'Anti-Justine*.

CON INSATIABLE. *s. m.*

« La *matrice* d'une femme est du nombre des choses *insatiables* dont parle l'Écriture, et je ne sais s'il y a quelque chose au monde à quoi on puisse comparer son avidité : — car, ni l'enfer, ni le feu, ni la terre, ne sont pas si dévorants que le sont les *parties naturelles* d'une femme lascive. » VENETTE.

« C'était une jolie grêlée faite au tour, ayant un con tellement *insatiable*, que je fus obligé de lui mettre la bride sur le con et de la laisser foutre avec qui elle voudrait... » RÉTIF DE LA BRETONNE.

(*L'Anti-Justine.*)

CONISTE. *s. m.* Fouteur qui ne sacrifie qu'à monseigneur le *Con*.

« Il n'est à présent que des sots
Qui se disent conistes. »

COLLÉ.

CONJUNGO. *s. m.* Du latin : J'unis. Formule du mariage, ou, par extension, le mariage lui-même.

« La fruitier' dit, r'luquant ma mine :
Comment t' trouv's-tu du *conjungo* ? »

TOSTAIN.

(*V. Mariage.*)

CONNAITRE A FOND. *v. a.* Signifie, pour un homme : avoir couché avec une femme, et pour une femme : avoir couché avec un homme et avoir pu juger de tout son savoir, — en matière de fouterie.

CONNAITRE LA ROCAMBOLE. *v. a.*

« Savoir le fin et le contre-fin des choses de la fouterie ; pratiquer aussi volontiers la sodomie que la pinerie naturelle. » A. DELVAU.

« Comment ! et ces provinciaux aussi, se donnent les airs d'être bougres ! Je croyais qu'on ne *connaissait* cette *rocambole* qu'à Paris. » A. DE NERCIAT.

CONNAUDE, *s. f.* Ingénue qui donne son cœur et prête son *connaud* à celui qu'elle a choisi pour *couillaud*.

Très-vieux mot. — (*V. Couillaud.*)

CONNERIE, *s. f.* Naïveté, bêtise, chose dite qui n'a aucune valeur, — dans l'argot du peuple.

S'emploie le plus souvent au pluriel.

Au sortir d'une conférence de femmes :

— « Qu'avez vous entendu ? — Un tas de vieilles comtesses, qui ne disaient que des *conneries*. »

CONNEAU. Mauvais coup, tiré à l'improviste et, quelquefois, — avec regret.

CONNILLER, *v. a.* Jouer ou travailler du con.

« Japant à la porte fermée
De la chambre où ma mieux aymée
Me dorlottoit entre ses bras,
Connillant de jour dans les dras... »

RONSARD.

CONOEUVRER. *v. a.* Travailler un con quand on est homme ; travailler du con, quand on est femme : — œuvre de chair... etc.

« De violents soubresauts, des cris, des exclamations de volupté :

« Foutre divin !... divin con !... vit divin... marquèrent l'égarement des deux *conœuvrants*. »

(*Anti-Justine.*)

CONQUE, *s. f.* La nature de la femme, qui ressemble en effet à une coquille — concave.

« Mon père se mettait sur moi, me suçait mes petits tétons naissants; posait son membre à l'orifice de ma petite *conque* et me barbouillait toute la motte de sperme.... »

RÉTIF DE LA BRETONNE.

CONSERVATOIRE. *s. m.* Le Mont-de-Piété. — Argot des petites dames et des actrices, — qui se croient de grandes dames.

CONTEMPORAINS. Poëtes et prosateurs. — Auteurs de romans et de pièces plus ou moins... *ronde-bosse*.

Barthélemy, *Syphilis* ; Béranger, *Chansons* ; Baudelaire, *Fleurs du mal* ; Cantel, *Sonnets païens*; Comtesse de Chabrillan, *Mémoires de Mogador* ; Debraux, *Chansons* ;

J. Duboys, *Signe d'argent*; Festeau, *les Egrillardes*; Flaubert, *Madame Bovary*; Th. Gautier, *Mlle de Maupin*; Glatigny, *Scapin maquereau*; L. Gozlan, *Aristide Froissart*; Paul et Henri de Kock, *romans divers*; Lemercier de Neuville, *les Jeux de l'Amour et du Bazar*; V. Lecou, *le Curé Trécy*; Méry, *les Filles de Lesbos*; H. Monnier, *Deux Gougnottes*; Ch. Monselet, *Galanteries du 18e siècle*; Montépin, *les Filles de platre*; A. de Musset, *Gamiani*; Louis Protat, *Serre-fesses* et *l'Examen de Flora*; Raban, *Dix ans de la vie d'une femme*; George Sand, *romans divers*; Tisserand, *Jean Hiroux*; Vatout, *le Maire d'Eu* et *l'Écu de France*. — F. Bovie, Colmance, Jules Choux, Clairville, Dalès, Dumanet, Dumoulin-Darcy, Em. Emery, Ad. et Aug. Joly, Ch. Le Page, P. Mérigot, Monthrial, G. Nadaud, P. Saunière, L. Houssot, S. Tostain, L. Festeau, Vergeron, Alb. d'Angers, Al. Badou, Marc-Constantin, etc., etc... poètes et chansonniers. — (V. *Auteurs et Poëtes licencieux*.)

Conter son boniment. *v. a.* Terme de maquereau, qui signifie : dire à une putain qu'on la désire... pour *un bon motif*. — Faire sa déclaration.

Conversation criminelle. *s. f.* Celle qui a souvent lieu entre un homme et une femme mariée — à un autre homme. — Cette aimable conversation se tient ordinairement ventre contre ventre, avec des baisers et des soupirs à la clef.

Convoler. *v. n.* Se marier pour la deuxième ou la troisième fois, ce qui n'est pas toujours gai pour le mari, qui croit *con voler* et trouve *con volant* au lieu du *con promis*. — Pour une femme, le convol n'a pas cet inconvénient. Veuve, elle vivait seule et s'ennuyait ; c'est pour elle un changement de *vit*.

Convulsiver. *v. n.* Se trouver mal en jouissant, — comme Napoléon avec Mlle Georges, ou comme le premier venu avec la dernière venue.

« Oh ! l'aimable petite pincette qu'elle a au fond du conin... Pince... serre, sacrée petite convulsionnaire !. fais-moi *convulsiver* dans ton joli con. »

Rétif de la Bretonne.

Copeau. *s. m.* La langue dans l'argot des souteneurs.

> « Avec moi, n'y a pas d'bégueule,
> Surtout quand j'lui dis : pas d'mots !
> Ou j'te vas fout' sur la gueule...
> Crache et r'pass's-moi ton *copeau !...* »
> (*Chanson anon. moderne.*)

Arracher son *copeau* : — tirer un coup.

Copuler (du latin : *copulari.*) Accoupler, unir, assembler. — D'où :

Copulation. — Accouplement des deux sexes, autorisé ou non, pour la génération. — Faire l'acte *copulatif* : baiser.

Coq sans plumes. Homme, selon Platon.

Coqueluche. Fouteur dont toutes les femmes sont coiffées, — partant tous les maris... qu'il a cocufiés. — « Il est la *coqueluche* du quartier ; toutes les femmes se l'arrachent. »

Coquelucher (Se). Se coiffer de quelqu'un.

> « Je prétends que Jacquet, avec sa froide mine,
> Qui m'a joué d'un tour qui n'est ni bien ni biau,
> En me *coqueluchant* de la jeune Claudine
> Reprendra la vache et le viau. »

Coquette. *s. f.* Femme qui fait tout pour engager les hommes et ne veut pas s'engager ; qui ne se soucie que de paraître belle et aimable ; bref, qui n'a que le désir de plaire sans avoir le besoin d'aimer.

Coquetterie. *s. f.* Dessein général de plaire, et de traîner à sa suite une foule d'amants ; — manières engageantes qui semblent tout dire et ne disent rien.

« La *coquetterie* est une comédie qui donne plus de peine à celle qui la joue, que l'amour lui-même ; car, rien ne doit plus coûter que de feindre ce qu'on ne sent pas. » Adrien Dupuy.

Coquillage. *s. m.*

> « Ce petit bijou tant prôné
> Etait le simple *coquillage*,
> Auquel les savants ont donné
> Le joli nom de pucelage. »
> Em. Debraux.

Coquilles. *s. f. pl.* Les deux grandes lèvres du con de la femme, qui s'entrebâillent, puis se resserrent à l'approche du onzième doigt de l'homme.

> Bien que la chaleur de mon *doigt*,
> Fit entrebâiller les *coquilles.* »
>
> Le même.

Corbillon (Le). *s. m.* Le con, petite corbeille poilue, dans laquelle l'homme met son vit *en gage*. Jeu innocent.

> « Changement de *Corbillon*
> N'est pas toujours très bon. »

Corde sensible. *s. f.* Chez l'homme, c'est sa pine, qui n'est souvent qu'une ficelle ; -- chez la femme, c'est son clitoris, que l'on ne gratte jamais vainement...

> « Car chaque femme a sa *corde sensible*,
> Que, tôt ou tard, un amant fait vibrer. »
>
> L. Thiboust.

Cornette. Féminin de *Cornard ;* cocu femelle, femme trompée.

> « Autrefois, pauvre poulette,
> Quand tu vantais ma vertu,
> Je te fis souvent *cornette*,
> Tu n'en as jamais rien su. »
>
> Henri Nadot.

Cornifier. *v. a.* Planter des cornes : faire un cocu.

« J'avais, pour mon pucelage, fait cocu mon père ; j'avais *cornifié* mon frère en faisant décharger et foutant sa femme avec émission... une sœur paternelle que j'engrossai. » Rétif de la Bretonne.

Corset. *s. m.* Vêtement destiné à soutenir les *appas* des femmes — qui en ont ; — d'en faire soupçonner à celles qui n'en ont pas, etc...

> « Petit *corset*, chez la vierge timide,
> Aide à l'essor de ses *appas* naissants. ..
>
> . . . .
>
> « Comme il soutient les *faibles* sous ses ailes,
> Comme en ses flancs, savamment resserrés,
> Il sait aussi contenir les *rebelles*
> Et ramener enfin les *égarés.* »
>
> Ch. Fournier.

Selon l'adage :

« Je soutiens les *faibles*, je contiens les *rebelles*, je ramène les *égarés*. »

— « Seize ans... pas de corset...
— Et ça tombe tout de même. » J. Cu

CORVÉE. *s. f.* Travail forcé : — Homme, avoir à baiser une femme qui vous déplait; — femme, être obligée de supporter les caresses d'un homme laid, vieux, dégoûtant et quelquefois ivre. Tel est le lot de plusieurs maris, et celui de toutes les femmes publiques.

CORVETTE. *s. m.* Jeune Sodomite. Terme usité au bagne, où l'on aime comme on peut.

COSTEL. *s. m.* Mangeur de blanc : maquereau (dans l'argot de ce monde-là).

COTELETTE. *s. f.* Femme légitime. — Notre mère Ève ayant été formée d'une *côte* d'Adam, on prétend que quand celui-ci voulait l'appeler sa *petite femme*, lui disait tout bonnement : *ma côtelette*. — (*V. Sexe.*)

COUCOU. *s. m.* Oiseau *jaune*, de la race des cocus, aussi féconde que celle des mirmidons.

« Les *coucous* sont gras,
Mais on n'en tue guère ;
Les *coucous* sont gras,
Mais on n'en tue pas
La crainte qu'on a de manger son père,
Son cousin germain, son oncle ou son frère,
Fait qu'on n'en tue guère,
Fait qu'on n'en tue pas. »

(*Vieille chanson.*)

CRACHER DANS LES BROUSSAILLES. *v. a.* Décharger sur les poils d'un con; ce qui s'appelle *prendre des précautions*.

COUILLAUD. *s. m.* Amant généreux, qui entretient sa *connaude* du produit de ses couilles. (Très-vieux mot. — Voir Millot, *l'École des filles*.)

COUILLE-MOLLE. *s. f.* Homme sans énergie ; triste fouteur.

Couilleries. *s. f. pl.* Mauvaises fouteries.

« Je passerai sous silence mes *couilleries* avec ma femme clandestine. » (*Anti-Justine.*)

Couilles grasses (Avoir les). Avoir de l'argent dans ses *bourses*, ou du *foin* dans ses bottes. — Cette expression s'applique aux michés qui donnent beaucoup d'argent aux putains, pour les baiser.

Couillettes. *s. f. pl.* Petites couilles ; — Jeannette signifiant petite Jeanne.

« La main posée à nu sur mes fesses, elle me chatouillait les *couillettes*, et me sentant bander, elle me baisait sur la bouche avec un emportement virginal. »

Rétif de la Bretonne.

Couillonnade. Blague, mensonge, gasconnade.

« Combien sans déconner, sans nulle *couillonnade* ? — Douze coups. » (*Théâtre du Bordel.*)

Coulante (Avoir une). Filtrer une chaude-pisse dans sa culotte.

Couler des jours heureux. *v. a.* N'avoir, *heureusement*, qu'une *coulante*.

Coup de patte. *s. m.* *Coup* de langue. — *Chatterie* perfide adressée à une femme, qui aimerait mieux un *coup* de pine ; — ou à un homme, qui préférerait *un coup* de cul.

Coup de raccroc. (Tirer un). Tirer un coup sur le pouce, avec une femme qu'on ne pensait pas baiser : soit en allant toucher une facture chez elle ; en lui portant un *paquet* — naturellement ; — soit en se trompant de porte, ou même en étant raccroché par elle, pour la piner à l'œil, un jour qu'elle bande et *ne fait que cela*.

Coup du macaron. *s. m.* Tour de force facile à figurer, mais impossible à mener à bonne fin. — L'homme est couché sur le dos, le bracquemart en l'air. La femme s'asseoit dessus et s'introduit dans le vagin ce pivot de chair. Alors s'aidant des pieds et des mains, elle tâche de tourner et de figurer l'aiguille du jeu de *macarons*. L'inventeur de ce divertissement, m'assure *«qu'à tous les coups l'on gagne.*

Je me permets d'en douter.... et vous?...

« Sur l'assise d'une pine
Pivotant comme un toton,
Aimes-tu mieux en gamine
Tirer *l'coup du macaron?*...»

P. Saunière.

Coupe. *s. f.* La partie naturelle de la femme, gracieux vase de rose et d'albâtre, que voile un frais duvet, noir, blond ou roux. Coupe divine où l'amour vient mouiller les lèvres de sa pine ou celles de sa bouche

« J'avais tari la *coupe* enchanteresse
Que ton ardeur offrait à mon amour..,»

Jules Choux.

« *Coupe* où l'humanité vient boire.
Coupe où le cœur perd la mémoire
Dans le vin brûlant du plaisir....
Je veux que ma lèvre jumelle
Ivre d'une soif éternelle
Te tarisse en un long soupir ! »

H. Cantel.

Couper la jupe. Au XVIIe siècle, menacer une femme de lui *couper la jupe*, c'était lui adresser la plus cruelle injure ; exécuter cette menace, c'était vouloir déshonorer la victime d'un pareil traitement.

« On ne trouve dans aucun dictionnaire français l'expression de *couper la jupe*, consacrée par un usage qui a dû se conserver jusqu'au XVIIIe siècle. Philibert-Joseph Leroux est le seul philologue qui ait recueilli dans son *Dictionnaire Comique*, etc., cette expression que Scarron, Saint-Amand et d'autres poëtes burlesques ont souvent employée : « *Couper la robe au cul,* » dit Leroux, terme méprisant et outrageant qu'on dit à une personne qu'on outrage. C'est le dernier de tous les affronts, et on ne menace guère de cette punition que des garces. » (*Hist. de la Prostitution*).

Coup fourré (Faire). Par un échange de mauvais procédés, se donner réciproquement la vérole, en tirant un ou plusieurs coups.

« — De quoi se plaint-elle ? Je lui ai donné des chancres, et elle m'a rendu une chaudepisse : c'est un *coup fourré.* » J. Ch. (*Souvenirs de carnaval*).

Couple. *s. m.* Deux personne, homme et femme, unies par le mariage, — ou par l'amour.

Couplet (Chanter un). Faire une façon ; baiser.

« Elle n'est pas musicienne,
Mais elle est foll' du flageolet
Et veut que chaq'jour de la s'maine
Je lui *chante au moins un couplet.* »

Emile Debraux.

Couronne virginale. *s. f.* Pucelage. — Partie naturelle de la femme, dont le vainqueur se couronne lui-même.

« Et demain, Pignoufflard effeuille sa *couronne virginale.* — Il l'épouse ? — A peu près... »

Alb. Glatigny.

Courter. *v. a.* Jouer de la courte : — baiser.

« En avant ! *courtons,*
Enfonçons les cons;
A grands coups de cul, de pine et de roustons,
Faisons cramper les garces ! »

(*Parodie de la Parisienne.*)

Courtisaner. Expression nouvelle qui, signifiant : ne fréquenter que des femmes perdues, équivaut à : *courir* après la *tisane.*

Courtiser. *v. a.* Faire sa cour à une femme que l'on a sous la main et au bout de la *courte* ; attendre patiemment la permission de *l'allonger* sur elle.

« Mais pour que ce coureur de belles
Puisse, en dix heures seulement
Courtiser cinquante pucelles...
Ah ! qu'il faut de tempérament. »

L. Festeau.

Cousine (Avoir la). Avoir la chaude-pisse ou *quelque chose* de la même famille.

Cousin Jacques. Vit au service de messer Cocuage.

Bien beau, bien gros, bien carré, ayant sept pouces et demi plus la tête, qui est énorme, il est digne en tous points de remplacer le *maigre* cousin du bonhomme qu'il cocufie.

Pour sa maîtresse, il s'appelle *Jacques* (nom de celui qui le possède) ; — pour le mari,... c'est un mystère ; — pour les gens de la maison, c'est *le cousin* de madame : — *le cousin Jacques.*

« Ce gueux de *Jacques* a fréquenté ma femme...
Dieu ! quelle tête il a !

EM. DEBRAUX.

COUSSIN. *s. m.* Une gorge ferme et plantureuse, sur laquelle on peut sommeiller après le plaisir.

« L'amant las de baisers, pose avec volupté,
Entre ces blancs *coussins* sa tête nonchalante
Et s'endort, écoutant le cœur de son amante. »

H. CANTEL.

COUVENT DE VÉNUS. *s. m.* Bordel.

« Les duchesses aux dents et aux tétons postiches, les antiques vestales du *couvent de Vénus*, qui, ne pouvant plus être instruments du diable, ont bien voulu se donner à Dieu,... parce que, dit-on, il n'est pas difficile, aime tout, pardonne tout..... »

MERCIER DE COMPIÈGNE.

COUVER (Se laisser). C'est, étant à baiser une femme, rester presque sans mouvement en la laissant se tortiller sous son propre poids, etc.

COUVERCLE. *s. m.* Homme laid accouplé à une femme laide.

« Il n'y a si vilaine marmite qui ne trouve *son couvercle.* » (*Vieux proverbe.*)

« Il y a toujours cent pines pour un con. »

(*Vérité éternelle.*)

COUVRIR. *v. a.* Terme irrespectueux quand il s'agit d'une femme que l'on veut baiser.

Un chien *couvre* une chienne ; un homme *découvre* une femme.

« Y a-t-il des hommes qui sont chiens !!! »

(*Une prodigue.*)

CRACHER A LA PORTE. *v. a.* Décharger sur la motte d'une femme au lieu de le faire dans son vagin ; — ce qui s'appelle : *tricher au jeu.*

Cracher au bassinet. *v. a.* Payer de mauvaise grâce la femme dont on va jouir, ou dont on a mal joui.

Cracher au cul (d'une femme). *v. a.* Se dit, mais ne se fait pas. — Insulte qui signifie : faire fi d'une femme qui vous a fait des avances : n'en pas vouloir, c'est lui *cracher au cul.*

Crampeuse. *s. f.* Synonyme de *jouisseuse.* — Fille publique qui *crampe* — c'est-à-dire, qui jouit aussi bien avec un *miché* qu'avec un amant.

Crampon. *s. m.* Femme ou maîtresse dont on est trop aimé ; qu'on a toujours, — à regret, — sur le dos ; et forcément sous le ventre.

« Elle est collante cette femme : c'est un vrai *crampon.* »
J. Ch. (*Souvenirs du carnaval.*)

Crevette. *s. f.* Lorette. — Mot de création tout à fait récente.

« Le *petit crevé* une fois affirmé, il a fallu lui trouver sa femelle, et à sa femelle donner un nom ; une dérivation toute naturelle a conduit au nom de *crevette.* »
Nestor Roqueplan.
Inventeur de la lorette.)

« On sait ce que les *crevettes* font des cocodès : sitôt pris, sitôt vidés. » (*Figaro.*)

Cripsimen. Nature de la femme.

« Moi, grands dieux, oublier ton joli cripsimen ! »
(*Théâtre du Bordel.*)

Croquant (Le). *s. m.* Le tendon et les cartilages qui défendent l'entrée du vagin d'une pucelle.
On dit aussi : — *défoncer* ou casser le *croquant.*

Croquer le marmot. *v. a.* Attendre longtemps un homme — ou une femme — qui vous a donné rendez-vous. S'ennuyer, prendre froid et ne rien *croquer* du tout, — sinon, le *marmot* que l'on aurait pu faire.

Croquignolles. *s. f.* Anneau fait avec de la pâte de farine et que l'on trouve chez tous les pâtissiers. Il y en a de différentes grandeurs. Ils ne sont point destinés à l'usage auquel Nerciat les fait servir, mais enfin il a trouvé le moyen de les utiliser d'une autre façon.

« Elle n'a cependant pas la pruderie de lui ordonner de se raccourcir au moyen de croquignolles. »

(*Aphrodites.*)

On conseille donc à ceux qui auraient le vit trop long d'employer le procédé de Nerciat pour se le raccourcir.

Cueillir la fraise. *v. a.* Question *d'abricot fendu.*

« Ah! qu'il fait donc bon (bis)
Cueillir la fraise,
Au bois de Bagnieux
Quand on est deux !... »

(*Le Bijou perdu.*)

Voyez *ci-après :*

Cueillir la noisette. *v. a.* Aller au bois seulette — avec un garçon, — pour l'aider à cueillir des *fraises,* des *pommes,* et.... partager un *abricot,* la *noisette* n'étant qu'un prétexte.

Cul crotté. *s. m.* Se dit des sales petites conassés qui, courant les rues, sont toujours crottées, du bas des jambes, jusqu'au bas du cul.

« Et nous autres,
Pauvres apôtres,
Pauvres moines....
Nous ne foutons que des *culs crottés*....
Eleïson ! »

(*Roman populaire.*)

« Louyson a le *cul crotté*
Tout ainsi qu'un veau garotté
Que l'on traine parmy la rue.... »

M. de Montgaillard.

Cul de ménage. *s. m.* Postérieur volumineux.

On dit aussi : *Pot-au-feu.*

Cul de Paris. *s. m.* Amas de linges que les dames et demoiselles portaient pour suppléer au manque de rondeur de *certaines parties.* — (V. *Polisson.*)

Cul de poule (Faire). *v. a.* Faire la moue.

Culetage. *s. m.* Pédérastie active ou passive.

Culeter *v. a.* Jouer du cul : — Enculer ou se faire enculer.

Cul fouetter (Le). *s. m.* Jeu inocent qui — entre adolescents ou adolescentes — consiste à se donner mutuellement de petites tapes sur les fesses, avant de se mettre au lit. Ce badinage, qui suffit à leur ignorance, les dispose à prendre des plaisirs plus doux qui leur en font désirer d'autres, plus vifs et plus naturels.

Au milieu du pelotage mutuel qui précède la fouterie, se donner l'un à l'autre, par surprise, des petites claques sur les fesses. Ce qui, faisant rire aux éclats les deux *fesseurs*, les excite, les énerve et leur tient lieu — pour bien foutre, — du plus puissant des aphrodisiaques.

« Je parie que depuis.... le grand Sultan, les rois des quatre parties de l'Univers, et la femme voluptueuse de notre bon, mais malheureux monarque, jusqu'à la jeune et timide paysanne qui taille ma soupe, tous ont joué dans leur enfance, au *cul fouetter*. »

Mercier de Compiègne.

Culique (Caprice). *s. m.* Velléité de prendre quelqu'un ou quelqu'une, — *par derrière.*

« Eh bien ! si ce n'est toi, ce sera quelque autre qui, dans l'ivresse d'un *culique caprice*, aura peut-être fait plus encore qu'Alexis... » A. de Nerciat.

Autre genre de caprice :

« On connait à Paris une très jolie femme, de qualité, qui pis est, à qui certain enragé donna 500 louis pour qu'elle daignât lui faire dans la bouche ce qu'elle était sur le point de déposer dans sa garde-robe ; chaque fois que le vilain obtenait cette faveur, elle était assurée de sa part d'un cadeau plus ou moins magnifique. Comment expliquer cette monstruosité ?... Cet homme avait de la passion pour la dame et pour le cul ; c'est tout dire ;

Le même. (*Mon Noviciat.*)

Culiste. *s. m.* Homme qui préfère le cul au con. —

élevé, sans doute, à l'école anormale des RR. PP. Jésuites.

« Il n'est à présent que des sots
Qui se disent conistes ;
Les philosophes, les héros
Ont tous été culistes... »
COLLÉ (*Recueil du Cosmopolite.*)

CULLER. *v. a.* Jouer du cul : baiser, etc.... (très vieux français).

« Ou bien, je suis la canicule,
Avecque ses grandes fureurs,
Car s'il advient que je ne *culle*,
Le corps me brusle de chaleurs. »
LE S. DE SYGOGNES.

CULOMANE. *s. m.* Partisan du trou qui pète. « A peine le bruit de ma main sur la face vermeille du Milord *Culomane* fait-elle retentir, etc. » (*Novicial.*)

CULOMANIE. *s. f.* Manie de foutre en cul.

CULOTTER (Se). *v. p.* Commencer à prendre de l'âge : boutonner, fleurir. — Se dit aussi pour : *se saouler.*

CUL PAR DESSUS TÊTE (Être). Se dit d'une baiseuse infatigable, qui a plus souvent le cul en l'air que la tête.

« Gai, gai, l'on est chez nous,
Toujours en fête
Et *cul par dessus tête* ;
Gai, gai, l'on est chez nous,
Toujours en fête et par dessus dessous. »
BÉRANGER.

CUL POUR LA VERTU ! C'est à dire : pour le vice. — Expression qui permet à une femme de jeter son bonnet par dessus les moulins, sans découvrir sa tête.

« *Cul, cul, pour la vertu !*
Je suis putain, je veux faire mes farces ;
Cul, cul, pour la vertu !
Je suis putain, je veux montrer mon cul. »
(*Vieux refrain.*)

CULTE DE PRIAPE.

« .... Vénus, *Priape*, le dieu Terme, les faunes et les sylvains eurent des autels jusque dans le moyen âge...

« Cette idolâtrie se glissa dans le culte de différents *saints* qui furent choisis par le caprice populaire pour remplacer les dieux familiers qu'on invoquait dans les circonstances les plus ordinaires de la vie... — On ne saurait douter que ces *saints-là* ne soient issus en ligne directe de Priape et de ses impudiques assesseurs, le dieu Terme, Mutinus, Tychon, etc. Jamais l'autorité ecclésiastique n'a protégé de pareils *saints*... Ce n'étaient la plupart que des *Priapes* déguisés, et l'archéologie a démontré que, dans tous les endroits où ce *culte* indécent a été établi, il y avait eu autrefois un temple ou une statue ou un emblème de *Priape*. »

PIERRE DUFOUR. (*Histoire de la Prostitution.*)

CUL TERREUX. *s. m.* Nom que mesdames les putains de Paris donnent aux *filles* de la campagne.

CUL TOUT NU. *s. m.* Grisette mal vêtue : bon à prendre et à..... regarder.

« J'peux vous l'raconter, j'lons vu,
Elle fait la Duchesse
Et c'n'est qu'un *cul tout nu*... »

VADÉ.

CYCLOPE. *s. m.* L'outil qui n'a qu'un œil, ou plutôt l'ouvrier qui forge les enfants : — Le vit.

Chez la Constant, Berthe aux merveilleux charmes,
Beau travail et fermes appas,
De mon *Cyclope* a fait couler les larmes
Bien souvent, hélas !.... »

P. SAUNIÈRE.

CYLINDRE. *s. m.* Le vit, pour la forme — et le *fond*... d'un con.

« En même temps elle se soulève, s'écarte et délie le formidable bracquemart, qui, sans pitié, se plante à me faire frémir ! Hélas ! il est si long et si fougueux ! Il me semble que la pauvre fille doit en être déchirée.... Mais non, le menaçant *cylindre* est tout entier englouti, et je ne vois sur la figure de la victime que l'expression du bonheur. » DE NERCIAT. (*Mon Noviciat.*)

CYLINDRE CONSOLATEUR. *s. m.* Le godmiché de l'amitié, puisque, sans amant, il n'y a pas d'amour.

Cet ingénieux instrument qui, en effet, a la forme d'un cylindre, sert de *consolateur* aux pauvres recluses. C'est l'objet qui leur est le plus cher.

Armées de cet aimable engin, qu'elles remplissent

d'un lait chaud, qui s'échappe d'un jet vigoureux sous la pression d'un ressort, ces dames se portent mutuellement de redoutables coups. Le *cylindre* est d'autant mieux le rival de l'amour, qu'on le choisit selon son tempérament : Il y en a des longs et des courts, des gros et des minces, des mignons et des monstrueux.

« Toi qui, à soixante-quinze ans, ne rougis pas d'employer ces *cylindres consolateurs*, dont le tube artistement placé te lance une liqueur chaude, que tu reçois en grimaçant de plaisir... » (*Les Veillées.*)

CYPRINE. *s. f.* La nature de la femme ; l'attribut de Cypris.

CYTHÈRE PARISIENNE. *s. f.* Endroit où se rencontrent les amours faciles.

Alfred Delvau a publié, sous ce titre : *Les Cythères Parisiennes*, un volume très intéressant : C'est l'histoire de tous les bals publics de Paris et de la banlieue, depuis leur origine jusqu'à nos jours. Chaque chapitre devrait porter pour épigraphe :

« *Ici l'on danse ; — Ici l'on aime.* »

DAME A QUATRE SOUS. *s. f.* Grisette banale, — gouapeuse.

« Un peintre en lettres ayant été chargé d'écrire l'enseigne d'un établissement de bains de rivière sur la Seine, écrivit : *Bains à 4 sous, pour les dames, à fond de bois.* Cette rédaction ayant été jugée très-peu correcte, le peintre dut refaire une nouvelle enseigne, et cette fois, mieux avisé, il écrivit : *Bains à fond de bois — pour les dames à quatre sous.* » AD. RICARD.

DAMES (Ces). *s. f. pl.* On appelle ainsi un groupe de femmes, célibataires ou non, qui vivent, travaillent ou se divertissent ensemble :

Ces dames du corps de ballet, *ces dames* du théâtre, *ces dames* les étudiantes, *ces dames* du casino, de Mabille, etc., etc. — En famille, le fils sortant avec sa mère et ses sœurs dit : Je vais au théâtre avec *ces dames*. — Dans les ateliers de femmes, chez les couturières, les modistes, les lingères, etc., on dit *mesdemoiselles.... ces demoiselles.* — Au bordel, on dit : « toutes *ces dames* au salon ! » — *Être dame*, est le rêve que caresse toute jeune fille sage qui désire sa liberté. — *Aller à dame*, signifie pour un homme : baiser, coucher avec une femme. »

Dandye. *s. f.* Lion féminin. — Esclave de la mode.

« Femmes du monde et *Dandies* imitaient les poses des héros de Gavarni. » Champfleury.

(V. *Lionne*).

Danse. *s. f.*

« La *danse* est pour les jeunes filles ce qu'est la classe pour les adolescents, une école protectrice de la sagesse, un préservatif des passions naissantes. Le célèbre Locke, recommande expressément d'enseigner aux enfants à danser dès qu'ils sont en état de l'apprendre. La *danse* porte en soi une qualité éminemment réfrigérante, et, sur tout le globe, les tempêtes du cœur attendent, pour éclater, le repos des jambes. » Lemontey.

« A quinze ans, la danse est un plaisir, à vingt-cinq ans un prétexte, à quarante ans une fatigue. » Ad. Ricard.

Danse du loup. *s. f.* Faire l'acte vénérien. Danse que l'on exécute à deux, en jouant du *corps*, — sans musique.

Dans le sang (Avoir quelqu'un). Dans le langage coloré des souteneurs et des filles, avoir quelqu'un *dans le sang*, c'est aimer éperdument au point de faire les plus grands sacrifices pour l'objet aimé.

« Elle l'a *dans le sang* : — une vraie maladie, quoi !.... » J. C.

Darder. Lancer avec une force pénétrante.

« D'un clitoris qui *darde*, ô ma chère foutine. » (*Triomphe de la fouterie*).

« J'ai la surprise de voir l'humide bracquemart *darder* à trois pieds des flots d'une blanche et savonneuse écume. » (*Noviciat.*)

Dardillon. *s. m.* Petit vit, — *petit dard*.

Dariolet, ette, *s. m.* Entremetteur d'amour.

« Dariolette, confidente d'Elisenne, dans l'*Amadis* a fait nommer *dariolettes* toutes les confidentes et entremetteuses d'amour. Scarron, dans le livre IV de son *Virgile Travesti*, a dit de la sœur de Didon :

« Qu'en un cas de nécessité
Elle eût été *dariolette*. »

(*Régnier, Édition Delahays.*) Note de P. Poitevin.

Dauphe, *s. m.* Un bon vit, abréviation de *dauphin* sur lequel une syrène quelconque se met à cheval pour traverser une mer de foutre.

Déboutonner (Se). *v. pr.* Ouvrir son cœur.... et sa culotte à la femme que l'on désire baiser. — Pour une femme c'est faire des avances, ou une confidence à un homme ou à une autre femme.

« Sourd à mes instances expresses,
Son silence allait m'étonner,
Quand sur le rejet de tes pièces
Je le vis *se déboutonner.* »

Et. Jourdan.

« Dissimulons, un' pauvre femme,
N'saurait trop se précautionner.
Afin d'voir ce qu'il a dans l'âme,
J'vas l'forcer à *s'déboutonner.* »

(*Gaudriole*, 1834.)

Déboutonner son coeur. *v. a.* Confier à un ami, de l'un ou l'autre sexe, ses affaires de cœur et de cul ; quelquefois, lui avouer l'amour qu'on a pour lui, — ou pour elle, — selon le sexe de l'individu qui se déboutonne.

Débusquer. *v. a.* Étant agacée par un vit qui occupe le poste du devant ou celui du derrière, faire, par un mouvement habile, qu'il abandonne ce poste.

« Il lui approcha, en la contenant d'une main, le vit des lèvres du con. Cependant, il ne put l'enfiler ; un coup de cul en arrière le *débusquait.* »

Rétif de la Bretonne.

Déclaration d'amour. *s. f.* Ce mot n'a pas besoin de définition. Il y a des *déclarations* de plusieurs sortes ; car un financier ne déclare pas sa flamme comme un poëte, ni celui-ci comme un étudiant, etc. etc. Les *déclarations* se font par écrit, en vers ou en prose, — ou tout simplement de bouche. La meilleure façon, selon moi, dans le siècle où nous vivons, c'est la dernière — en joignant les gestes aux paroles.

« Il n'appartient qu'à un homme de peu d'expérience de faire une *déclaration* en forme. Une femme se persuade beaucoup mieux qu'elle est aimée, par ce qu'elle devine que par ce qu'on lui dit. »

NINON DE L'ENCLOS.

Citons, pour finir cet article, une *déclaration* qui ne serait pas une énigme pour celle à qui on l'adresserait. Elle est extraite de la parodie de *Lucrèce* (acte IV, scène III).

« . . . . Écoute jusqu'au bout.
Car je veux décharger... mon cœur... et dire tout...
Et c'est du propre, va!... Depuis que je t'ai vue,
Une chaleur nerveuse, une ardeur inconnue
Ont, dans mes sens épris, mis tout en mouvement :
C'est du feu, du salpêtre et tout le tremblement!
J'aurais mangé, je crois, des mouches cantharides,
Et mêlé constamment du poivre à mes liquides,
Que mon vit aujourd'hui ne banderait pas plus
Roide et ferme au dessus de mes couillons velus!...
Le portrait ravissant, l'image enchanteresse
Qu'en tout temps je me fais de ton con, de ta fesse,
De ta motte, des poils, blonds ou noirs, mais soyeux,
Qui viennent mollement frisotter autour d'eux,
A mon organe cause une telle secousse,
Que j'ai beau tous les jours me coller une douce.
Dans mes rêves ton con m'agace et me poursuit,
Et me fait dans mes draps décharger chaque nuit ..
Cette agitation me fatigue et me pèse :
Aussi, sans plus tarder, faut-il que je te baise ? »

L. PROTAT.

(V. *Joindre le geste aux paroles.*)

DÉCONNER. *v. a.* Sortir son vit d'un con.

« J'ai eu un amant qui, matin et soir, tirait ses deux coups, sans *déconner.* »

SE DÉCONNER. — *Débusquer* son cavalier. — (V. *ce mot.*)

DÉCOUVRIR SAINT PIERRE POUR HABILLER SAINT PAUL. *v. a.* « Sortir du con d'une femme, pour entrer dans son cul. » (*Dict. érot. moderne.*)

« Mon embonpoint, l'attitude, le souper, tout cela fait qu'au moment décisif il m'échappa une petite incongruité. « Je t'entends, l'ami, dit-il : mais point de jalousie : il y en a pour tout le monde. » En même temps, *découvrant Saint Pierre pour habiller Saint Paul*, il vous plante à l'indiscret un bâillon. » (*Les Aphrodites.*)

Déculer. v. a. Foutant en cul, déconner *par derrière.*

Dédoubler. (Se). v. *pr.* Déconner ou être déconnée après avoir, ou sans avoir accompli l'acte vénérien.

« Un signe de croix que je crus louable de faire, causa tant d'envie de rire aux deux acteurs, qu'il *se dédoublèrent.* » A. de Nerciat.

Défendre (Se). *v. pr.* Avoir, quand on est femme, —bec et ongles pour repousser une attaque; appeler sa mère, pincer, égratigner et finir par écarter les cuisses et se laisser *fendre* comme une pauvre fille sans *défense.*

« Il faut céder à mes lois,
Et comment s'en *défendre ?...* »

(*Zampa.*)

Défloration. *s. f.* Dépucelage. — (V. *ce mot*, et le suivant.)

Défloration (Après la)...... . Cela va tout seul ; — mais passons la plume à certaine Agnès... qui l'était encore hier :

«...... Que me reste-t-il de ce moment délicieux? des désirs plus vifs, une douleur aiguë dans toute ma partie, et une irritation cruelle ; en même temps, elle contemplait avec effroi les désordres qu'avaient causés les transports de son amant. Quel spectacle ! les caroncules mirtyformes forcées, l'hymen rompu, les lèvres flétries, enflammées et rouges comme le sang, le poil relevé, le mamelon d'un rouge tanné, le vagin élargi et le clitoris écorché ! — Amour, amour ! es-tu bienfaisant ou cruel ? » M. D. C. (*Noviciat d'amour.*)

Défoutre. *v. n.* Cesser de foutre; — momentanément ou définitivement, — pour cause d'âge ou d'impuissance.

« Je jure par cette toison de ne pas *défoutre* que je

n'aie mis sur les dents, non seulement tous ces gens-ci, mais quiconque voudra encore s'enrôler sous cet étendard. » (*Le Diable au Corps.*)

Dégoberger son flageue. *v. a.* Divertir son vit en tirant un coup.

Déguisement. *s. m.* Le plus beau des costumes, — pour homme et pour femme, — c'est la parfaite nudité.

Degré de longitude. Le membre viril.

« Je vis après ce polisson,
En si fière attitude,
Qu'il m'enflamma, me montrant son
Degré de longitude. »

Collé.

Dejecter son ame. *v. a.* Décharger. — (V. *Se liquéfier.*)

« ... Ses transports éclatent en une gamme de oh ! et de ah ! mais sur un ton si élevé que la mère entend, accourt et vous surprend sa fille bien nettement enchevillée, se tortillant, se débattant et *déjectant son âme.* »

(*Gamiani.*)

Délire des sens. *s. m.* Sorte de cauchemar érotique, qui, pendant la jouissance suprême, nous fait voir le ciel et nous met en rapport avec les anges.

Demoiselle. *s. f.* Fille, dirait le portier de Prud'homme — qui est encore *garçon*, — parce qu'elle n'est pas mariée. — Se dit aussi pour *pucelle.*

« Elle est encore . *demoiselle.* »

« ... L'Anglais rançonne
Sans que personne
De nos guerriers excite la valeur.
Soudain, une épée étincelle
Et frappe les fils d'Albion,
Quel dieu sauve la nation ?
C'est une *demoiselle.* »

L. C. Piton.

Demoiselle des tuileries. *s. f.* Vieille fille en quête d'un mari.

« *La demoiselle des Tuileries*, appartient aux Tuileries à titre de meuble, comme la statue de Méléagre ou comme celle de Spartacus. — Elle avoue vingt-cinq ans, et en a trente bien sonnés. Elle est arrivée à cette époque fatale de la vie, où l'on dit : Voilà une femme qui a dû être fort bien.

De trente à trente-cinq ans elle dissimule la tristesse qui la gagne, elle s'efforce de sourire. Quand elle voit passer à sa portée un bel enfant avec des cheveux blonds, elle l'attire à elle, l'embrasse tendrement et pousse un profond soupir qui veut dire : j'aurais été si bonne mère ! -- Les trente-cinq ans arrivent : oh ! alors, c'est l'énergie du désespoir, c'est la rage, une fureur. *La demoiselle des Tuileries* s'accroche à tout : elle est prête à tout ; elle épousera, si on le veut, avec un égal empressement, un jeune homme de dix-huit ans qui veut s'émanciper, ou un vieillard qui cherche une garde malade.... — A quarante ans, le rôle de *la demoiselle des Tuileries* est fini : elle prend le mariage en horreur : elle est vieille fille et restera vieille fille...»

E. GLORIEUX.

DÉPUCELAGE, *s. m.* Défloration d'une Marie quelconque par l'opération du Saint-Esprit — de la culotte.

« Je tenais en main le couteau sacré qui devait à l'instant immoler mon pucelage. Ce vit, que je caressais avec passion, semblable à l'aiguillon de l'abeille, était d'une raideur à me prouver qu'il percerait vigoureusement la rose qu'il avait soignée et conservée avec tant d'attention. Mon imagination brûlait de désir ; mon petit conin, tout en feu, appelait ce cher vit, que je mis aussitôt dans la route. Nous nous tenions embrassés, serrés, collés l'un sur l'autre ; nos bouches, nos langues se dévoraient. Je m'apercevais qu'il me ménageait, mais passant mes jambes sur ses fesses, et le pressant bien fort, je donnai un coup de cul qui le fit enfoncer jusqu'où il pouvait aller. La douleur qu'il sentit et le cri qui m'échappa signalèrent sa victoire. Lucette, passant alors sa main entre nous, me branlait, tandis que de l'autre elle chatouillait le trou de mon cul. La douleur, le plaisir mélangés, le foutre et le sang qui coulaient, me firent ressentir une sublimité de plaisir et de volupté inexprimable. J'étouffais, je mourais ; mes bras, mes jambes, ma tête tombèrent de toutes parts ; je n'étais plus, à force d'être. Je me délectais dans ces sensations excessives, auxquelles on peut à peine suffire. Quel état délicieux ! Bientôt j'en fus tirée par de nouvelles caresses ; il me baisait, me suçait, me maniait les tétons, les fesses, la motte ; il relevait mes jambes en l'air, pour avoir le plaisir d'examiner sous un autre point de vue, mon cul, mon con, et le ravage qu'il y avait fait. Son vit que je tenais, ses couilles que Lucette caressait, reprirent bientôt leur fermeté; il me le remit. Le passage, facilité, ne nous fit plus sentir que des ravissements... et je retombai dans l'apathie voluptueuse que je venais d'éprouver. »

MIRABEAU. (*Le rideau levé*).

DERNIER DE M. DE KOCK. *s. m.* Un cocu.

« En ce temps-là, il venait de paraître un roman de M. Paul de Kock, intitulé *le Cocu*. Ce fut un scandale merveilleux :... il fallait bien pourtant se tenir au courant et demander le maudit roman. Alors (admirez l'escobarderie!) fut trouvée cette honnête périphrase : — Avez-vous le *dernier de M. Paul de Kock* ? — Dernier de M. Paul de Kock, par cette raison, a signifié *cocu* pendant quinze jours. »

TH GAUTIER. (*Celle-ci et celle-là*).

DÉROUILLER (Se). *v. p.* Après avoir été forcément sage pendant un certain temps, tirer un ou deux bons coups, — par hassard.

« Cupidon, depuis bien longtemps,
Dans leur vieille demeure,
N'avait, comme dans leur printemps,
Du plaisir marqué l'heure :
Mais on peut le réveiller,
Son dard peut *se dérouiller*... »

J. C.

DÉSARÇONNER. *v. a.* Homme, se retirer du con de la femme; — femme, faire déconner son fouteur.

« Embouche! sacrée putain, dit-il en *désarçonnant*, et tu avaleras mon foutre! sans quoi, je t'assomme!.. »

(*Anti-Justine.*)

« Je *désarçonnai* mon cavalier, qui n'avait pas encore fini sa course. » (*Meursius.*)

DÉSARÇONNER. Mot qui se trouve dans tous les dictionnaires, mais pas avec l'application que nous entendons. *Désarçonner*, c'est, dans un combat amoureux, se soustraire à l'action du cavalier, dont la femme, en cette circonstance, est la monture. Il faut à Boutavent toute la solidité de son moyen d'agencement, pour n'être pas désarçonné par les hauts de corps variés. (*Les Aphrodites.*)

Désentiflage. *s. m.* Divorce, désunion; — argot des voleurs.

Désentiffler (Se). *v. réfl.* Divorcer; — dans le même argot.

Désespérer (Quelqu'un). *v. a.* Le faire espérer, mais attendre trop longtemps. Réduire quelqu'un aux dernières extrémités et souvent l'obliger à renoncer au bonheur qui l'attendait peut-être :

« Belle Philis, on *désespère*,
Alors qu'on n'espère plus rien. »

Desévanouir (Se). *v. pr.* Sortir de l'extase léthargique où la jouissance vous a plongé.

« Nos dormeuses sont *désévanouies*. »

Mercier de Compiègne.

Désirs. *s. m. pl.* Souhaits de la possession d'un objet que l'on regarde comme un bien.

« Il faut être bien philosophe en amour pour aimer sans désirer ; un pareil amant est un *être de raison*, plus difficile à concevoir que les idées de Platon.

Dreux du Radier.

« Comme il faut enfin que tout cesse,
Et que j'ai soixante et dix ans,
J'ai mis un terme à la tendresse
Malgré mes *désirs renaissants*... »

F. Dauphin.

Désirs des sens. *s. m. pl.* Accès momentanés de priapisme, qui portent l'homme et la femme à *aimer*, — même sans amour.

Désordre. *s. m.* Égarement, manque *d'ordre*, dérèglement ; choses suffisantes pour obtenir un certificat de mauvaises vie — et mœurs.

Desserrer les genoux. *v. a.* Consentir à se laisser baiser. Ouvrir les cuisses pour recevoir un homme, de même qu'on ouvre la bouche et desserre les dents pour recevoir un vit.

« Un cordelier d'une riche encolure,
Les yeux ardents, exhortait — sœur Marie. »

Desvierger. *v. a.* Dépuceler une fille. (*Argot.*)

> Vite, je vous prie,
> Ça, depêchez-vous !
> *Desserrez les genoux*, »
>
> Hauteroche.

« . . . Elle *écarta* d'elle même *les genoux* et bientôt je goûtai les plaisirs les plus vifs, que je lui fis partager.... » Mirabeau. (*Le Rideau levé.*)

Dététonner. *v. a.* Défaire le corsage d'une femme et mettre à nu toute sa gorge.

Dette. *s. f.* Promesse faite ; sorte de billet à la Châtre, dont le paiement se fait bien moins attendre.

« Dans le monde des prostituées et des maquereaux, quand une femme baise un homme sur la bouche, elle s'engage à piner avec lui, — au moins une fois. — C'est ainsi qu'elle contracte une *dette.* »

Deux oreilles. *s. f. pl.* Les deux couilles.

> « Tu ronfles, tu sommeilles ;
> Tu mérit'rais, dans c'cas,
> Puisque tu n't'en sers pas,
> Que j'te coup' les *deux oreilles*...
> Adrien, c'n'est pas bien, etc.... »
>
> (*Anonyme moderne.*)

Deux trous (Les). *s. m. pl.* L'anus et le con.

> « Le trou du cul, le trou du con,
> Sont deux trous qui me semblent farces :
> Par l'un, on jouit du garçon
> Et par l'autre on jouit des garces.
> Tous les deux me sont défendus,
> Mais, puisqu'il faut que je me perde...
> Je préfère le trou du cul,
> Malgré mon dégoût pour la merde. »
>
> Bing.

Developper (Se). *v. pr.* Faire preuve de virilité : bander. Se dit aussi d'une pine — d'abord molle, flasque, au repos, — qui se gonfle, raidit petit à petit, et montre enfin sa force et sa puissance.

«... l'Orang-outang, échauffé sans doute par la présence d'une jeune fille, *se développa*, tout-à-coup, de la façon la plus brillante. » (*Gamiani.*)

Développer (Se). *v. pr.* De petite fille, devenir grande fille. Engraisser, voir pousser ses tétons, etc., etc., — se former.

DÉVERGONDERIES. *s. f. pl.* Mot forgé par A. de Nerciat. Peccadilles libertines et répréhensibles, que commettent journellement les filles de mauvaises mœurs, dont la plupart agissent sans honte et sans retenue.

DÉVIATION. *s. f.* Vilaine action que commet un fouteur, en prenant une fausse direction ; c'est-à-dire, en quittant le con pour exploiter le cul.

«....Tu m'as dit, je crois, qu'il n'avait tenu qu'à lui de faire avec toi le doux apprentissage de la *déviation* ?»

(*Joies de Lolotte.*)

DÉVIRGINÉE. Fille qui n'a plus son pucelage.

«Oui, tout semblait m'annoncer qu'enfin j'allais *être*, et même très agréablement, dévirginée.»

(*Mon Noviciat*).

DÉVIRGINER. *v. a.* Action d'enlever le pucelage à celle qui l'a encore.

DÉVIRGINEUR. *s. m.* Dépuceleur.

«Extasiée, fendue par l'énorme grosseur du vigoureux bourdon de mon *dévirgineur*,..je restai quelque temps accablée par la fatigue et le plaisir.»

(*Mém de Miss Fanny.*)

DÉVOTE. *s. f.* «Femme galante qui se donne à Dieu, quand le diable n'en veut plus.»

SOPHIE ARNOULD.

DIABOLINI. *s. m.* Bonbon ou liqueur aphrodisiaque.

«J'apporte le stimulant fatal, le ribaud gobe le tout avec avidité. En attendant l'effet, je suis passionnément gamahuchée ; tout cela me convient et tend à mon but. On rebande enfin, j'use, j'abuse du bienfait des *diabolini*, je mets mon homme sur les dents ; enfin, il demande grâce... »

(*Mon Noviciat*)

DINEUSE. *s. f.* Petite dame qui se promène à l'heure de l'absinthe, devant les cafés des boulevards, dans l'espoir de rencontrer un galant homme qui lui offrira à dîner.

Directeur. *s. m.* Confesseur ; médecin de l'âme.

Tous les romans licencieux du XVIIIe siècle, nous montrent des *directeurs* de femmes qui se font maîtres de leurs actions, les confessent et leur administrent le sacrement de la pénitence, en *con* ou en *fesses* — alternativement, — selon la coutume des bons et vrais dévots.

Autre temps... mêmes mœurs, avec cette différence : aujourd'hui, les dames se dirigent elles-mêmes.

Dire la sienne. *v. a.* Terme populaire qui signifie : Raconter son histoire, ou *envoyer* sa romance après que les autres ont raconté ou chanté.

Discontinence. *s. f.* Le contraire de la continence : — Abus des plaisirs de l'amour.

« Couche toujours bien avec ta femme, car c'est de *discontinence* que j'ai mon mal... On ne s'en serait pas douté, n'est-ce pas? Eh bien ! c'est peu certain comm ça, que je guérisse. Eh ! nous verrons !... »

Sophie Arnould.

Dispensateur des plaisirs. *s. m.* Le vit.

« Je saisis tout de bon ce qui chez Sylvio démentait son costume, et me mis en devoir de m'incruster ce cher *dispensateur des plaisirs.* »

A. de N. (*Mon Noviciat.*)

District. *s. m.* Bordel.

« — Tiens ! t'as donc été en ville aussi, toi ?
— Oui. Allons prendre l'absinthe.
— Sur le pouce, alors, car il est onze heures et il faut rentrer au *district.* »

Se dit aussi pour quartier : Il y a dix bordels dans notre *district.*

« Le lieutenant de police de Paris est inspecteur de toutes les vestales, matrônes et courtières des maisons de santé de son *district* ... »

(*Anecd. sur la comtesse Dubarry.*)

Divan. *s. m.* Espèce de lit sans dossier. — Meuble qui sert à faire la sieste, quand on est seul et dans un autre cas... — (V. *Sopha.*)

Divorce. *s. m.* Le *divorce* est l'amendement de la loi du mariage. — « Un seul *divorce* qui punit un mari de ses tyrannies, empêche des milliers de mauvais ménages. » H. Bayle.

Divorcer avec la nature. Changer de sexe ; — Homme, devenir pédéraste ; femme, devenir tribade.

«... J'ai la triste condition d'avoir *divorcé avec la nature.* Je ne rêve, je ne vois plus que l'horrible, l'extravagant ; je poursuis l'impossible. » Alf. de M.

Docteur (Le). *s. m.* Le vit, — qui sert en même temps de remède.

« Vieilles, jeunes, laides, belles,
Toutes aiment le *docteur,*
Et toutes lui sont fidèles...
Toutes ? non, c'est une erreur :
On dit qu'il en est entr'elles,
Dans la crainte d'un malheur,
Qui se passent du *docteur.* »

(V. *Pâle maladie.*)

Doigt de cour. *s. m.* Le médium de la main droite, qui sert à branler les femmes.

« Dès qu'elle me jugea propre au *doigt de cour,* je le faisais ; on me le rendait, et de reste. »

(*Les Aphrodites.*)

« Savez-vous pourquoi nos belles
Sont si froides en amour ?
Ces dames se font entr'elles,
Par un généreux retour,
Ce qu'on nomme un *doigt de cour.* »

Piron.

Doigt de cour (Faire un.) *s. m.* Faire la cour à une femme ; lui proposer sept ou huit pouces de vit.

« Autrefois, sans expérience,
J'ai *fait* à mon tour,
A chaque belle *un doigt de cour...* »

Anonyme.

Doigt de lavement. *s. m.* Six pouces de vit, — dans le cul : nul n'est infaillible.

« Ma seringue, sans nul obstacle,
Peut seule opérer un miracle :
Pour guérir radicalement,
Prenez *un doigt de lavement.* »

J. Cabassol.

Doigt mouillé (Jouer au). *v. n.* Baiser : — faire mouillette dans un con, avec ce onzième doigt qui s'appelle un vit.

« Ce passe-temps partout d'usage,
Favorise plus d'un amant :
La fillette innocente et sage,
Par-là, s'engage très-souvent.
L'amour qui toujours nous partage
A soin que tout soit débrouillé,
Il dissipe plus d'un nuage
En conduisant le *doigt mouillé.* »
(*La Goguette du bon vieux temps.*)

Doigt précurseur. *s. m.* — Le médium qui, agaçant un clitoris, prépare la femme à une jouissance plus naturelle.

Dondon. *s. f.* Femme ou fille qui a beaucoup d'embonpoint : tétonnière.

« C'est une vraie *dondon.* »

Don Juan. *s. m.* Nom propre, dont les bourgeois ont fait un substantif commun. — C'est le nom du héros charmant et sympathique du poëme de lord Biron. Don Juan était plus séduisant que séducteur : les femmes allaient droit à lui, — avec le désir de *se le donner.*

« Il séduisait en toute sûreté,
Sans avoir l'air de chercher à séduire.
Nulle recherche en lui, rien d'apprêté ;
Sur son visage il ne laissait pas lire
Air de conquête ou de fatuité... »

C'est donc à tort que l'on dit, à propos de tel calicot ou de tel petit-crevé qui raconte ses prouesses amoureuses :

— C'est un vrai *don Juan !*

Donner dedans. *v. n.* Se laisser tromper, accepter pour vraie une chose fausse. Croire à l'un des mille petits mensonges qui se débitent journellement entre maris et femmes, entre amants et maîtresses.

Synonyme : *Couper dans le pont.* V. n.

Donner du corps. *v. a.* Jouer des reins et remuer énergiquement sous l'homme, pour accélérer sa jouissance, ou la sienne propre.

Donner du tabac (à une femme). *v. a.* Causer avec bambou et remonter sa pendule.

Donner sept ou huit airs. Baiser une femme sept ou huit fois.

« Au reste, je vous préviens que mon gascon ne donne plus que sept ou huit airs tout au plus. »

(*Les Aphrodites.*)

Donner signe de vie, ou de *vit*. Bander.

Donner une lesbienne. *v. a.* Gamahucher.

« ... L'inutilité des moyens ordinaires, les mieux administrés, ne laisse que la ressource d'une *lesbienne* : elle ne fait pas beaucoup d'effet... »

A. de Nerciat.

Dossière. *s. f.* Fille publique, — dernière catégorie.

M. L. Larchey, qui a lu dans Vidoc que *dossière de salle*, signifie : chaise de bois, ajoute à sa définition : « Femme sur laquelle tout le monde peut s'asseoir. »
— Pour quoi faire?...

Double-six. *s. m.* La nature de la femme, — dans le jargon des troupiers.

Douce. (Se donner une). Se masturber jusqu'à décharge.

« Si tu ne te retournes pas, je me donne une douce et je te décharge dans les reins. »
Un mari auquel sa femme refusait le devant

Douce affaire. *s. f.*

« L'affaire de cœur, c'est-à-dire du cul, *douce à faire*, en effet, bien que ses suites soient quelquefois amères.

(*Dict. érot. moderne. Suppl.*)

Douceurs. *s. f. pl.* Petits compliments ; ce que l'on appelle vulgairement des *fleurettes*.

« Il ne voit pas une fillette
Sans lui conter une *douceur*. »

N. Fouquet

O

Dresseur de femmes. *s. m.* Maquereau ; drôle qui a l'art de débaucher les fillettes, de les former, instruire et façonner au vice, en un mot de les *affranchir.* Son but et de s'affranchir lui-même de tout travail et de vivre plus joyeusement en exploitant les talents de *ses élèves.*

Drogue. *s. f.* Femme de mauvaise qualité ; — méchante, etc., etc. — (V. *Médecine.*)

Droit de l'homme. Son membre, quand il est... droit.

Drôle de goût. *s. m.* Se faire chier dans la bouche.

« Et par toi-même, enfin, étendu sur ta couche,
Je me suis bien souvent fait chier dans la bouche. »

« Tous les goûts sont dans la nature : le meilleur est celui qu'on a. »

Mérard de Saint-Just.

C'est très *juste.*

Drouine. Fouteuse, putain. (*Théâtre du Bordel.*)

Droule. *s. f.* En patois de Lille : Fille de mauvaise vie. — On dit aussi : droulielte et droulion.

Duchesse. *s. f.* Meuble de boudoir. — Sorte de chaise longue, à dossier renversé, qui peut tenir lieu de lit de repos... ou de fatigue. — (V. *Sopha*, *Divan*, *Canapé.*)

Duchesse. Nom que l'on donne à une maîtresse, fille publique, — ou femme entretenue. S'emploie communément comme : *la* bergère, *ma* dulcinée, *ton* objet, *sa* princesse, etc., etc., etc. — Selon la mise et le caractère — de la duchesse.

« Une *duchesse* à l'œil noir,
L'an passé, voulut m'avoir :
C'est elle qu'il fallait voir !
Pourquoi, morbleu !
Gagnai-je trop à si beau jeu !... »

Béranger.

Eau des Carmes. *s. f.* Le sperme.

« En dépit de mes larmes,
Négligeant mes appas,
Tu vends de l'*eau des Carmes*...
Mais. . ne m'en offres pas ! »

Louis Protat.

Ébranler. *v. a.* Persuader, convaincre... *et branler*, ce qui prépare à la fouterie celui ou celle qui doit être convaincue.

«.... Sur le gazon, fais reposer ta belle,
Et par tes pleurs, mon cher, *ébranle-la*.
Et... branle-la. »

E. Debraux.

« Par un bonheur inconcevable,
Après ce mot dont je tremblai,
Je le croyais inébranlable
Et, cependant, je l'*ébranlai*. »

Et. Jourdan.

Écartements. *s. m. pl.* (pour *écarts*). Débauches, actions contraires à la morale et à la raison, débordement de certaines passions.

« Comment dit's-vous? que j'm'humanise !
Pour de pareils *écartements*
La moral' veut qu'on verbalise ;
Car, enfin, la chose est précise...
Je vous y prends ! »

Blondel.

Écarter les genoux,—ou les cuisses—(*V. Desserrer.*)

Échauffement bourgeois. *s. m.* Qui peut dégénérer en chaude-pisse militaire ; simple écoulement qui peut, — faute d'être soigné, — tourner en chaude-pisse.

Échauffer un vieux. *v. a.* Le faire bander par tous les moyens possibles.

« Lors, j'essaie à grands frais
D'*échauffer le vieux drille* ;
Quoiqu'il fît espérer,
Je n'en pus rien tirer... »

Béranger.

Écorcher. *v. a.* Dépuceler.

— « Je ne veux pas me marier, là !...
— Fi ! la vilaine ! qui crie avant qu'on ne l'*écorche.* »
(*Farces de nos pères.*)

Écouvillonner. *v. a.* Traiter une femme comme un canon ; lui bourrer le con à grands coups de pine.

« ... On ne fait avec elle que *charger*, tirer, *écouvillonner*, recharger, décharger, etc... »
(*Les Aphrodites.*)

Écraser des tomates. *v. a.* Avoir ses règles. — (V. *Tomates.*)

Écrémer un homme. Le faire foutre jusqu'à ce que la crème contenue dans les récipients naturels (les testicules) soit épuisée.

Éculventrer. *v. a.* Avec un vit monstrueux, forcer une femme et faire un seul trou de son con et de son cul. Cette expression atroce appartient à Rétif de la Bretonne.

« Le cul de Couillette était bien plus étroit que son con : le moine haletait : il en vint cependant à bout, car il dit : Je n'ait fait *qu'un trou des deux.* Et il déchargea horriblement. » (*L'Anti-Justine.*)

Écureuil. Le bijou de la femme, surtout quand la couleur ressemble au *plumage* de ce petit animal.

« La Comtesse. — Il n'en est pas de même de mon petit *écureuil.* » (*Les Aphrodites.*)

Égarer (S'). *v. pr.* Se perdre : — aller par hasard au bordel, — un lieu de perdition.

« Dans les boxons dont ce Paris foisonne,
Où souvent mon vit s'*égara*,
Quelle est la fille ou candide ou luronne
Que chacun rêva ? »
Paul Saunière.

Se dit aussi pour *s'oublier*, pelotter une femme et aller plus loin ;— ou pour *se tromper*, c'est-à-dire, aller au trou du cul, croyant aller au con.

Éjaculation. *s. f.* « Émission de la liqueur séminale de l'homme. Crise voluptueuse qui termine tout acte vénérien, et qui amène avec elle cette sensation suprême, indéfinissable, que Dieu n'a voulu nous donner que pendant un instant ; car, si elle durait plus longtemps, elle suspendrait la vie. »

Ctesse DE N.***

ÉLANCER. *v. a.* et *n.* Éjaculer de la *lance* : — décharger.

« Il me semble encore que j'y suis, quand il *élança* par plus de six fois la liqueur amoureuse en moi, et cela se faisait à petites secousses, et chaque secousse me faisait mourir autant de fois. Je fis ma décharge avec lui.... » MILLOT.

ÉLIXIR... DE LONG' VIT. *s. m.* Le sperme, aimable essence qui ferait ressusciter... une morte.

« Possédant une recette,
Je fis prendre à la fillette
Six fois de mon *élixir*,
— Ah ! Dieu ! que je suis contente,
S'écriait la patiente :
Encore, ou je vais mourir ! »

(*Gaudriole*, 1834.)

ÉLIXIR PROLIFIQUE. *s. m.* Le sperme, baume de vit, — qui donne la vie.

« ... J'eus peine à ravitailler toutes ces misères, quand mon tour fut venu de goûter aussi de l'*élixir prolifique*. » (*Gamiani*.)

ELLE ! *pr. pers. f.* dont les jeunes poëtes se servent pour voiler l'objet aimé, la muse inspiratrice.

On rencontre, en effet, peu de recueils de vers où ne se trouve au moins une élégie amoureuse intitulée : A ELLE !. . — Cette sorte de pseudonyme a naguère inspiré deux ou trois auteurs en renom, qui nous ont donné chacun leur petit roman intime. Lisez : *Elle et lui*, — Lui et *elle*, etc., etc.

ÉLYTROÏDE. *s. m.* La nature de l'homme qui trouve la gaine dans la nature de la femme.

« Il fallait voir son *élytroïde* flasque et pendant, toute sa virilité dans la plus négative démonstration. »

A. D. M. (*Gamiani*.)

EMBAUCHEUSE. *s. f.* Entremetteuse, proxénète, procureuse, maquerelle.

« Pendant le dîner, ces deux *embaucheuses* ne cessèrent d'exalter le merveilleux cousin, et que j'ai eu le bonheur de le rendre sensible à la première vue. »
(*Mém. de Miss Fanny.*)

EMBESTIALISÉE (Être). Femme, être enfilée par un chien, un singe, un âne, ou... etc.

« Médor fit tant et si bien, que Julie s'arrêta subitement et se pâma, abîmée de plaisir. Cette jouissance doit être bien forte, car rien n'est pareil à son expression chez une femme. » A. D. M. (*Gamiani.*)

(V. *Bestialité.*)

EMBOÎTER UNE FEMME. *v. a.* La baiser : — Enchâsser sa pine dans son con.

EMBOUCHER. *v. a.* *Le mettre* — en bouche.

EMBOUDINER. *v. a.* Boucher n'importe quel trou, avec le *boudin* que vous savez : — Baiser, — enculer ou emboucher.

S'EMBOUDINER. *v. pr.* Ayant baisé une femme qui avait ses règles, sortir de son con un vit souillé de sang.

EMBRELUCOQUER (S'). *v. pr.* Se rendre amoureux de quelqu'un ; s'enamourer.

« La Cambray avait eu le temps de réfléchir aux conséquences de la faiblesse : elle se dit que c'était un jeune garçon, beau, spirituel, qui avait des amourettes, qu'en se donnant à lui, elle en serait *embrelucocquée*, qu'il la ferait enrager alors, et qu'il la ruinerait peut-être... »
P. DUFOUR.

EMBRICONNER. Foutre ; baiser.

« L'un dans l'autre, par jour, j'embriconne dix fois. »
(*Théâtre du Bordel*).

ÉMETTRE. *v. a.* Décharger.

ÉMILE. Nom donné aux pédérastes que précédemment l'on appelait *Tantes*. (V. ce mot). Les *Émile* étaient constitués en société en 1864. Leurs statuts ont été imprimés. La police avertie de ces réunions y fit une descente et fit fermer un établissement de marchand de vins de la Barrière de l'École où ils se réunissaient. De hauts fonctionnaires furent compromis. Une chanson fut faite à cette occasion. Les patients s'habillaient en femme pour recevoir leur *Emile*.

Un dessinateur avait consenti à reproduire les poses lubriques de toutes ces scènes de Sodomie.

Nous nous abstiendrons de citer des noms.

Émission. *s. f.* Action d'émettre, de lancer le divin jus, au fond d'un con qui vous le rend bien.

Avis aux dames : — se méfier *d'émissions étrangères*.

Empaler. *v. a.* Enculer ; sodomiser.

Empaleur. *s. m.* Sodomite, homme pédéraste qui en encule un autre ou qui fout une femme par le cul et qui à force de vous empaler, vous égale — *en pâleur*.

« Enfin, pourtant, je suis séparée de l'empaleur maudit. »

(*Mon Noviciat.*)

Un Savoyard, J. Vessie, s'est fait au XVIIIe siècle une célébrité dans ce genre.

Empaumer. *v. a.* Quelqu'un ou quelqu'une, c'est-à-dire, se rendre maître ou maîtresse de son esprit.

« Adélaïde n'aurait rien de mieux à faire que *d'empaumer* cet épouseur, beaucoup trop bon pour elle. »

Monrose.

Empoigner. (S'). *v. pr.* (très-actif.) Étant témoin oculaire ou auriculaire d'un sacrifice amoureux, se moquer de Tantale, *s'empoigner* par le *manche* et se branler énergiquement.

Empoisonner. *v. a.* Faire prendre du plaisir à quelqu'un, et, par dessus le marché, lui donner la vérole.

Emproser. *v. a.* Le mettre (son vit) dans le *prose* : — Enculer.

En.. . (etc., etc.) Suite de mots *très-explicites* forgés par Rétif de la Bretonne.

« Allons, ma belle, que faut-il faire ?... vous *enculer*, vous *encuisser*, vous *endosser*, vous *enaisseller*, vous *enoreiller*, vous *encoller*, vous *entétonner*, décharger sur le nombril, me faire serrer le vit entre vos mollets, faire un con de votre soulier ou de votre jolie mule.... tout, je ferai tout pour vous, hors de vous *enconner*...»

Autres rimes, — même raison :

« Nous étions tous émerveillés des seize *enconnades*, *em*bouchades, *enculades*, *enfilades*, etc., etcœtera, *et-cœter*......*ades*...»

(*Anti-Justine.*)

Enamourer. *v. a.* Rendre amoureux.

« Je crois sentir dans mon manchon quelque palpitation de la main que j'y tiens captive... Il n'en fallait pas tant pour *enamourer* à l'excès quelqu'un d'aussi ardent que moi. » Montrose.

« L'idée d'être ainsi préférée par un être extrêmement joli..., l'*enamoura*, si fort, qu'elle était déjà très impatiente de le tenir en tête-à-tête. »

A. de Nerciat.

Encaldosser. *v. a.* Enculer. — (V. *Calendosser.*)

Encasquer. *v. a.* Essayer le bonnet à poil de la femme qui a *un casque* : Baiser une femme qui a du goût pour vous. Se dit aussi pour : Inspirer un caprice à quelqu'un.

Encens. *s. m.* au figuré. Flatteries, louanges, douceurs, etc., —que l'on prodigue à l'objet aimé, — ou désiré.

Enchtiver. *v. a.* Baiser ; se faire *enchtiver* : — se faire baiser. — (V. *Schtiv.*)

Enclouer. *v. a.* Baiser une femme, *l'enclouer* pour l'empêcher de *partir*.

Enclouure. *s. f.* La nature de la femme — occupée.

Enconnable (Être). Avoir au moins quinze ans, être formée et posséder quelques charmes.

« J'avais encore bien de l'ouvrage avec huit sœurs, dont six, ou du moins cinq, étaient souverainement *enconnables*... » (*Anti-Justine.*)

Enconnage. *s. m.* Action d'enconner.

(Mot employé par Rétif de la Bretonne, dans son roman : *l'Anti-Justine.*)

ENCONNEUR. *s. m.* Fouteur, qui enconne : ne pas lire *Ancône* : en Italie on *encule.*

ENCOTILLONNER (S'). *v. réfl.* Dans l'argot du peuple, signifie se laisser mener par sa femme, ou par les femmes.

ENCUISSADE. *s. f.*

— « Tribadinus après fit fleurir l'*encuissade.* »

(*Art priapique.*)

ENCUISSER. Se placer entre les cuisses d'une femme pour la baiser.

ENCULADE. *s. f.* Action d'enculer.

« Loyola, fut, dit-on, père de l'*enculade.* »

ENCULAGE BRANLÉ. *s. m.*

« .... Mains, bouche, aisselle, tétons, cul, tout est con ! — Eh bien, choisis, tu es le maître, et je suis toute à tes désirs. Il me fit mettre sur le côté gauche, mes fesses tournées vers lui, et mouillant le trou de mon cul et la tête de son vit, il l'y fit entrer doucement. La difficulté du passage levée, ne nous présenta plus qu'un nouveau chemin semé de plaisirs accumulés, et, soutenant ma jambe de son genou relevé, il me *branlait* en enfonçant de temps en temps le doigt dans mon con. Ce chatouillement réuni de toutes parts, avait bien plus d'énergie et d'effet : quand il reconnut que j'étais au moment de ressentir les derniers transports, il hâta ses mouvements que je secondais des miens. Je sentis le fond de mon cul inondé d'un foutre brûlant, qui produisit, de ma part, une décharge abondante ; je goûtais une volupté inexprimable. Quel séduisant plaisir, chère Laurette !... Qu'en dis-tu, si j'en juge par celui que tu as montré, tu dois en avoir beaucoup ! — Ah ! cher papa ! infini, nouveau, inconnu, dont je ne puis exprimer les délices et dont les sensations voluptueuses sont multipliées au delà de tout ce que j'ai éprouvé jusqu'à présent. »

MIRABEAU. (*Rideau levé.*)

ENCULEURS MODÈLES. Qui servent d'exemple et d'excuse au commerce honteux de nos pédérastes modernes.

« Ce goût n'est point si ridicule :
Hylas fut le mignon d'Hercule ;
Socrate brûla, nous dit-on,
Pour Alcibiade et Phédon
Jupiter amoureux enleva Ganimède ;
Hyacinthe amusait les plaisirs d'Apollon ;
César caressait Nicomède ;
Chez la reine des nations,
Chaque empereur eut ses gitons,
On vit dans tous les temps la Grèce et l'Italie
Suivre cette douce manie ;
Aujourd'hui même, avec succès,
Elle règne chez les Français. »

(*Plaisirs du cloître*)

EN DÉCOUDRE. Abattre de la besogne : — tirer ardemment six ou sept coups avec une femme ; lui donner enfin du *fil à retordre*, — pour le cas où il lui prendrait fantaisie de se recoudre.

« Il te tarde, cher lecteur de nous voir dans leurs bras ? Ah ! crois que nous n'avions pas moins d'impatience d'*en découdre !* »...

(*Mon Noviciat.*)

ENDORMIR SUR LE ROTI (S') v. *réfl.* Étant gris ou mal disposé, baiser sans enthousiasme et débander au *bon moment.*

ENDOSSER (Se faire). *v. a. Endosser* un homme comme on *endosse* un paletot : — se laisser enculer par lui, pour voir *si ça va bien.*

ENDOSSER : — Être celui qui en — *dosse.*

Endosser signifie aussi reconnaître un enfant fait en collaboration avec *on ne sait qui,* — peut-être un Polonais.

ENDOSSEUR. *s. m.* Homme qui, ne craignant pas d'épouser une femme enceinte, se fait volontiers le gérant responsable, *l'endosseur* des œuvres d'autrui.

« A l'égard de mademoiselle Raucoux, dont, madame, vous avez bien voulu me proposer le mariage, au défaut de mademoiselle Dubois, c'est encore un effet bien neuf qui doit nécessairement entrer dans le commerce et dont je ne me soucie pas d'être le premier tireur, ni même *l'endosseur*. Quand il aura circulé, nous verrons à qui il restera. »

(*Lettre de l'acteur D'Auberval à la comtesse Dubarry* (30 *avril* 1773).

ENDROIT DÉSHONNÊTE. *s. m.* Le bas-ventre, où se trouve la *partie naturelle*, chez l'un ou l'autre sexe.

EN ÊTRE. Être mouchard ou pédéraste ; quelquefois tous les deux : ce qui s'appelle joindre l'utile à l'agréable.

ENFILADE MASCULINE. *s. f.* Enculage d'un homme.

« Je me dérobai vite, et, laissant le Ganymède se soutenir sur ses mains à la place que je quittais, je me hâtai de venir voir le plus près possible, comment se pratiquait une *masculine enfilade*. »

A. DE NERCIAT.

ENFILER DES PERLES. *v. a.* Expression qui a deux ou trois significations.

1° Aller au bordel en flânant, — pour des prunes, — sans y rien dépenser.

— « Ah ! ça, viens-tu ici pour *enfiler des perles*. ? »

2° Enfiler toutes les femmes que l'on a sous la pine, qu'elles soient ou non des perles de beauté et de vertu... Du reste, on ne va pas au bordel pour — *enfiler des perles*.

3° Enfiler toutes les femmes d'un magasin, d'un atelier ou d'un bordel, c'est se faire un chapelet ou plutôt, un collier *de perles*.

ENFILER UNE FEMME. *v. a.* La baiser ; l'*enfiler* comme une perle, avec un bout de pine, — au lieu d'un bout de fil.

« Il *l'enfilera*, ma chère,
Ma chère, il *l'enfilera*... »

(*Chanson anonyme moderne*.)

ENFOURCHER. *v. a.* Monter une femme ; jambe de ça, jambe de là, se mettre entre les deux.

ENGAGEMENT. *s. m.* Combat amoureux — avec ou sans *engagement*.

ENGENDRER. *v. a.* Homme, enculer son gendre :

Enervé (être) — Bander, dans l'argot des femmes ;
Sous son pantalon il avait fait saillir sa virilité ;

Femme, avoir un ou des enfants avec le mari de sa fille.

« Abraham engendra Isaac ; Isaac engendra Jacob, etc., etc. » (*Genèse.*)

ENJAMBADE. *s. f.* Ce mot appartient à la tribaderie ; il signifie franchir la cuisse d'une femme pour se trouver entre ses jambes... le reste se devine.

« A peine revenue à elle-même, elle *m'enjamba* comme une folle, me couvrit de baisers... fourragea mes jeunes appas avec toute la fougue que pourrait se permettre un amant éperdu .... »

(*Mon Noviciat.*)

ENMILLER. *v. a.* Mettre dans le mille : enculer. — (V. *Mille.*)

ENPAPAOUTER *v. a.* Enculer ; — dans l'argot des typographes.

ENPÉTARDER — (ou se faire). — Se le faire mettre, ou le mettre dans le *pétard* : Enculer un homme, ou se faire enculer.

ENPROSEUR, *s. m.* Pédéraste actif.

ENSINGINÉE (Être). Femme, être foutue par un singe, comme la *sainte* d'Alf. de Musset.

EN TAPINOIS. *Loc. adv.* En cachette, sourdement.

ENTENDRE DES DEUX OREILLES. Femme qui se laisse mettre l'outil de l'homme aussi bien dans l'œillet que dans la boutonnière.

ENTÉTONNER. *v. a.* Le mettre, ou foutre *en tétons.*

ENTRECULER. (S'). *v. pr.* S'enculer réciproquement, — l'un l'autre, — un prêté pour un rendu.

ENTRE-DEUX (L'). *s. m.* Le con situé *entre deux* cuisses.

ENTRÉE DES ARTISTES (L'). *s. f.* La porte de derrière : — la rosette.

ENTRÉE EN JOUISSANCE (L'). *s. f.* Entrer, par la porte des plaisirs, en possession de sa femme ou de sa maîtresse, avec circonstances, dépendances et tous les agréments y attachés.

Entrefessier. *s. m.* Le trou du cul ; on dit aussi l'*entrefesson*.

« *L'entrefessier* d'un gros chanoine,
Les couilles du grand Saint-Antoine
Et de Cléopâtre le con... »

(*Vieille chanson.*)

Entre-jambes. (L') *s. m.* La nature de la femme.

Entrer jusqu'aux gardes. *v. a.* Faire pénétrer son vit dans un con jusqu'aux couillons, qui restent les confidents, les *gardes* et les témoins de ce coup fourré... bien *fourré*.

«....Revenons à ton luxurieux embrocheur. Abusa-t-il de ta complaisance ? Se piqua-t-il d'entrer-là *jusqu'à la garde*, sans égard pour ton enfance délicate ?»

Entrouducuter (ou : S'). Enculer, ou s'enculer mutuellement, entre pédérastes.

« Que vont devenir nos talents,
Notre motte dodue,
Puisque l'nombre de nos chalands
Chaque jour diminue ?
A se chatouiller
S'entrouduculer,
Chacun ici s'exerce...
De ce maudit Caen
Vite, foutons l'camp :
Au diable le commerce !

(*L'auteur préfère garder l'onanisme.*)

Envaginer. *v. a.* Homme, introduire son engin dans un vagin : — femme, se l'introduire soi-même.

«Oh bonheur ! je suis entr'ouverte ! pénétrée.... mais en souffrant un déchirement cruel... Ah ! n'importe ! pourvu que *j'envagine* le gigantesque cylindre. »

A. de Nerciat.

En venir là. Faire le premier pas : se laisser baiser.

« Il faut toujours *en venir là*. »

(*La Sagesse des nations.*)

Enviander. *v. a.* Mettre viande en viande: larder une femme avec sa pine; — la baiser.

Envoyer a la balançoire. *v. a.* Un homme ou une femme: *Le* ou *la* renvoyer. Synonyme de *plaquer*, *balancer*, etc., etc.

Épancher. *v. a.* Décharger dans un *sein* quelconque ou dans sa propre main.

« Ta langue dans ma bouche, agite ta main blanche...
Plus vite! ah! je me meurs!... ah! *j'épanche!.. j'épanche!*
Me voilà soulagé!...»

(*Un Troupier au clou.*)

Épine (l'). *s. f.* Au fig. : La vérole.

« Pas de rose sans *épine*. »

(*Vieux proverbe.*)

« Lise possédait une rose,
Et Rose n'avait que quinze ans;
Pour la cueillir à peine éclose
Le désir enflamma mes sens;
Je la cueillis, je vous l'assure,
Car l'*épine* se fit sentir,
Et les maux que, depuis, j'endure;
Je dis, en pansant ma blessure,
Il faut souffrir pour le plaisir.»

Chans.

Éplucher des lentilles. *v. a.* Dans la gougnotterie, signifie : branler une femme et, par des attouchements habiles, lui procurer toutes les sensations et tous les plaisirs que comporte cette *science aimable*.

Dans la *grèneterie*, l'épluchage s'opère de cette façon : On met une certaine quantité de lentilles sur une feuille de papier blanc; on les étale et on les disperse pour séparer les grosses des petites, puis enlever les pierres, les ordures et les grains étrangers qui s'y trouvent mêlés.

Cette opération délicate, qui se fait avec les cinq doigts de la main droite, donne parfaitement une idée des *délicatesses* que peut exercer une main féminine sur la partie sensible d'un corps féminin. — De là l'expression : *éplucher des nantilles*.

« Ma mère avait raison, je l'vois,
Le bonheur est au bout d' nos doigts.»

Béranger.

ÉPLUCHEUSE DE LENTILLES. *s. f.* Gougnotte.

« Tribade avec le cotillon,
Je sais *éplucher des lentilles* .. »
(*Parnasse satyrique*).

ÉPONGE. *s. f.* Femme. Épouse ou maîtresse qui vous éponge, en manœuvrant du cul, le trop-plein de vos couilles.

ÉPONGE (Mettre une). Moyen qui donne aux amants la liberté de se livrer à tous les transports et au feu du plaisir, sans crainte de faire des enfants.

« J'engageai donc ta bonne, depuis le jour où tu nous a découverts, à se munir, avant nos embrassements, d'une *éponge* fine, avec un cordon de soie délicat qui la traverse en entier et qui sert à la retirer. On imbibe cette *éponge* dans de l'eau mélangée de quelques gouttes d'eau de vie ; on l'introduit exactement à l'entrée de la matrice, afin de la boucher, et quand bien même les esprits subtils de la semence passeraient par les pores de l'*éponge*, la liqueur étrangère qui s'y trouve, mêlée avec eux, en détruit la puissance et la nature. On sait que l'air même suffit pour la rendre sans vertu : Dès lors, il est impossible que l'on fasse des enfants. »

MIRABEAU.

ÉPOUX. ÉPOUSE. *s. m.* et *f.* Amant, maîtresse.

« Les femmes elles-mêmes appellent leurs amants : *mon époux*. » LÉO LESPÈS.

« Et, comme aisément on s'y blouse,
Si, quelquefois, vous entendiez
Ces mots : *mon époux*, *mon épouse*,
Traduisez net : Non mariés. »

FR. DE COURCY.

ÉPROUVER. *v. a.* Jouir, décharger, et *prouver* — que l'on est bon à quelque chose.

« ... J'achevai de faire avec ma main couler la libation qu'il craignait de verser dans le con de Rose, qui, pendant le temps qu'il y fut, *éprouva* cinq fois, de son aveu, les délices de la décharge. »

MIRABEAU (*Rideau levé*).

ERGOT PUISSANT. *s. m.* Le vit, onzième doigt, qui pourtant n'a pas d'ongle.

(*Gaudriole de* 1849.)

Eros. Nom de l'Amour.

« *Hé rosse !...* ça vient du grec ; que c'est un petit dieu roublard qui fait pas mal d'*héros* et encore plus de *zéros.* »

J. Ch. (*Le caporal* Branlard.)

Érotique. *adj.* Se dit de ce qui procède de l'amour et y a rapport : délire *érotique*, fièvre *érotique*, peintures, dessins, poésies, chansons *érotiques*, etc., etc.

Érotomanie. *s. f.* Manie d'amour. — (V. *Fureur utérine.*)

Escamoter le plaisir. *v. a.* Synonyme : *laisser à la comédie ;* c'est-à-dire, baiser en égoïste, décharger et cesser de bander juste au moment où la femme allait *le faire.*

« ... Battez en brèche... ferme... trop fort... trop vite ! .. ah ! vous *escamotez le plaisir !*

Escrime. *s. m.* Combat amoureux ; fouterie.

« Depuis que'q' temps, j'ai l'estime
D'un sapeur pompier,
Qui m' donn' des leçons d'*escrime*
En particulier... »

Ch. Colmance.

« Percez-moi de tierce et de quarte ;
Songez que c'est pour notre bien :
Fendez-vous bien,
Et tâchez que votre coup parte
Dans le même instant que le mien. »

Ch. Lepage.

Escroquer le marlou. *v. a.* V. — (*Manger le gibier.*)

Eselsgunst. Mot allemand, qui signifie : bel attribut de l'âne ; *gros et grand vit.* — Tout le monde sait ça... et moi aussi ; — à preuve...

Espadon. *s. m.* Membre viril ; grande et large épée, — pour un *objet* large.

« Eh ! quoi, sans que je sois en garde,
Vous avez saisi l'*espadon* ;
Déjà votre main se hasarde
Et vous me serrez le bouton... »

Ch. Le Page.

Essayer un homme. *v. a.* Femme, coucher avec l'homme que l'on désire pour amant, afin de connaître le *ce que vaut l'aune* de cet homme,—avec réserves d'en *essayer* dix ou vingt autres, toujours pour savoir le *ce qu'en vaut l'aune.*

Essayer une femme. *v. a.* La trouver bonne au premier coup, parce qu'on la baise. Après le deuxième, la connaître par cœur et ne plus pouvoir la voir — ou l'*avoir.*

Essayeuse. Fille chargée d'essayer les hommes qui demandaient à entrer dans la Société des Aphrodites.

Essence prolifique. Sperme. C'est ainsi que les enfants se font quand elle endure que l'essence prolifique se répande intérieurement. (*Mon Noviciat.*)

Essuyer les platres. *v. a.* Expression qui, à Paris, signifie habiter un appartement neuf, ou nouvellement réparé — idem d'une femme galante.

« ... Il est déjà clair pour moi, que vous avez affaire à quelque folle, instruite de vos aventures, et qui, attrapée elle-même, comme vous l'avez été, vous destinait à *essuyer les platres.* » MONROSE.

Essuyer l'orage. *v. a.* Baiser une femme indisposée, qui pisse, pète, vesse ou rote, sans préjudice de ce que peut occasionner le dévoiement, quand le plaisir la fait complétement s'oublier.

Pour une femme, c'est : « recevoir dans le vagin une pluie de foutre lancé d'une pine sûre. »

Estomac (Avoir de l'). C'est-à-dire de la poitrine, avec de gros tétons. — On dit, en plaisantant, d'une femme qui a de gros tétons, qu'elle est *poitrinaire*.

« Le parrain, vieux païen,
Lorgnant la double loupe,
De Suzon qui boit bien,
Remplit souvent la coupe ;
Et le vaurien, touche en servant la soupe,
D'un doigt fripon, l'*estomac* de Suzon. »

COLMANCE.

Étable a vits. *s. f.* — Grand con, ouvert à tous venants.

Éteindre ses feux. *v. a.* — Se branler, — ce qui est bien ; — tirer un coup, — ce qui est mieux, soit après la lecture d'un livre incendiaire, la vue d'une belle femme ou d'un bel homme ;... soit encore par l'occasion — qui fait le *luron* ; Le bois de Bagneux, *quand on est deux*, la solitude, la chaleur, l'herbe tendre, etc., etc.

« Nous allâmes rire chez moi de cette tragi-comédie et *éteindre* dans nos voluptueux ébats, *les feux* dont ce spectacle lascif venait de nous embraser. »

(*Félicia.*)

Étoile. *s. f.* La chanteuse en vogue, l'actrice hors ligne, la jeune première d'un théâtre sont, dans l'argot des coulisses : des *étoiles*.... qui filent. — (V. *Thérésa.*)

Être actif (L'). *s. m.* Celui qui agit ; le baiseur ou l'enculeur.

Être a la coule. Pour : *être à la couleur*, dans l'argot des maquereaux et des filles.

Être a la craie. Avoir crédit ou, n'ayant plus le sou, prendre des consommations que le débitant est obligé de marquer sur l'ardoise.

— « Eh bien ! Mélier, offres-tu quelque chose ?
— N'm'en parle pas ; j'suis à la *craie* et le mastroquet commence à me faire la grimace. »

Être au fait. « Savoir de quoi il s'agit — des choses de la fouterie ; comprendre l'homme, à demi-queue, ou la femme à demi-*motte*. » Delvau.

« Il *n'est pas au fait* : il faut bien lui expliquer les choses. » (*Les Aphrodites.*)

Être aux anges. Être heureux. Jouir comme un cochon, — ou comme une vache : Se croire au septième ciel.... avec les anges. — (V. *Septième ciel.*)

Être bassinant-e. Être habituellement ennuyeux — ou ennuyeuse. — Argot du peuple :

Tu me *bassines*, pour : « Tu m'embêtes. »

Être bien né. Avoir un nez gros ou long, ce qui est

de bon augure, — selon les dames, — qui s'en rapportent au dicton : « Gros nez, gros vit. »

ÊTRE CHAUDEPISSÉ-E. Avoir la chaude-pisse. Expression élémentaire qui attend depuis longtemps son entrée au dictionnaire de l'Académie.

« La plus aimable fille étant *chaudepissée*,
Doit vous glacer le cœur, le vit et la pensée. »
(*Art priapique.*)

ÊTRE CULOTTÉ-E. Porter culotte. — N'être plus novice. — Avoir le visage rouge et couvert de boutons qui témoignent de l'abus de tous les plaisirs.

ÊTRE DE LA MANCHETTE. Préférer le cul au con. — L'ordre de la manchette a précédé celui de la rosette... affaire de mode.

«... Et mille gens m'ont dit qu'il n'aimait pas le con ;
Au contraire, on m'a dit qu'il *est de la manchette*,
Et que, faisant semblant de la mettre en levrette,
Le drôle en vous parlant toujours du grand chemin,
Comme s'il se trompait, enfilait le voisin. »
BUSSY-RABUTIN.

ÊTRE DE LA RELÈVE. Terme de maquereau. — Avoir trouvé une bonne *marmite*, après être resté quelque temps *sur le sable* ; se remonter.— (V. *Être sur le sable.*)

ÊTRE DIEU. Foutre une femme et la transporter avec soi-même au septième ciel, — s'il existe.

«.. Éperdue, je mêlai mes transports aux transports que je causais : je fus trois fois au ciel, Edward fut trois fois *dieu !*.... » (*Gamiani.*)

« Je n'eus pas remué cinq ou six fois du cul, à ma merveilleuse façon, que je sentis la chaleur du jet rapide que dardait mon céleste prosélyte. Quelle est donc la magie du plaisir qui peut ainsi métamorphoser en *dieux* de vulgaires habitants de notre grossière planète ? »
(*Mon Noviciat.*)

ÊTRE DISPOSÉ-E. Avoir des rages de baiser, ou de se faire baiser.

ÊTRE EN AFFAIRE. Être *sous presse* ou *en lecture* ; être *occupée* par un homme, ou par une femme, lorsqu'on est gougnotte.

« Vous êtes *en affaire?* me cria-t-il à travers la porte, pendant que j'accolais ma drôlesse et la suppéditais avec énergie... » J. Levallois.

Être encore aimable. Ne signifie rien qui ait rapport au caractère d'une femme. On veut dire ici qu'elle est encore d'un âge à être aimée et baisée.

« Elle n'a que trente ans ; elle *est encore très aimable.* »

Être en lecture. Synonymes : Être en main, en affaire, occupée, etc., etc. — (V. *ces mots.*)

Être en rivalité. Homme, bander pour la femme que courtise un autre homme. Femme, poser pour l'homme qu'une autre femme voudrait se *poser.*

« Sylvia et moi, devions *être* éternellement *en rivalité.* » (*Félicia.*)

Être épuisé. Momentanément ou définitivement. Dans le premier cas, ne plus pouvoir *le faire*, parce qu'on l'a trop fait ; dans le second, parce qu'on *l'a trop fait* — depuis trop longtemps : être usé.

« ... Ses caresses étaient languissantes. Je ne pouvais me dissimuler qu'il était *épuisé* ou qu'il se ménageait avec moi, pour briller ailleurs. » (*Félicia.*)

Être exploitée. Être baisée de gré ou de force.

« Par le moyen d'une célèbre entremetteuse, je fus exploitée tour-à-tour par les plus habiles, les plus vigoureux hercules de Florence. » (*Gamiani.*)

Être faisandé. Être d'un certain âge et sentir mauvais.

« ... D'ailleurs, il me paraît un peu *faisandé* ; la menace de ses baisers me fait détourner la tête... »
A. de Nerciat.

Être ferme. Pour un homme, c'est bander fort, baiser *dur* et longtemps.

« Soyez *ferme*, ne pliez plus,
Conservez toujours le dessus,
Evitez la paresse ..
— Eh ! bien?
Et surtout la *mollesse*
Vous m'entendez bien. »

Domier.

Pour une femme, c'est avoir les tétons *fermes* et les fesses *dures.*

ÊTRE FORMÉ OU FORMÉE. Avoir atteint l'âge de puberté.

ÊTRE MALTRAITÉE. Être violée — ou mal foutue.

ÊTRE GRANDE FILLE. Jeune fille qui est pubère.

« Oh ! maintenant c'est une grande fille. »

ÊTRE LA POUR UN COUP. Dicton que beaucoup de femmes emploient sans se douter qu'elles offrent d'elles-mêmes un service que quelquefois elles n'auraient pas l'intention de rendre à celui à qui elles disent : Allez toujours, je *suis là pour un coup*.

ÊTRE MATINÉE. Avoir été baisée.

— « On dirait que vous n'aspirez qu'après l'honneur d'*être matinée*. — Le mot n'est rien ; c'est la chose qu'il me faut : C'est d'avoir un homme, d'être *foutue*, pour parler clair !... » (*Mon Noviciat.*)

ÊTRE MONTÉ (OU TÉE). Homme, être en rut et préparé à jouir ; femme, être sous l'homme avec le désir d'en faire autant, — sinon plus.

ÊTRE MOU. Bander faiblement ; foutre sans énergie. Synonyme : *baiser à vit-mollet*.

ÊTRE MOUCHE. Être laid ou laide.

(*Argot des faubouriens.*)

On dit aussi : *Mouchique*.

ÊTRE NEUF OU NEUVE. C'est-à-dire : novice ; ne rien connaître de la rocambole de l'amour. « N'avoir pas encore servi sur la femme ou sous l'homme ; avoir son pucelage — ou l'avoir perdu depuis peu. »

« Il est fort *neuf*, à la vérité, peu au fait du service des bains ; j'ose cependant me flatter qu'il contenterait madame. » (*Les Aphrodites.*)

ÉTRENNE (Avoir ou n'en pas avoir l') Avoir le pucelage d'une fille ou d'un garçon, — par devant, — par derrière, ou des deux côtés.

— « J'ai ri de bon cœur, — d'un garçon d'honneur
A la figure éveillée.
Au premier signal — on ouvre le bal

Sans trouver la mariée.
Notre égrillard — d'un air gaillard — l'amène ;
L'époux prétend — danser et prend — sa reine.
Va, dit le malin
Au mari bénin,
Tu n'en auras pas l'étrenne. »

ÉLISA FLEURY.

ÊTRE OCCUPÉE. Être en train de foutre. Terme du métier de putain, qui équivaut à : *Être sous presse* ou *en lecture*. — Qu'une femme soit modiste, couturière, lingère, culottière, etc.... il lui faut toujours répondre aux visiteurs : soit pour vendre, acheter, prendre commande, ou etc...

Or, quand on demande une de ces industrielles, et que l'on a pour réponse : *Madame est occupée*, on peut être sûr qu'elle ne fait pas œuvre de ses doigts : Elle est *sous presse*, elle baise !

ÊTRE PASSIF (L'). *s. m.* Celui que l'on encule.

ÊTRE PAUMÉ. Être pincé, avoir la vérole. Argot des maquereaux.

« Si j' suis *paumé*, j'enquille aux Capucins,
Ricord guérira ma vérole. »

DUMOULIN.

ÊTRE PINCÉ-E. Attrapper la chaude-pisse — ou mieux. — Se dit aussi pour : être pris, être amoureux.

ÊTRE POIVRÉ-E. Avoir la vérole, — ce qui n'est pas *un beurre*.

ÊTRE PRISE. Être foutue, ou être enceinte.

ÊTRE RENDU-E. Être fatigué, harassé.

« A force de bonds et d'élans, les groupes se heurtaient entre eux et tombaient pêle-mêle à terre, haletants, *rendus*, lassés d'orgie et de luxure. »

(*Gamiani.*)

ÊTRE SOUS LES ARMES. *v. subst.* Être en plein érection, prêt à foutre.

« Il se fait voir, en effet, encore *sous les armes* et tenant très-ferme contenance. » (*Les Aphrodites.*)

V. *Être monté*.

Être sur le sable. C'est-à-dire sans *ouvrage*. Position intéressante d'un maquereau que sa maîtresse a *balancé*. — On dit aussi : *être à la côte*.

Être surprise. Être baisée au moment où l'on y pensait le moins : ce qui surprend toujours une femme... qui ne demande que cela.

> « Victime d'un prince paillard,
> Lucrèce que l'on préconise,
> Ne se perça de son poignard,
> Qu'après que Tarquin l'eût surprise. »
>
> A. Gilles.

C'était un peu trop tard...

Être taré-e. Homme ou femme qui ont sur leur compte des peccadilles plus ou moins agréables en leur faveur.

Être toc, tocard, tocasse ou tocasson. Laid ou mauvais ; se dit des personnes et des choses.

« Croiriez-vous qu'en parlant d'une femme laide, on dit : elle est *toc*, elle est *tocarde*... d'un homme, c'est un *tocard*, un vieux *tocasson* ?

Narcisse Vanecke.

« Il goûta le pain dont les prisonnières se plaignaient : Chouette ! dit-il ; j'en ai mangé de plus *toc* que ça !... »

Chenu.

Être tombée sur une pierre pointue. Bien entendu, sur une pine. — Être enceinte. — Terme bordelais.

Être tout en nœud. Se dit d'un petit homme qui a un vit tellement grand ou gros, qu'il est en disproportion avec sa personne : — il *est tout en nœud*. — Appliquée à un homme qui est toujours en rut, l'expression équivaut à cette autre : *Être tout en feu*.

> « Je m' sentis *tout en feu*,
> Nom de Dieu !
> Faut que j' te r'trouss' ta ch'mise
> Nom de Dieu ! »
>
> F. de Calonne.

Être verdi-e. Ne connaître en fait de musique que les *notes* du pharmacien : — avoir la chaude-pisse et couler bien *vert*, ce qui n'oblige pas d'avoir fait *la Traviata*, ni *Rigoletto*, — puisque l'on a su *trouvère* autre chose.

Être voué a sainte Véronique. Avoir la vérole et par cela se voir privé.

Etudiante. *s. f.* Grisette qui vit avec les étudiants.

« C'est la grisette *étudiante*,
Bonne fille qui toujours chante... »

Fr. Soulié.

Eunuchisme. s. *m.* « On entend par *eunuchisme* l'état d'un homme qui a été privé en tout ou en partie de ses organes de la génération, et l'on a ainsi ôté à un individu le pouvoir de perpétuer son semblable, tantôt pour lui conserver la voix aiguë de l'enfance et tantôt pour en faire le ministre désintéressé des plaisirs d'autrui. Un eunuque est un être annulé sur la terre, qui, dans son existence ambiguë, n'est ni homme ni femme.... » Baron de St-Eldme.

Evanouir (S'). *v. p.* Perdre connaissance, dans le paroxysme du plaisir.

« Qui sait mieux mourir qu'une belle ?
Qui sait mieux ressusciter qu'elle ?
Qui sait mieux suffoquer, pâlir ?
Baisser sa mourante prunelle,
Palpiter, chanceler, faiblir,
Tomber, enfin, *s'évanouir* ? »

Demoustier.

Excès. *s. m.* — Abus des plaisirs.

« Les *excès*.... — Je n'en connais point, madame ; on n'a jamais assez de plaisir. — Je ne suis pas de cet avis. On peut en avoir trop et perdre par-là le charme du désir, plus précieux que le plaisir lui-même. »

A. de N. (*Le Diable au corps.*)

Excès.

« Mais l'*excès* est toujours le tombeau du plaisir. »

(*Art priapique.*)

« La plupart, emportés d'une fougue insensée !
Toujours loin du droit sens dirigent leur pensée,
Et voulant de l'amour varier les doux jeux,
Ils sont plus libertins sans être plus heureux,
Evitons ces *excès* ; laissons à l'Italie
De ces raffinements la honteuse folie.
Visez, tendez au con, si vous voulez jouir ;
C'est le fleuron d'amour, le foyer du plaisir !... »

(*Art priapique.*)

...cité (être) — Bander, étaler un beau priape qui en [illegible] qui a défaillir en répandant sa semence dans le [illegible] naturel.
[illegible] employés par les femmes qui n'osent presque jamais [illegible]ler les choses par leur nom.
[illegible] et c'est encore plus excité, il fallait en venir à ces

Exploits. Non ceux de mars, dont nous ne nous occupons pas, mais ceux de l'amour. — C'est le nombre de fois que l'on a obtenu dans la même nuit ou journée les faveurs d'une femme.

Exploiter. *v. a.* — Abuser charnellement d'une personne de l'un ou l'autre sexe. — La baiser ou l'enculer.

«.... L'on courut voir avec une lumière, s'il ne lui était point arrivé quelque malheur, et on le trouva tombé sur le carme qui *exploitait* la nourrice au pied d'un escalier.» (Compère Mathieu.)

Extirper sa glaire. *v. a.* Décharger, soit en baisant, soit en se branlant.

Extrait de Saturne. *s. m.* — Combinaison de l'acide du vinaigre avec l'oxyde de plomb, à l'état de sirop.

Quelques gouttes dans une cuvette d'eau, produisent *l'eau blanche* qui sert aux ablutions nécessaires après le coït. — C'est quelquefois un préservatif .. et très-souvent la précaution inutile.

O blanche!!!....

Fadeurs. *s. f.* Compliments *fades*, sans grâce ni vivacité, que l'on prodigue aux femmes, qui n'en prennent que ce qu'elles veulent.

« Le meilleur madrigal est un bon sac d'argent.»

« ... Quant à moi, j'étais excédée des *fadeurs*, des lorgneries et quelquefois offensée des offres utiles qu'on hasardait de me faire ..»

A. de N. (*Félicia.*)

Fagotter (Se). *v. pr.* S'habiller sans goût; s'entortiller comme un saucisson, ou, se lier comme un *fagot*. — (Mode du premier Empire.)

V. tous les dictionnaires, — même celui-ci, — qui n'en est pas un.

Faible (Avoir un). Avoir du goût pour une personne de l'un ou l'autre sexe, que l'on soit homme ou femme, pédéraste ou tribade.

Avoir un goût favori pour une chose (ici nous parlons d'amour :) aimer le pelotage, la masturbation, l'enculage, la gamahuche, ou — tout simplement, — la pinerie naturelle.

Chacun a son *faible*.

Faire avorter (Se). Faire couler un enfant, dont on ne connait pas l'auteur, à l'aide d'un abortif quelconque; — préparer de la besogne à la Cour d'assises et de la copie à la *Gazette des tribunaux*. — V. *Avortement*.

Faire beau con. *v. a.* Faire faire gros dos à son *chat*; c'est-à-dire : présenter complaisamment à l'homme une motte bombée, ardente et déjà entr'ouverte par l'espoir du plaisir.

Cette expression apartient à Rétif de la Bretonne.

Faire bourrer le cul (Se). *v. réfl.* Se faire baiser — jusqu'à extinction de chaleur naturelle. — Les femmes ont toujours chaud.

Faire chier dans la bouche (Se). *v. réfl.* Un pareil fait n'a pas besoin de commentaires.

« Et par toi-même, enfin, étendu sur ta couche,
Je me suis bien souvent *fait chier dans la bouche*. »

L. Protat.

« Je sais prêter ma bouche en cœur
Pour servir de fosse inodore... »

(*Parnasse satyrique.*)

Faire connaissance. *v. a.* Homme et femme, se connaître suffisamment, pour coucher ensemble — et *faire connaissance*.

Faire des façons. *v. a.* Faire des manières... Synonymes: faire la difficile, la petite bouche, l'étroite, crier avant d'être écorchée.

Pour un homme, c'est tirer des coups de commande, en ville; — ce qu'un galant coiffeur appelle: *faire des barbes*.

« Ici, c'est Monsieur que j' remplace.
Avec son p'tit air polisson,

Madame veut que je lui *fasse*
Une façon — de ma façon... »

J Du Boys.

FAIRE DES PUCELLES. v. *a*. Secret que possèdent les matrônes et les maquerelles, pour raffermir et resserrer les parties sexuelles des filles qu'elles exploitent, à l'aide de lotions astringentes.

« A vous donc, mères maquerelles
Qui savez *faire des pucelles*
Par mille artifices divers...
Je consacre ces foutus vers. »

(*Cabinet satyrique*.)

FAIRE DES YEUX EN COULISSE. *v. a*. Regarder du coin de l'œil, à droite ou à gauche (côté cour ou côté jardin), une personne que l'on ne peut voir en face et — que l'on aimerait peut-être beaucoup.

« Depuis que ta bonté propice
Lui permet de m'offrir ses vœux,
Il me *fait les yeux en coulisse* :
Ah ! que c'est drôle un amoureux ! »

L. Festeau.

FAIRE EMPALER (Se). *v. réfl*. S'asseoir sur un paratonnerre vivant ; se faire enculer. Ce n'est pas un supplice en France ; c'est le contraire.

On dit aussi : se faire foutre par les Turcs ou les Grecs ; ce qui revient au même.

FAIRE EMPAILLER (Se). *v. r*. Se faire bourrer le cul ou le con par un outil masculin.

« C'est z'un *rien* ; c'est z'une *paille*. »

J. C.

FAIRE FOURRER (S'en). *v. réfl*. Du vit, bien entendu. — Baiser indifféremment avec Pierre, Jean, Paul, Joseph ou François, — histoire de *s'en faire fourrer*.

FAIRE GAGNER SON ARGENT. *v. a*. Ayant fait son *petit cadeau*, user d'une putain au point d'en abuser. Lui faire, et se faire donner par elle, tout le plaisir qu'on peut supporter. S'en faire mourir — *pour son argent*... quoi !

Faire impression. *v. a.* Donner dans l'œil à quelqu'un : l'émouvoir, produire sur son esprit, son cœur et ses sens, un effet qui le rend amoureux, — plus ou moins.

« ... Je trouvais Monrose adorable... je ne pouvais douter que je lui eusse *fait impression.* »

(*Félicia.*)

Faire la chouette. *v. a.* Étant putain, travailler de nuit, — même n'étant pas *chouette.*

Faire la félicité d'une femme. *v. a.* Lui prodiguant toutes les caresses que l'amour inspire, la conduire au *septième ciel*.... ou au huitième.

« Modèle et roi des vits, puissé-je faire ta fortune, comme tu *fis* et va *faire* encore ma *félicité!* »

(*Les Aphrodites.*)

Faire la grenouille. *v. a.* Écarter les jambes, faire le saut ; c'est-à-dire se faire baiser — par devant — pour suivre le précepte : *croissez* et multipliez.

« Sais-tu point pourquoi tu déplais?
C'est lorsqu'en faisant la *grenouille*
Et que le plaisir te chatouille
Ton cul discourt et tu te plais.
Amour, comme enfant qui s'étonne
Des pétarades que tu fais,
Au fort du plaisir t'abandonne. »

Motin.

Faire lancer (Se). Pour un homme, c'est se faire enculer.

« Si j'étais aussi joli garçon que vous, je ne me contenterais pas de tourner la tête aux femmes : je voudrais m'amuser encore à me *faire lancer* par tous les Villettes du royaume. » Andréa de Nerciat.

V. *Lancer une femme.*

Faire la queue (Se.) Interroger son pantalon, *se toucher*, se branlotter au besoin, afin de bander pour tirer un coup obligatoire.

Faisant antichambre, baiser la bonne en attendant *Madame*, pour *se faire la queue*, comme un duelliste se fait la main en cassant des poupées.

Autre acception — exception :

Étant masqué, lever à l'Opéra un domino quelconque,

l'emmener souper et s'apercevoir, au dessert, que l'on baise sa propre femme... que l'on se fait cocu soi-même.

Est-elle bonne ou mauvaise ?... Je l'ai lue dix fois dans les *Revues de Paris* de Pierre Durand.

FAIRE LA TOILETTE A UNE FEMME. *v. a.* La gamahucher... *A un homme, lui sucer la pine.* — (V. *Petit jeune homme.*)

« A ma droite, un vieux sénateur,
Fait la toilette à mam'zell' Rose !
Je n' vous dirai pas, par pudeur,
Comment il pratique la chose :
Mais en argot d' chambre à coucher,
Ça s'appelle *gamahucher...* »

(*Chanson anonyme.*)

FAIRE LE DÉDUIT. *v. a.* S'amuser, prendre du plaisir — en foutant.

FAIRE LE MACQUEREAU. *v. a.* Se faire l'entremetteur et le souteneur d'une prostituée ; — vivre de ce commerce.

Autre acception : Carotter, emprunter, ne jamais payer son écot, en deux mots, vivre aux dépens d'autrui.

FAIRE LE PORTRAIT. *v. a.* — Egratigner ; déchirer la figure d'une femme, — dans l'argot des filles qui *peignent* mieux, avec les dix ongles de leurs dix doigts, qu'un peintre avec dix pinceaux et un coiffeur avec dix peignes.

Serait le synonyme de *crêper le chignon*, s'il ne s'agissait pas de la figure.

FAIRE LE THÈME DE DEUX FAÇONS. Baiser et... enculer — au besoin, — ce qui est communier sous les deux espèces.

« La dame ne se faisait pas beaucoup prier pour *faire le thème en deux façons.* » A. DE NERCIAT

FAIRE L'ÉTROIT. *v. a.* Faire des façons avant de se laisser en... clouer, quand on est *tante.*

(*Il s'agit d'un vit extraordinaire.*)

— ... « Eh bien ! en honneur, je ne sais pas si je le soutiendrai.

— Ne faites donc pas *l'étroit*, Dolmancé ; il entrera dans votre cul, comme il est entré dans le mien. »

MARQUIS DE SADE.

Faire l'étroite (Être ou). Étant prude ou novice faire des *façons pour* se laisser faire — des *façons*.

« *Fait l'étroite* pour lui, même quand elle est large.

L. Protat.

« Plus d'un amateur la convoite :
Le mobilier est de bon goût,
La chambre à coucher est *étroite*...
La dame ne l'*est* pas du tout. »

St-Gilles.

Faire le truc, (ou son). *v. a.* Dans l'argot des putains, signifie : faire le métier, — c'est-à-dire le trottoir et — le reste.

Faire lit a part. *v. a.* Article du code de la bonne société : — Madame aura sa chambre à coucher, Monsieur aura la sienne ; ce qui ne les empêchera pas de vivre heureux et — d'avoir beaucoup d'enfants.

Faire l'obélisque. *v. a.* Bander — *carrément*.

Faire mettre dans le petit (Se le). *v. réfl.* Se faire sodomiser.

Faire mouillette. *v. a.* Mettre son nœud à la *coque*. — Coquer ou baiser.

Faire mousser la toupie.

« Une femme entretenue joue-t-elle à son bienfaiteur un tour? fait-elle deux ou trois éclipses nocturnes à sa fidélité très-élastique, lui subtilise-t-elle aussi quelque argent, ces flouerles se nomment, en termes d'argot, *faire mousser la toupie*. »

B. de St-Elme.

Faire péter la saucisse (S'en). *v. réfl.* Faire l'amour avec excès, au point de s'en faire mourir.

Synonyme : *S'en faire éclater le cylindre*.

Faire péter la sous-ventrière (S'en). *v. réfl.* La *sous-ventrière*, c'est la pine : abuser des plaisirs amoureux. — (V. le mot précédent.)

Faire pinceau. *v. a.* Chatouiller un clitoris avec le bout de son vit, que l'on fait manœuvrer de haut en bas et de bas en haut, en le tenant à pleine main, comme fait de son pinceau un peintre en bâtiments ; cela s'appelle *faire pinceau*.

« Promenez en *pinceau* le bout de votre pine
Du con jusques au cul, cette mode est divine. »
(*Compendium érotique.*)

Faire poser. *v. a.* Faire attendre, mystifier, se foutre des gens. — Argot des femmes galantes et de leurs courtisans.

Faire pour soi. *v. a.* Égoïsme érotique. Loi naturelle qui oblige l'homme à se polir la colonne, quand il n'a pas une femme sous la main, — ou sous la pine.

Faire rubis sur l'ongle (Le). Foutre avec plaisir, hardiment, énergiquement, — jusqu'à la dernière goutte.

« Si, au coup de huit heures, chacun de nos tenants ne *l'a pas fait rubis sur l'ongle*, à chacune de ces dames, ils perdront chacun cent louis. »

(*Les Aphrodites.*)

Faire saigner a blanc (Se). *v. réfl.* Se faire branler, histoire de dépenser une portion du meilleur de son sang.

Faire sa tête. *v. a.* *Côté masculin* : Poser; d'abord pour la tête, la tenue, la jambe, les mains ou le *paquet.*

Côté féminin : Se poser; faire sa poire, sa Sophie, ses embarras ou sa... merde.

Faire sa toilette. *v. a.* Se laver après le coït, le cul quand on est femme, la pine quand on est homme, pour éviter les dangers qui pourraient résulter d'une agglomération de spermes, — et par amour de la propreté, lorsqu'on s'est habitué dès l'enfance à être propre.

« N'entre pas, mon chéri, attends que j'ai fini ma *toilette.* »

Lemercier de Neuville.

V. *S'abluer* et *Toilette.*

Faire sauter le bouchon. *v. a.* Décharger, soit en se masturbant, soit en faisant l'acte naturel.

« Vous êtes gai comme un sermon,
L'abbé ; le diable vous conseille ;
Faites *sauter votre bouchon*
Sans ma bouteille. »

H. Cantel.

« Dieu m'envoie un joli poupon
Dont la joue est blanche et vermeille :
Il était resté du *bouchon*
Dans ma bouteille ! »

LE MÊME.

FAIRE SAUTER UN HOMME A LA CASSEROLLE. Le prendre pour un *pigeon*, le faire *sauter*, danser (c'est-à-dire *payer*) pour lui donner — la vérole.

« Se dit aussi du traitement dépuratif énergique que l'on fait subir aux vénériens à l'hôpital du Midi. »

FAIRE SON TRIMAR. *v. a.* Faire son chemin. Se dit des filles publiques qui, le soir, vont d'un bout à l'autre du trottoir, pour raccrocher.

FAIRE TAPISSERIE. *v. a.* Étant femme, vieille et laide, faire l'ornement d'un bal à la façon des figurantes d'opéra ; c'est-à-dire : regarder danser les autres. (Argot des bourgeois.)

FAIRE TOUT. *v. a.* Se donner beaucoup de mouvement pendant que l'un des deux fouteurs se repose, pour mener sa propre jouissance à bonne fin.

« Je vais partir, mais, si tu le fais avec moi, je suis perdue ; nous ferions plutôt deux enfants qu'un. Peux-tu retarder un peu ?... Eh bien ! tiens ! tiens !
Ici ses mouvements deviennent terribles, et seule elle *fait tout.* »

Dans le langage des filles, c'est branler, sucer, postillonner, etc...., en deux mots, *faire tout* ce qui concerne le métier de putain.

FAIRE UNE BARBE. *v. a.* Tirer un coup, sur le pouce : — le temps de *faire une barbe*. — Allusion à la *savonnade* produite par la collaboration de Vit et Con — plus ou moins *barbus*.

FAIRE UNE FIN. *v. a.* Se marier. — Après avoir *bien vécu*, bien fait la noce, devenir épicier, maître de bordel et... cocu, comme X, Y et Z, que tout le monde connait.

Ces dames, *font* également *une fin*.

« Quoique l'état ne manque pas
D'appas,
Foi de Margot, si ça ne reprend pas,

Je m'expatrie
Ou bien je me marie ;
Il faut enfin
Que je fasse *une fin*. »

F. SERÉ.

FAIRE UNE PARTIE DE FEMMES. C'est-à-dire un long déjeuner, un grand dîner, ou un fin souper; aimable débauche où l'on ne reçoit ni hommes ni femmes : — toutes gougnottes !.. On boit, on rit, on chante, on danse, on... *s'aime*, — et tout cela sans récolter.

FAIRE UNE POLITESSE A SON TUBE. *v. a.* Branler son vit à moins qu'on ne préfère lui offrir pour deux ou trois francs de con.

On dit aussi : *Régaler son tube.*

FAIRE UN LEVAGE. *v. a.* Attirer l'attention d'un homme ou d'une femme, se faire suivre et emmener par lui, — ou par elle.

FAIRE VOIR LA LUNE. *v. a.* Montrer son cul.

« Parlez-moi d'une planète,
Qu'on examine à l'œil nu.
Chaque soir, me dit ma brune,
Si tu veux être discret,
Je te *ferai voir la lune*,
A dada sur mon bidet .. »

A. JACQUEMART.

FAIRE VOLTE-FACE. *v. a.* Se retourner vivement pour faire face et résister à l'ennemi qui poursuit.

«... Le bougre me poursuivait la pine en main ; après avoir fait trois fois le tour du salon il est sur le point de m'atteindre. Me voyant prise, je fais *volte-face* pour me défendre ; mais, à bout de forces, je tombe dans ses bras, et — tu devines le reste. »

J. C. (*Souvenir de carnaval.*)

FAISEUR. *s. m.* « On entend par *Faiseur*, l'homme qui crée trop, qui tente cent affaires sans en réussir une seule, et rend souvent la confiance publique victime de ses entraînements. En général, le faiseur n'est point un malhonnête homme ; la preuve en est facile à déduire : c'est un homme de travail, d'ac-

tivité et d'illusions ; il est plus dangereux que coupable, il se trompe le premier en trompant autrui. »
V. *Calège*. TIMOTHÉE TRIMM.

FARFOUILLAGE. *s. m.* Action de *farfouiller*, c'est-à-dire : pelotter les tétons, les fesses, prendre le con, etc... mettre tout au pillage.

FAUBLAS. *n. pr.* Personnage légendaire, comme Don Juan, Werther, etc., etc. (Roman de Louvet.) V. *Lovelace*.

FAUCHEURS DE COUILLONS. Ceux qui font le métier de châtrer.

« Vous n'êtes point ici souveraine maîtresse.
Vos faucheurs de couillons ne sont point en ces lieux. »
(*Théâtre du Bordel.*)

FAUSSE COUCHE. *s. f.* Enfant venu avant terme. Homme raté, sans vertu, sans talent ni courage, sans quoi que ce soit.

« Auguste ! ce n'est pas un homme, c'est une *fausse-couche !...* » LYNOL.

Se dit aussi de l'homme qui éjacule en faisant un rêve de bonheur.

FAUTE (Avoir fait une). Avoir, à la dérobée, tiré un ou plusieurs coups, qui ont assez porté pour faire un enfant — *de la balle*.

FAUX-CONNER. *v. n.* Foutre en cul, c'est-à-dire dans un *faux con*.

FAUX-CONNIER. *s. m.* Enculeur.

FAVEURS. *s. f. pl.* Petites complaisances que prodigue une femme à l'homme qu'elle a distingué et dont elle veut se faire un amant.

« Tout ce qu'une maîtresse accorde à son amant. On grossit ou l'on diminue les *faveurs*, selon l'exigence des cas ; mais en général, un amant grossit les petites et diminue les grandes. »
DREUX DU RADIER.

FAVORISER A LA MODE DE BERLIN. C'est se servir de son cul, pour ne pas gâter le devant.
Les Berlinois, dit-on, sont un peu dans cet usage.

Familiarités féminines (avoir des) — [illegible]

Fée. *s. f.* Femme, — avec ou sans baguette.

Félicité. *s. f.* Comble du bonheur.

« La fille d'une de mes portières s'appelle ainsi. Je l'ai baisée dans un grenier, au septième étage...

O combles du bonheur! — O Félicité!!! »

Fellateur. *s. m.* Veuve Poignet *mâle*; branleur, et... *le reste.*

Fellatrice. *s. f.* Femme qui (soit par laideur ou vieillesse), ne baisant plus, a la spécialité et la réputation de bien branler les hommes.

Féminiser. Patient qui s'habille en femme afin que l'illusion soit plus complète pour l'agent auquel il doit servir de femme dans son acte de pédérastie.

Féminocratie. *s. f.* Empire ou république des femmes — pour femmes. — (V. *Gougnottocratie.*)

Femme a l'essai. *s. f.* *Essayer une femme.*

« Pour le prouver, je suis prête
A montrer ce que je sai...
Même une personne honnête
Pourra me prendre à *l'essai.* »

Festeau.

Femme a passions. *s. f.* Femme qui, — selon l'expression populaire : — « *ayant les foies chauds,* » est d'un tempérament tellement insatiable, qu'elle s'éprend de tous les hommes qui l'approchent.

Femme comme il faut. *s. f.* Femme galante, distinguée — par sa mise.

« Elle a cependant la faiblesse
De nous faire sonner bien haut
L'antiquité de sa noblesse,
Et se dit *femme comme il faut.* »

Saint-Gilles.

Envers de la chose :

« N'en déplaise à l'illustre dame,
Je prise avant tout les appas;
Et je dis que c'est une femme
Justement *comme il n'en faut pas.*

(*Le même.*)

On dit aussi, *femme comme il en faut,* — pour putain.

FEMME DE MAUVAISE VIE. *s. f.* Fille de joie, qui a franchi tous les degrés de la prostitution, avec la conviction de la couler *douce et bonne*... la vie.

« Courte et bonne,
C'est mon refrain;
Au genre humain
Je vends et je me donne...
Je ne veux pas être vieille demain. »

CLAIRVILLE.

FEMME DE MOEURS LÉGÈRES. *s. f.* Femme légère, qui a des mœurs... mauvaises.

FEMME ENTRE DEUX AGES. *s. f.* Locution simple et logique, qui signifie : une femme qui vit, entre *l'âge* qu'elle a, et *l'âge* qu'elle se donne.

FEMME FOLLE A LA MESSE. *s. f.* Femme molle à la fesse; — par anagramme. — (V. *Dévote.*)

FEMME HONNÊTE. *s. f.* Femme mariée, — selon toutes les femmes mariées.

« La *femme honnête* la plus folle,
Aujourd'hui, le fait est certain,
N'a plus que six fois la vérole,
Je ne veux plus être catin. »

E. DEBRAUX.

« Es-tu lasse d'amourette ?
Enfin, dis-moi, veux-tu,
Pour dev'nir *femme honnête*,
Epouser un cocu ?
Encore un coup d'cu, Jeannette ! »

E. DEBRAUX.

FEMMELETTE. *s. f.* Femme chétive, douillette, délicate, qui a des goûts futiles, etc... !

« Que le bout du *médium* fait tomber en faiblesse ;
Qu'un vit fait passer au carmin... »

« Elle ne jouait que l'ombre, le trictrac et les échecs, parce qu'ils sont savants et sérieux ; tous les autres (jeux) étaient au-dessous d'elle, et ne pouvaient amuser que des *femmelettes*... »

A. DE NERCIAT.

Se dit aussi d'un homme qui a les goûts et les habitudes d'une petite maîtresse.

FEMME SAGE. *s. f.* Femme honnête, selon toutes les femmes mariées — qui sont plus ou moins *sages*.

« Il était une dame
Fraîche, ayant des couleurs
Et des mœurs ;
Elle était sage femme
Et *femme sage* autant
Qu'à présent,
On l'est, Dieu merci !... »

SCRIBE.

FENDEUR. *s. m.* Fouteur, dépuceleur.

FENÊTRIÈRE. *s. f.* Fille qui fait le trottoir, — par sa fenêtre.

FENTE. *s. f.* La nature de la femme, destinée à être fendue.

« Rien ne fut soustrait à mes regards.. Lucette, couchée sur lui, les fesses en l'air, les jambes écartées, me laissait apercevoir toute l'ouverture de sa *fente*, entre deux petites éminences grasses et rebondies... »

MIRABEAU.

« Toutes filles, en cas pareil
Désireraient à leur réveil
Qu'un tel que moi leur fit de rente
Un bon vit pour boucher leur *fente*. »

(*Cabinet satyrique*.)

FENTE VELUE. La nature de la femme. — Comment par là.

« Sans doute à *la fente velue* que foutine et que vous avez aussi poilue. » (*Triomphe de la fouterie*.)

FENTINE. *s. f.* Petite fente; petit con.

« Dieu! que je fus bien vite convertie quand la savante langue de la soubrette eût agacé deux ou trois fois l'angle supérieur de ma *fentine*. »

A. DE NERCIAT. (*Mon Noviciat*.)

FESSE. *s. f.* Femme. — La moitié de vous-même.

« A nous deux, nous n' faisons qu'un cœur, qu'un cul; -- c'est ma *fesse*, quoi, -- ma *moitié*. »

J. C.

Fessier *s. m.* Le cul, qui porte des *fesses*, — comme le pommier porte des pommes.

« Ton braq'mart, enfin, cher amant,
Dans mon *fessier* trouve sa gaîne... »

J. Ch.

Fessier.

» Ah!... mes fesses !» Louise Callypige.

Qu'a la pige... (*Réponse à un Florentin.*)

« Fille, dit-il j'enfile à ma manière;
Pour le *fessier* j'eus toujours du penchant.
— Fort bien, lui dis-je, on peut vous satisfaire,
Mais, avant tout, il me faut de l'argent.»

Fétu *s. m.* Priape plus que médiocre : un ziste, un zeste, un rien, un brin de vit, quoi !

On dit aussi :

« Je n'en donnerai pas un *fétu* ; » c'est-à-dire : un foutre.

Feuille a l'envers (la.) *s. f.* Ce qu'une femme couchée—sur l'herbe et sur le dos,—sous les arbres et sous un homme — est forcée de voir ; puisqu'elle cherche le ciel en allant au bonheur.

« Amants, quand près d'une bergère
Tant de plaisirs vous sont offerts,
Vos yeux doivent voir la fougère,
Et les siens, *la feuille à l'envers.* »

J. C.

Fiancé-e. *s. et adj.* Qui a fait ou reçu promesse de mariage. (*Tous les dictionnaires.*)

Ficatelle. Motte, con.

« Tes yeux n'ont jamais vu sa noble *ficatelle.*»

(*Théâtre du Bordel.*)

Fifre. *s. m.* Vit médiocre, long et mince. Ce qu'on appelle une pine d'officier, n'est.... qu'un fifre. — (V. *Turlututu.*)

Filer son ver a soie. *v. a.* Avoir la chaude-pisse ; couler.

Filer un cable. *v. a.* Terme de matelot en bordée, au bordel, qui signifie pour lui : Filer un grand nœud dans les vaisseaux spermatiques d'une femme.

Fille. *s. f.* Se dit en général de celle qui n'a point été mariée.

Vieille fille est une injure qui se dit de celles qui n'ont pu conduire personne jusqu'à l'hymen.

« Le mot *fille* signifie, *ad libitum*, ce qu'il y a de plus pur, ce qu'il y a de plus doux, ce qu'il y a de plus bas, ce qu'il y a de plus vil dans le sexe féminin. — Il est sage et timide comme une *fille*. — Il aime tendrement sa *fille*. — En quittant l'auberge, il a donné quelque chose à la *fille*. — Il a eu l'imprudence de se montrer au spectacle avec une *fille*. » E. Jouy.

Fille de peu. *s. f.* Fille de rien : putain, lorette, cocotte. . et synonymes. Le mot est d'Henri Monnier.

Fille isolée. *s. f.* Fille publique libre, — en chambre ou en garni.

Filles de Lesbos. *s. f. pl.* Gougnottes ; Lesbiennes de Paris, qui, par tradition, s'adonnent au culte de Sapho.

« *Ces filles de Lesbos* dorment entrelacées,
Comme deux jeunes fleurs sur un même rameau ;
D'un mutuel amour, leurs lèvres caressées
Semblent prêtes encor pour un baiser nouveau ;
Et demain, dans ce lit, voluptueux tombeau,
Le plaisir r'ouvrira leurs corolles lassées. »
H. Cantel. (*Amours et Priapées.*)

Fils de putain (ou de garce). *s. m.* Injure qui, s'adressant gratuitement à des enfants, n'a aucune portée.

« Ah ! enfant *de garce*, tu appelleras ta mère *putain !* » — « Y a des *putains* là-bas qui s' battent ; va donc voir si *ta mère* n'y est pas. »

Fine mouche. *s. f.* Putain fine et rusée qui ne se le laisse pas *mettre* facilement, et sait faire payer ses services, quelquefois même sans avoir servi.

« Ce discours effarouche
« Le jeune parisien.
« Suzette, *fine mouche*,
« Le voit et n'en dit rien... »
(*Vieille chanson.*)

« C'est cette *fine mouche* avec ce bon apôtre,
Qui vous faisaient tous deux tomber dans le panneau. »

(*Théatre de Fagan.*)

Fixer (ou se). *v. a. et pr.* Faire d'une pierre deux coups.

Ayant un amant que l'on aime réellement, renoncer à en avoir de nouveaux pour lui sacrifier toutes les facultés de son être, l'entourer de soins, d'amour, etc..., dans le but de se l'attacher exclusivement, — de le *fixer* lui-même.

Flamberge. Le vit de l'homme.

« Certes, nous n'allions pas de main-morte tous deux,
Quand le jus spermatique inondant ta flamberge. »

(*Théatre du Bordel.*)

Flanelle. *s. f.* Se dit des habitués inactifs qui, occupant le salon commun d'un bordel, servent de figurants et de coryphées à l'établissement. Ils passent là toute une soirée devant une consommation de dix sous, en blaguant avec ces dames.

— « Eh bien ! Gervaise, tu as du monde ce soir...
— Oui... et du propre ! Ça boit une chope en flanant, ça pelotte les femmes, ça les échauffe et... ça ne fout rien : c'est de la *flanelle* ; ça fait suer et v'là tout ! »

J.-C. (*Souv. de carnaval.*)

« Chez Alexandre, abbesse maternelle,
De bibis j'ai vu les hélas,
Quand les michés, en accès de *flanelle*,
Ne les baisaient pas. »

P. Saunière.

Fléau. *s. m.* Vit redoutable par sa taille ou sa grosseur.

Nota.— Ce n'est pas un *fléau* pour toutes les femmes.

« ... Deux ou trois secousses terribles achevèrent d'introduire en entier le rude *fléau* qui m'abîmait. »

(*Gamiani.*)

Flèche. *s. f.* Un des nombreux pseudonymes de monseigneur le vit. Arme offensive du devin archerot qui transperce tous les cœurs ; — *les cœurs*, selon M. de Boufflers.

« Sans jamais voir un homme, espérait-elle de rencontrer cette *flèche* animée, si rouge, si rapide, qui l'avait si fort émerveillée .. »

(*Gamiani.*)

Fleur d'oranger. *s.f.* Fleurs blanches qu'une fille porte sur la tête le jour de son mariage, pour dire à tout le monde : je n'ai pas encore été baisée ; j'ai toujours gardé ma fleur et mon fruit... défendu. — Laissons passer, et disons avec Commerson :

« Le bouquet de *fleurs d'oranger* est le cynisme de la vertu. »

Fleurettes. *s.f. pl.* Petites fleurs du langage amoureux, douceurs que les galants débitent aux jeunes personnes qui y prêtent volontiers l'oreille, — faute de prêter autre chose — à quelque chose de mieux.

On dit aussi :

Conter fleurette, pour : parler d'amour.

« Je ne cessais de me retracer mon gentil Belval, allant au fait, et commençant par où les autres me semblaient ne devoir finir d'un siècle. Aussi, leurs *fleurettes* n'étaient-elles honorées d'aucune attention... »

(*Félicia.*)

« Des abbés coquets sont venus :
Ils m'offraient pour me plaire
Des *fleurettes*... au lieu d'écus,
Je les envoyai faire... vois-tu... »

Gallet.

Flon-flon. *s. m.* Refrain de couplets qui sert à gazer les gros mots. Il représente tantôt le vit, tantôt le con et très-souvent l'acte vénérien.

Exemples :

« Ovide, pour Julie
Avait fait l'art d'aimer ;
Son élève chérie
Sût aussi lui donner...
Son *flon, flon*, larira dondaine, etc.

« Catin dit à Grégoire :
Hélas ! le vin t'endort ;

Quand tu reviens de boire,
Je trouve toujours mort...
Ton *flon, flon*, etc.

« Jouissons de la vie,
Livrons-nous aux amours,
Car, à fille jolie,
On ne fait pas toujours...
Flon, flon, etc. » J. C.

FLORENTIN. *s. m.* Enculeur. — Citoyen rétroactif qui n'est pas plus de Florence que le sodomite n'est de Sodome. — *Florentin* n'indique ici que la manière d'agir des hommes qui ont divorcé avec la *nature* — de la femme.

« Enfin, l'homme que je quitte
Était, je crois, *Florentin.* »

L. FESTEAU.

FLORENTINE (Foutre à la). *v. a.* Enculer.

FLORENTINER. *v. a.* V. Les mots précédents.

FLOUME. *s. f.* Femme, dans l'argot des voyous.

FOEDORA. *s. f.* Femme sans cœur et sans tempérament. Ce mot, employé substantivement par A. de Musset, appartient à de Balzac. (*La Femme sans cœur.*)

FOETUS. *s. m.* Résultat d'une fausse queue... et d'une fausse couche.

« On donne ce nom, par dérision, à un tout petit homme. » — (V. *Avorton.*)

FOIROU ou FOIRON. *s. m.* Le cul. (Argot des voyous.)

FOLICHON-NE-NETTE. Homme et femme d'humeur folâtre ; farceur et farceuse.

« Mariette était si *folichonne*,
Qu'elle embrassait les cuisiniers... »

MARTIAL C...

Cette expression est loin d'être nouvelle ; ainsi :
Ha ! que je t'ayme, *folichonne* .. »

(*Cabinet satyrique*, 1618.)

FOLICHON-NEUSE-NETTE. — Fille réjouie et aimant le plaisir.

« Je fus épris comme un toqué d'une aimable *folichonnette.* » J. KELM.

« Une *folichonneuse*
Cancane et me plaît mieux.»

(*Chanson de* J.-E. AUBRY.)

FOLICHONNER. *v. n.* Synonyme de rigoler, folâtrer.

« *Folichons* et *folichonnettes*,
Rigolons et *folichonnons*...»

F. VERGERON.

FOLICHONNADES, FOLICHONNERIES. On appelle ainsi tous les plaisirs que l'on prend et toutes les folies que l'on peut faire, en *folichonnant*. — Lire, dire ou chanter des *folichonneries*... des gaillardises.

« M. M..., pour avoir lu des livres entachés de *folichonnerie*, copiera cent versets de la Bible.»

CH. JOLIET.

FOND et FONDS. *s. m.* La nature de la femme qui, s'étant fait un fonds de sa nature, en fait commerce. La matrice, qui est le fond de la dite nature.

« Grands Dieux, accordez-moi le don
De pouvoir, par une merveille,
Trouver toujours le *fond* d'un con,...
Jamais celui d'une bouteille »

(*Chanson anonyme.*)

« De mademoiselle Hortense,
Visitez les petit *fonds*. »

(*Idem.*)

FONDEMENT. *s. m.* L'anus.

FONDRE. *v. a.* *Se liquéfier.*

FONTAINE DU PLAISIR. *s. f.* La nature de la femme que l'homme remplit en s'y désaltérant.

« Nous fûmes aussitôt tous les trois près d'elle lui faire les caresses qu'elle montrait désirer ; à peine, avions-nous posé nos mains sur ses fesses, qu'après deux ou trois mouvements de reins, nous l'aperçûmes tourner de l'œil, et nous vîmes couler la *fontaine du plaisir.* »

MIRABEAU.

FORÇAT DU 13e ARRONDISSEMENT. *s. m.* Naguère, on appelait ainsi l'amant qui, s'étant marié sans l'assistance du maire et du curé, vivait maritalement avec une femme qu'il traînait partout... comme un boulet. Depuis l'annexion des banlieues, Paris étant divisé en vingt arrondissements, on dit : *Forçat du vingt-et-unième.*

FORÊT DE CYTHÈRE. *s. f.* Le poil de la motte.

FORMÉ-E (Être). *adj.* Avoir atteint l'âge de puberté : pouvoir baiser, ou *être baisée.* — (Côté des filles.)

FORMER. *v. a.* — (Voir *Affranchir*, et : *Lancer une femme.*)

FORMER LIAISON. *v. a.* Nouer une intrigue amoureuse entre homme et femme, —*faire connaissance.* — (Voir cette dernière expression.)

FORNICATEUR. *s. m.* « Celui qui est dans la débauche des femmes. » RICHELET.

FORNICATION. *s. f.* Doux péché : l'œuvre de chair. Commerce illégitime qu'ont ensemble un garçon et une fille.

FORNIQUER. *v. a.* Faire l'acte vénérien, dans les conditions ci-dessus.

> « Un jeune capucin,
> Qui *fornique* et qui prie,
> Allait passer sa vie
> Dans un couvent lointain... »
>
> CABISSOL.

FORT SUR L'ARTICLE (Être). Être toujours prêt à jouir, — porté sur sa pine, comme un gourmand l'est sur sa bouche. — (V. *Article.*)

FOSSETTES. *s. f. pl.* Petits enfoncements, appelés galamment *nids d'amour*, que les femmes ont aux mains, aux joues, au menton, aux fesses, etc.

> « Vivent la pourpre aux pommettes,
> Les chansons et les baisers,
> Et les mignonnes *fossettes*,
> Trous par le rire creusés... »
>
> H. DE SAUBAGNAC.

Jouer à la fossette : — Baiser.

FOUGUEUX PRISONNIER. *s. m.* Vit bandant ; si bien

bandant, qu'il fait parfois sauter les boutons de la braguette, pour passer outre... et vivre en liberté.

« Le caleçon tombe et met en liberté le plus *fougueux prisonnier...* » (*Les Aphrodites.*)

Fourbir une femme. *v. a.* La baiser, la rendre *polie* en la frottant.

Fourbir un homme. Le branler — pour lui *polir* le chinois ; — ou l'enculer.

« Ce diable de baron a *fourbi* quatre fois sans pitié le délicat Lavigne. » (*Les Aphrodites.*)

Fourbisseur. *s. m.* Baiseur qui, une fois *fourbi*, c'est-à-dire mis en train par sa fourbisseuse, ne saurait faire autrement que de lui rendre la pareille. — Enculeur.

Foutable (Être). Femme avec plus ou moins de charmes ; être bonne à baiser.

Être *encore foutable*, se dit d'une femme âgée qui vaut encore le coup.

Fourgonner. Frotter son vit sur les parois d'un con.

« Ah ! fourgonne, je décharge. »

(*Anti-Justine.*)

Fourrier de nature. Membre viril.

« Si tu l'avais pu voir, ton *fourrier de nature*
Dans sa lampe amoureuse eut trouvé sa pâture. »
(*Théâtre du Bordel.*)

Foutaise. *s. f.* Un fichtre, un zeste, un rien :

Ce simple mot n'a quelque valeur que lorsqu'il est employé pour rappeler les choses de la fouterie.

« Une belle *foutaise !* dit-on en parlant d'une chose dont on se soucie peu.

« Dans l'état où nous étions, nos yeux, nos mains, nos bouches, nos langues, tout rappela les désirs ; nous parlions *foutaise* ; nos tétons, nos fesses, nos cons étaient maniés, baisés ; nous les rendions, ces caresses... »
(Mirabeau.)

On donne aussi ce nom aux poésies badines, aux romans lubriques, aux recueils de chansons érotiques ou de vers gaillards, tels que : *Les Foutaises de Jéricho.*

FOUTATIF-IVE. *s. m.* Objet, homme ou femme, dont les attraits poussent à la peau, éveillent les désirs et donnent enfin l'envie de foutre. Ce mot appartient à Rétif de la Bretonne.

FOUTATIVEMENT. *adv.* D'une manière *foutative.*

RÉTIF DE LA BRETONNE.

FOUTEUSE. Lit très-bas, qui n'est ni un sopha, ni un canapé, ni une ottomane, ni une duchesse, ni un lit de repos, mais long de six pieds, sanglé de cordes à boyaux, un matelas, un traversin pour la tête, et un dur bourrelet pour les pieds. On nomme *fouteuse* cette espèce de duchesse, parce que duchesse et fouteuse sont synonymes, ensuite, dormeuse une voiture, etc. Aujourd'hui, on appelle *fouteuse* tout meuble sur lequel on peut exercer son talent de fouteur. La confection de celui décrit était en usage chez les aphrodites.

FOUTIMASSER. *v. a.* Baiser dans un grand con, avec un vit trop petit, ou ne pas assez bander : en somme, ne faire rien qui vaille.

« Ton vit plus froid que glace
Reste molasse,
Il *foutimasse* :
Quel bougre d'engin !... »

PIRON.

« Un ribaud, quelquefois, trop plein de son objet,
Fatigue, échauffe en vain un aimable sujet ;
Sans cesse, auprès de lui, le paillard *foutimasse*
Et sur ses nudités sa main passe et repasse... »

(*L'Art priapique.*)

FOUTOGRAPHIE. *s. f.* Sujet obscène — fouterie photographiée. — Mot nouveau.
M. X... *opère* lui-même... s'adresser, à Mazas.

FOUTOLOGIE. *s. f.* Art de foutre.

F. (pour EH ! F....!) Mot énergique, adouci par la présence de jeunes demoiselles qui n'ont pas l'habitude de *la chose.*

« J'étais furieux ?... Je lui dis : *Eh ! F.* — et... je passai outre. »

FOUTRE. *v. a.* Le mot le plus énergique du langage érotique. Il signifie :

Jouir ! — dépenser son sperme, n'importe de quelle façon, — en *foutant*.

Il y a fouteurs et fouteurs, comme il y a fagots et — cotterets. Ainsi :

On *fout* à couillons-rabattus, comme un Dieu, comme un roi, ou comme un prince, — comme un âne débâté.

On *fout* comme un daim, comme un épicier, comme un maçon, comme un pigeon.

« On *fout* en main, en bouche, en aisselle, en con, en cul, en tétons, en cuisses.

On *fout* à la paresseuse, en levrette, à la florentine, à culs-nus, à la dragonne, en cygne, etc., etc.

On *fout* sa maîtresse, sa tante, sa cousine, sa femme, sa belle-sœur, sa belle-mère, sa bonne, sa portière, sa voisine, et — quelquefois son voisin.

Bref, tout bon *abatteur de bois* *fout* tant qu'il peut, — ce qu'il peut.

On appelle du *foutre*, le sperme, la semence de l'homme. — (V. *Baiser.*)

FOUTRE A CRÉDIT. *v. a.* Ce que les filles n'aiment pas cela leur porte guignon. Si, par hasard, la crainte de perdre un *fidèle* les oblige à le faire, elles se prêtent de mauvaise grâce et le miché fout sans enthousiasme.

« On dit d'une femme maussade, qu'elle a l'air en train comme une putain qui *fout à crédit*. — Du reste, ces dames n'ayant pas de registre, font toujours payer la *carte* d'avance.

Le miché *fout à crédit* quand il peut, et contracte une dette ; — le maquereau *fout à l'œil*, quand il veut, et se fait encore régaler. J. Ch-x.

FOUTRE A LA FORTUNE DU POT. Prendre celui ou celle qui vous tombe sous la main, sans s'occuper de ce qu'il ou qu'elle est.

« Eh bien donc ! pourvu que vous ne soyez pas un moment désœuvré, foutez à la fortune du pot. »

(*Aphrodites.*)

FOUTRE A LA MODERNE. *v. a.* Enculer. — C'était la mode en 1735. — La mode a changé, mais on encule toujours.

« Jean, ce fouteur invaincu,
Un soir, dans une taverne,
Foutait Lise *à la moderne*,
C'est-à-dire par le cu.
(Le Cosmopolite.)

Foutre comme un Dieu. *v. a.* Foutre dur et longtemps, *comme un Dieu*... de la Fable, bien entendu, — ces gaillards-là, seuls, savaient s'en donner. — (V. *Être Dieu.*)

Foutre en hercule. *v. a.* Être debout et baiser une femme que l'on supporte sur sa pine et entre ses bras, la belle sa tenant au cou du jouteur.

Foutre en levrette. *v. a.* Enconner une femme par derrière, à la façon des chiens. Cette position, très-avantageuse pour le chevaucheur, qui gagne près d'un pouce de terrain est recommandée à quiconque n'a pas été favorisé de la nature, pour la longueur du membre viril.

« Sois aujourd'hui ma petite *levrette*
Cette attitude t'embellit.
Écarte-toi... j'y suis. — Avant que je le mette,
Je veux te chatouiller de la tête du vit..... »
(L'Arétin français.)

Foutre la muse. *v. a.* Faisant des vers licencieux, se branler en cherchant une rime. Voici, dans d'autres acceptions, ce que nos grands poètes font à la muse:

« Grande putain, ô muse !
Sur ton bouton rétif
Lamartine s'amuse
A mettre un doigt pensif ;
Victor Hugo te baise
Et fait craquer tes reins
Dans ses bras souverains ;
L'Émir Gautier, à l'aise,
Te fait pomper son dard;
Banville, rempli d'art,
Fait minette en Hercule,
O muse ! — mais, à part
Baudelaire t'encule. »

Ern. d'H-y.

Foutre par les yeux. *v. a.* Bander, puis jouir et

décharger, soit à la *vue* d'un couple *bienheureux*, soit à la lecture d'un livre incendiaire.

« Leur durable extase après la première éruption de leur feux, me donne tout le temps de graver dans ma mémoire les formes du groupe, la couleur des chairs, la palpitation des charmes principaux... En un mot, ce fut alors que j'appris que l'on *fout aussi des yeux*: car, sans y songer, sans m'être aucunement aidée, je fus électrisée et payai comme eux le tribut de Vénus. »

(*Joies de Lolotte.*)

Foutre par l'oreille. *v. a.* Faire répandre à quelqu'un les *pleurs du désir*, soit en lui lisant, soit en lui récitant les vers lubriques. L'expression est du poète Maynard.

« Gardez-vous de lire ces vers :
Ils *foutent* les gens *par l'oreille.* »

(*Les Priapées.*)

Foutriquet. *s. m.* Petit fouteur, qui, foutimassant dans un grand con, ne fait rien qui vaille.

Foutu-e (Être). Homme, s'être laissé sodomiser; — avoir la vérole ou la cristaline.

Femme, être dépucelée, baisée et rebaisée, ou pis encore : être enceinte.

« J'l'y donne un croc en jambe,
All' tombe sur son cu,
Puis ell' devint si tendre
Qu'ça fut autant d'*foutu.* »

Cabassol.

Foyer des plaisirs. *s. m.* On prend son bien où on le trouve : pour l'enculeur, c'est le cul; pour le baiseur, c'est le con ; pour le vrai fouteur, c'est le cul, le con, la bouche ou la main.

« Nous nous postâmes ; je guidai sa petite pine, du moins dure comme du fer, vers le *foyer des plaisirs.* »

(*Joies de Lolotte.*)

Frappart. Le vit, qui souvent frappe à la porte du con.

Fraterniser. *v. n.* Homme, coucher en frère avec une sœur, — comme le comte Ory avec l'abbesse de Farmoutier ; — femme, coucher avec une femme et la traiter comme une sœur, si l'on est gougnotte.

En partie carrée, changer de femme ou d'homme, ce qui revient au même, — un chassez-croisez de baiseurs.

Frégate. Jeune pédéraste. (*Argot des bagnes.*)

Fréquenter une femme. La *voir*, et — la baiser *fréquemment.*

Frimer. Être et paraître : — représenter.

Frère de cul. *s. m.* Enfant de la même mère que son frère, mais d'un autre père. — Les amis qui ont baisé la même femme s'appellent entr'eux : *frères de cul.*

Friponne *s. f.* Nom qui n'effarouche pas les soubrettes, qui vous friponnent tout ce qu'on veut bien leur laisser prendre et se laissent prendre tout ce qu'elles ne peuvent plus donner.

« Vous aimeriez mon Aspasie,
Si comme moi vous pouviez voir
Combien la *friponne* est jolie
Sur son sopha, dans son boudoir. »

Mis de Gondon.

Fripons, pendards. *s. m. pl.* Tétons fermes... ou mous.

« Une jolie blonde, comme moi, portant avec grâce deux tétons d'une blancheur éblouissante et plus près d'être encore de jolis *fripons* que de grands *pendards*... »

« Voltaire disait un jour, à une dame qui montrait une gorge fort belle jadis : « Petits *fripons* sont devenus de grands *pendards*. »

A. de Nerciat.

Front. *s. m.* Pseudonyme du con, — à cause du toupet.

« Je lui prendrai le... *front*
Je m'en fous, je suis garçon ! »

(*Gaudriole* 1834.)

« Bientôt, par plus d'une leçon,
Tu devins un peu libertine ;
Entre nous, si j'aime ton *front*
Tu ne détestes pas ma jambe.

Guilhem.

Fruit anonyme. *s. m.* Bâtard. — Enfant trouvé... ou plutôt, *perdu.*

« On m'arracha du sein maternel pour me livrer à l'infortune dans une de ces maisons cruellement charitables où l'on reçoit les *fruits anonymes* de l'amour. »

A. de N. (*Félicia.*)

Fruit défendu. *s. m.* Le con, qui n'est plus *défendu*, dès qu'il est bien *fendu.*

« Pour gueller le *fruit défendu*,
Il tient la tête haute. . »

A. Dalès.

Fureur érotique. *s. f.* Fouterie désordonnée ; ne plus pouvoir foutre et le vouloir quand même.

« Vouloir, c'est pouvoir. »

Fureur utérine. *s. f.*

« Outre le terme de *nymphomanie* que nous adoptons pour exprimer cette maladie, on lui donne encore différentes dénominations. *Moschio*, médecin grec, l'appelle *satyriasis*, d'autres *métromanie*, d'autres *érotomanie*, qui signifie *manie d'amour* ; mais tous ces noms étant arbitraires, nous nous en tiendrons à celui de *nymphomanie*, toutes les fois qu'il sera question de la *fureur utérine*. »

Dr de Bienville.

V. *Nymphomanie.*

Fuseau. *s. m.* Le vit, qui pour celles qui ont de l'*haleine* sert à *enfiler.*

« Le *fuseau* dont filait Hercule,
Noir et tortu..... »

Piron.

« Prends ce *fuseau*, ma tendre amie,
— Il est si gros, quelle folie !
A peine tient-il dans mes doigts ;
Mon lin va se rompre vingt fois.
Ah ! mon Dieu ! que dira ma mère !
Elle est si sévère !
Finissez donc, mon cher Lucas,
De grâce, ne m'enfilez pas ! »

F. Dauphin.

Fuseaux (Avoir des). C'est-à-dire : des jambes longues et minces, qui seraient mieux nommées *quenouilles*, puisqu'elles permettent de *filer.*

On donne aussi aux longues jambes les noms de *pincettes* ou de *flûtes*.

Fusil. *s. m.* Figuré.

« Le vit, *fusil* sans chien, que chaque femme envie :
Plus il tire de coups, plus il donne la vie. »

J. Ch.

Gabahotter. *v. a.* — (V. *Drôle de goût.*)

« Un peu plus loin, sur l' même palier,
J'entends rentrer la p'tit' Lolotte :
Elle a raccroché l' marguillier,
Qui, par derrièr' la *gabahotte*...
Ce goût-là, fichtre ! n'est pas bon,
Pour ceux, qu'aim't mieux *l'huil'* que *l'coton.* »

(*Ch. anonyme moderne.*)

Gadouard. Récureur de fondement, enculeur.

Gadoue-ville. Le village d'Asnières. — V. *Asnières-de-Bigorre* et *Pouffiasbourg.*)

Gagner du terrain. *v. a.* Tourmenter une fille pour obtenir ses faveurs. Lui ayant déjà pris maint baiser, pelotter ses tétons, ses mollets, puis, remontant insensiblement, avoir la main entre ses cuisses, c'est autant de *terrain* de *gagné* pour s'assurer la victoire.

«... Les ténèbres me rendent entreprenant. La bizarrerie des attitudes me favorise ; je *gagne du terrain* : une cuisse de satin, potelée, dure, conduit ma main sur le plus délicieux bijou.... » (*Félicia.*)

Gagner ses quarante sous. *v. a.* Une femme, en baisant avec un miché, pour *deux francs* ; un homme, en se branlant pour ne pas payer *quarante sous.*

« Ne pouvant pour cinq sous
Prendre un plaisir bien doux,
En revanche, à l'ombrage.
D'un chêne ou d'un tilleul,
Jean-Jean fait *son ouvrage*
Tout seul.»

GUILHEM.

GALANTERIE. *s. f.*

« La *galanterie* est l'art de dire poliment aux femmes le contraire de ce qu'on pense à leur égard. Mais la plupart d'entr'elles trouvent qu'un homme galant est un homme poli ; et qu'un homme seulement poli est un grossier qui ne sait pas vivre. »

ROCHEBRUNE.

« La *galanterie* est un jeu où tout le monde triche : les hommes y jouent la sincérité, et les femmes la pudeur. » J.-B. SAY.

GALANTERIE. *s. f.* Maladie vénérienne.

« Sur la fin de la quatrième année, je m'aperçus que la supérieure m'avait communiqué ce qu'on appelle une *galanterie*... » DE LAURENS

« Je suis un malheureux qui ne mérite pas
De posséder sitôt de si charmants appas.
Je suis dans un état...
— Achevez, je vous prie :
Auriez-vous attrapé quelque *galanterie* ?... »

LEGRAND.

GALERIE D'ORLÉANS. Rendez-vous des enculeurs et des tantes. Allée des veuves d'hiver comme le Prado en était le Mabille. — (V. *Allée des veuves*.)

GALINE. Jeune pédéraste. (*Argot des bagnes.*)

GALURIAU. *s. m.* Du français *Godelureau*, chercheur d'amourettes. (*Patois de Lille.*)

GAMAHUCHAGE. *s. m.* Action de *gamahucher*. — (V. *Sucer* ou *Faire minette*.)

Le *citateur* ne peut résister au désir de publier les vers suivants. Ils sont tirés d'un poëme inédit sur l'*Art aimable* qui nous occupe, par un amateur qui paraît fort — sur *la langue*.

« Pour bien *gamahucher*, vous prenez une femme.
De vingt-cinq à trente ans, légèrement putain,

N'aimant pas qu'on la baise et dont le con réclame
Le secours de la langue et l'aide de la main;
Car, rien n'est ennuyeux comme un tendron pudique
Auquel un méchant vit suffit pour décharger.

Prenez de préférence une femme hystérique,
Qui, dans des flots de foutre, aspire à se plonger :
Qui se pâme à l'aspect d'un membre qui dégorge
Et qui pompe une pine avec la même ardeur
Qu'un moutard lorsqu'il suce un gluant sucre d'orge,
Ou qu'un chien l'orsqu'il lèche une chienne en chaleur

Surtout, ne faites pas la grossière bévue
De parfumer le con d'essences et d'odeurs.
Un con bien faisandé, sentant fort la morue,
A toujours plus d'attrait pour les vrais connaisseurs
De feu Vitellius j'adopte le système :
Un cadavre ennemi, dit-il, sent toujours bon.
Gloire à ce grand Romain ! moi, je prétends de même,
Que l'on sente toujours avec plaisir un con.

Quand vous aurez trouvé cette fille de joie,
Ne vous hâtez pas trop de lever ses jupons ;
Procédez avec ordre, et, pour ouvrir la voie,
De vos lèvres en feu, titillez les tétons.

Que le bout, sous la dent, se gonfle avec délice,
Et communique au corps d'ardentes voluptés:
Que des pieds et des mains chaque nerf se raidisse,
Agacez, chatouillez, humez, mordez, tétez !...
A toute femme chaude, un si doux exercice
Fait l'effet d'une absinthe avant un bon dîner;
Il ouvre le vagin; dilate la matrice
Où le sperme, déjà, commence à bouillonner.

Alors, vous vous couchez sur la femme lascive,
De façon que la bouche atteigne le coccyx;
Vous humectez l'entrée avec votre salive,
Et placez votre nez auprès du clitoris,
Tandis que votre langue, enfoncée à outrance,
Darde comme un serpent le pénil et le con,
Le nez pour activer encore la jouissance,
Monte, descend, va, vient, frottant sur le bouton...
Grand Dieu ! pourquoi la vulve est elle si profonde ?
Que la langue n'a-t-elle un mètre entier de long!

En de pareils moments on donnerait le monde
Pour sonder la matrice et plonger jusqu'au fond.

Enfin, quand vous sentez le canal urinaire,
D'un sperme aigre et piquant, brûler votre gosier,
Enfoncez dans l'anus l'index et l'annulaire
Et de votre autre main, patinez le fessier.

O Vénus! quel transport! quelle heure délirante!
Barbe, moustache, poil, tout est mêlé, collé!
Le visage est blanchi par la mousse écumante,
Tel Silène, de lie et de vin barbouillé.
De votre pine, alors, comme un torrent de lave,
Tombe à grands flots le foutre inondant vos pieds nus.
La femme, sur le lit, se crispe, se tord, bave;
Elle veut redoubler... — vous ne le pouvez plus. »

X...

Gamahuche (la). *s. f.* L'action de gamahucher.

On dit aussi : *Glottiner, prendre un plat de chat, faire minette*, etc., etc.

« La *gamahuche*
Fait les délices de Léon ;
Et sans qu'une putain s'épluche,
Il la retrousse et, sans façon,
La *gamahuche.* »

(*Devise d'un sucre de pomme trouvé à l'Opéra.*)

Gamahucherie. *s. f.* Action de gamahucher. — (V. *Glottinade.*)

Gamahucheur. *s. m.* Celui qui gamahuche, par goût, ou par nécessité. — (V. *Sucer*, ou *Faire minette.*)

Gamelle. *s. f.* Fille banale, qui *donne* de l'amour à tout venant ; femme à soldats.

« De *gamelæ virgines* (γαμος, mariage), déesses à qui les filles qui avaient besoin d'hommes s'adressaient pour leur en faire trouver. »

(Delvau.)

Gamiani ou *Deux Nuits d'excès.* Nouvelle érotique attribuée à Alfred de Musset et à G. S... — Musset avait parié qu'il ferait, en trois jours, une œuvre de haut goût sans se servir de mots obscènes. Ce livre, dans lequel on assiste aux exploits de deux tribades enragées, est précédé d'un épisode de la vie de l'auteur, extrait des *Mémoires de Mogador.* Il a été imprimé (150 exemplaires seulement) en 1864, à

Lesbos... (Bruxelles) ; il est illustré de 9 figures tirées en rouge et en noir, d'après les dessins de Félicien Rops. Ces gravures sont fort belles et très-finement exécutées.

Une nouvelle édition vient de paraître à Lucerne (1864), tirée à 100 exemplaires in-12, plus 20 exemplaires petit in 8°.

GAMIN (Faire le). *v. a.* Quand une femme a bien fait la patte d'araignée, collé un joli bécot sur le bout du vit d'un homme, quand, enfin, elle a usé de toutes les *gamineries* capables de le faire bander, elle n'a plus qu'à s'enfourcher sur le glorieux priape façonné par elle,— pour elle. — Alors : Hue ! dada !... notre *gamin* allant au trot, puis au galop : patatrot, patatrot ! — comme s'il sautait sur les genoux de son grand-père, — se bourre le vagin à sa fantaisie, jusqu'à ce que plaisir s'en suivant, le cavalier tombe épuisé sur sa monture. — C'est du nanan ! — On dit aussi : *faire le dessus.*

GANIMÈDE. *s. m.* Pédéraste passif, — giton, tante ou tapette.

GARÇAILLER. *v. n.* Fréquenter des garces.

« Tallemant rapporte que le président Amelot s'était mis à *garçailler*, tellement qu'il alla avec des mignonnes dans son carrosse, sans changer de livrée, acheter de la marée à la halle... » P. DUFOUR.

GARCES DU PINDE. Les neuf Muses.

« Foutre des neuf *garces du Pinde* . »

PIRON.

GARÇONNER. *v. n.* Se plaire avec les petits garçons quand on est petite fille, et avec les hommes quand on est femme.

GARÇONNIÈRE. *adj. et s. f.* Fille qui oublie son sexe en jouant avec des garçons qui profitent de cet oubli.

GARDER SES ROSES. *v. a.* C'est-à-dire la fraîcheur de ses joues, la fermeté de ses tétons, de ses fesses, etc., etc.

Recette : baiser le plus tard et le moins possible, puisque, dit la chanson :

« Quand on offre ses fleurs au passant,
On n'peut *garder ses roses...* »
(*Goguette du bon vieux temps.*)

Gare les manchettes. A l'époque où les hommes portaient des dentelles au bout de leurs manches d'habit, quand il leur arrivait de passer la main sous la jupe des femmes, ils retiraient assez souvent leurs manchettes gâtées par le produit des plaisirs qu'ils avaient procurés.

Ovide dit quelque part, aux gens qui font ce dont vous vous amusez : « Gare les manchettes ! »

(*Aphrodites.*)

Gargarisme. *s. m.* Sécrétion prolifique, qui prise par en haut, ne peut *qu'engendrer* de vilains bobos. — (V. *Loch suspendu.*)

Gars a poil. *s. m.* Homme qui a des couilles au cul et passe pour un rude joûteur.

«... Mon aîné?... c'est un *gars à poil*, et qui vous a une vraie pine de famille. Il foutra votre femme, vos deux filles, et vous enculera par dessus le marché, histoire de dire qu'il a mis un pied chez vous. »

*** (*Les deux Beaux-Pères.*)

Gastapiane. *s. f.* La vérole, qui *gaste la pine.*

Gater quelqu'un. *v. a.* L'aimer au point de lui donner — la vérole.

Gazer (et Se). *v. v.* Dire le moins crûment possible, les choses peut-être trop... ronde-bosse.

Se gazer. *v. p.* Se couvrir les épaules, les bras et les tétons, avec un corsage de *gaze* de soie noire. Telle est la mode d'aujourd'hui. La *gaze* de soie a cela de bon, qu'elle *gaze* tout et ne cache rien ; ce qui n'empêche pas nos petites dames de montrer hardiment à la clarté du gaz, qu'elles ont la viande blanche.(*Flesh!* disent les Anglaises.) — *Proh! pudor!*

Gazon. *s. m.* Herbe courte et menue, — tendre à l'occasion.

> « Il est plus dangereux de glisser
> Sur le *gazon* que sur la glace »
> (*Anonyme.*)

> « Viens, Glycère : il est temps d'apaiser la déesse :
> Rendons-là, s'il se peut, favorable à nos vœux ;
> Et qu'un lit de *gazon*, dans notre douce ivresse,
> Nous serve d'autel à tous deux ! »
> Horace.

Gendarme. *s. m.* Concubine ou femme légitime qui, toujours pendue au bras de *son homme*, ou sur ses talons, le suit partout — et quand même.

Généraliser. *v. n.* « Fréquenter la femme d'un général. »

(*Figaro.*)

Génitoires. *s. f. pl.* Les couilles, qui contiennent la liqueur de la génération.

> « Mes doigts, légèrement promenés sur les fesses, les cuisses et les *génitoires* de l'Adonis, paraissaient lui faire grand plaisir. — Oh ! oui, comme cela, chatouille, mon petit ange ! chatouille-les bien ! . »
> A. de Nerciat.

Geste aux paroles (Joindre le). *v. a.* Dire à une femme qu'elle est aimable en la baisant sur la bouche ; lui insinuer qu'elle a la taille fine, en lui pelotant les tétons ; l'assurer qu'elle est digne de fixer votre attention en lui prenant le cul ; enfin, la jeter sur son lit et la foutre, *pile ou face*, en lui jurant de l'aimer toujours. *Tableau! le rideau tombe.*

Giberne. *s. f.* Le fessier d'une femme, qui est, si on le veut, une boîte à cartouche. Allusion à la place ordinaire de la giberne.

> « Elle a une crâne *giberne*, ton adorée, faut lui rendre justice. Tout est-il à elle, dis ? »
> Ch. Monselet.

Gibier (Le). *s. m.* Le miché, dans l'argot des filles.

Gibier d'amour. *s. m.* Jolie fille que l'on chasse — pour mieux la tenir et la posséder.

> « Vrai *gibier d'amour*, Collette
> Par moi fut prise au collet... »
>
> Vaubertrand.

Gibier de maquerelle. *s. m.* Femme légère.

> « Je la baisai, non pour elle,
> Ce *gibier de maquerelle*
> N'avait rien qui me tentât... »
>
> Alb. Glatigny.

Gibre ou chibre. *s. m.* Membre viril. (Argot des voleurs.)

Les marins disent *guibre*, qui signifie : gros nez, gros vit.

Gigot. *s. m.* La cuisse et la fesse.

Gigots sans manche. *s. m. pl* Les cuisses et les fesses d'une femme, qui n'ont de *manche* que le vit que l'on peut y mettre.

> « De Montrouge un noir habitant,
> Repoussant la jeune Glycère
> Qui veut le conduire à Cythère,
> Lui dit : « A Sodome on m'attend.
> « Vous avez la peau fine et blanche :
> « Mais un certain défaut vous nuit :
> « Apprenez qu'un *gigot sans manche*
> « A notre four n'a jamais cuit. »
>
> Blondel.

Gigotter. *v. n.* Remuer, saccader, osciller et jouer des reins; danser la *gigue* sur les reins, ayant un homme entre les cuisses.

Dans un autre cas, on dit *gigotter* pour *manger du gigot*. D'où cette facétie :

« J'aime le lapin : ma femme préfère le gigot. Or, quand nous dînons dehors, chacun son goût ; je prends mon plat de chat, mon lapin, et elle son gigot. — Quand je *lapine*, ma femme *gigotte*. »

Gimblette (Faire la). Se donner mutuellement des douceurs, entre pensionnaires : — se masturber.

Giroflle. *s. m. et f.* Homme ou femme aimable.

Girofflerie. *s. f.* Amabilité. (Argot des voleurs.)

Gimbretter. Baiser.

« Celui que je voyais, complaisant à l'extrême,
A me bien *gimbretter* mettait son bonheur même. »

(*Théâtre du Bordel.*

Gitonner. *v. a.* Exploiter un jeune garçon : — l'enculer.

Glottinade. *s. f.* Gamahucherie.

«.. Volupté dont les Grecs nous ont transmis l'usage. — Que le nom nouveau soit Grec ou Parisien, tant il y a que la *gamahucherie* est terriblement bonne. »

Glottinage. *s. m.* Et pour donner un verbe à cette aimable action.

Glottiner. C'est-à-dire gamahucher. — (V. ce mot.)

« L'abbé surpasse les Grecs à le pratiquer. Fais-toi *glottiner* par lui, ma chère, et tu m'en diras des nouvelles. » (*Les Aphrodites.*)

Gober quelqu'un. *v. a.* Avoir de la symphatie pour une personne ; éprouver subitement de la tendresse pour un homme, avant ou après en avoir joui. (Argot des filles et des cocottes.)
Synonymes : *aimer ; avoir à la bonne ; avoir dans le sang*, etc., etc.

Goder. *v. n.* Bander dans sa culotte, ce qui cause un *faux pli*, à l'endroit de la braguette. Je tiens cela d'une dame qui travaille dans les culottes.

Godeur. *s. m.* *Bandeur.*

Godiller. *v. n.* Terme d'argot : — éprouver un accès de priapisme ; — bander.

Godilleur. *s. m.* *Bandeur.*

Gomorrhéens. *s. m. pl.* Pédérastes.

«... Ce que l'on ne comprend pas c'est que l'existence de certaines maisons, entièrement dévolues aux descendants des *Gomorrhéens*, soit tolérée .. »

Vidocq.

Gomorrhisé-e (Être). Être enculé ou enculée.

« ... Je priai le plus fort de se coucher à la renverse et pendant que je festoyais sur sa rude machine, je fus lestement *gomorrhisée* par le second... »

A. de Musset.

Gomorrhiser. *v.a.* Foutre en cul, à la façon des habitants de Gomorrhe, — qui devait être la *façon de barbarie*.

Gonsier,-Gonze. *s. m.* Homme de mauvaises mœurs; macquereau.

« J'ai supplanté ton *gonsier* d' pain d'épice,
Qui n' savait pas l'arranger comme il faut. »

(*Chanson nouvelle anonyme.*)

Gouffre secret. *s. m.* Grand et vieux con. — Engouffrez-vous, messieurs, voilà l' plaisir !

« Ces femmes aident autant qu'elles peuvent à la méprise par les toilettes préparatoires : .... elles compriment leurs tétons mollasses et pendants, elles réparent par des lotions astringentes les hyatus trop énormes de leurs *gouffres secrets*... »

(*Anecd. sur la comtesse Dubarry.*)

Gougnottocratie. *s. f.* Gouvernement de femmes libres, qui sont toutes *hommes*, — les unes par les autres. — (V. *Féminocratie.*)

Gourgande. *s. f.* Synonyme de *gourgandine*.

« Quand j' rencontre un' *gourgande*,
J' brave encor le péril... »

(*Chanson d'étudiants.*)

Gousse. *s. f.* Nom que l'on donne aux gougnottes en général. — Femme qui a une autre femme pour *amant*.

Acception véritable :

Gousse. Gougnotte *passive*, c'est-à-dire qui préfère les femmes aux hommes et s'en paie pour *sa propre jouissance*, comme d'autres femmes se paieraient des hommes, si elles en manquaient. — (V. *Vrille.*)

Étymologie. Le mot *goût*, féminisé par ces dames.

Une femme prenant un homme pour amant, dit : c'est

Gousses (Les) — Les testicules :
« — Prends garde, tu vas t'écraser
les gousses ! »
(Enfants de troupe faisant de
[illegible] bains froids).

mon goût. — Prenant une femme *pour amante*, et, ne pouvant dire c'est *ma goutte*, elle a trouvé : c'est *ma gousse*.

GOUT DE LA FEMME POUR SON SEXE. La tribaderie, plus excusable que le vice honteux de l'homme.

GOUT DE L'HOMME POUR SON SEXE. La pédérastie, *goût* honteux, qui n'a sa raison d'être que parce qu'il existe depuis des siècles : Tous les *goûts* sont dans la nature. — (V. *Goûts bizarres*.)

GOUTER. *v. n.* Plaire, faire plaisir. *Être goûté*, ou *goûtée*, même signification.

GOUT FLORENTIN. *s. m.* L'enculage.

« Ces messieurs sont si extraordinaires Celui-ci est *Florentin* : Il a bien fallu, par devoir de politesse, le servir à son gout, *goût* général dans son pays. »

MÉR. DE ST-JUST.

GOUTS BIZARRES (Avoir des). C'est-à-dire contre nature : Femme, être tribade ; — homme, être sodomite.

« Si ce gout recherché me paraît plus que *bizarre* avec les hommes, ne pense pas que je le regarde de même avec les femmes ; un homme mal fourni, dans un vaste chemin, est obligé de chercher la *voie étroite* pour répandre après la rosée bienfaisante... »

MIRABEAU.

GOUTS INCESTUEUX (Avoir des). Piner, ou vouloir piner dans sa propre famille, soit : le fils avec sa mère ; la fille avec son père ; le frère avec sa sœur, etc., etc... Cela s'est fait. — L'histoire de l'antiquité, les tragédies classiques et la *Gazette des Tribunaux* nous en ont conservé les preuves. La Bible, même, nous en offre plusieurs, — *Loth et ses filles*, par exemple :

« Il but,
Il devit tendre,
Et puis il fut
Son gendre. »

BOUFFLERS.

« Tu es ma *Laure*, si je suis Pétrarque ;.... ma reine, enfin, si tu n'as pas les *goûts incestueux*, l'amour des eunuques, et la dépravation des *Messalines*, *Faustines* et *lies*. » (*Veillée du Couvent.*)

Goutte d'amour. *s. f.* La rosée spermatique.

> « Dans tes bras, ma *goutte*
> Est mise en déroute
> Et fuit, m'amour,
> En *goutte d'a*[illegible] »
>
> (Bauchery.)

Gouvernail. C'est le b[illegible] faire tant de sottises aux hommes, et par [illegible] se laissent gouverner.

Gouvernante. *s. f.* Femme de confiance d'un veuf ou d'un célibataire. — qui mène toute la maison et son maître par le bout du nez, ou par le bout de la pine.

> « D'un vieux luxurieux,
> Pour êt' *gouvernante*
> Av'nante,
> Tout bien vu, c'est foutu !
> Faut bougrement d' la vertu ! »
>
> Jules Poincloud.

Graces. *s. f. pl.* Attraits, beautés, charmes, etc., etc.

Graine de culottes. *s. f.* Enfants.

Graine de couilles. Enfants. En effet, les enfants ne sont-ils pas faits avec la graine de ces réservoirs.

« Je vous apprendrai, sacrée graine de couilles, à venir foutrailler dans ma maison. » (*Aphrodites.*)

Graisser une pucelle. *v. a.* Dans le but de faciliter l'entrée *chez elle*, de l'outil générateur, quand il est trop puissant. Les uns, prennent simplement du beurre frais ; les autres, de l'huile odorante ; quelques-uns, profitant du hasard qui leur livre une belle, ne prennent pas tant de précautions : Ils écorchent la fille, qui, après l'opération, n'en est pas moins bien *graissée*. — « Vive le naturel ! »

Grand (Le). *s. m.* Le grand trou : — le con. Mettre dans *le grand* : — baiser.

Grande confrérie. *s. f.* Celle des cocus, qui est, en effet, la plus nombreuse.

> « Quand Joseph épousa Marie,
> Le grand-prêtre lui dit : Mon vieux,

Te voilà de la *confrérie*
Des époux et des..., bienheureux !
Que près du lit de ta poulette
Vienne un ange avec un moineau ..
Et qu'il lui mette, mette, mette,
Mette le doigt dans cet anneau. »

BÉRANGER.

GRAND-MAÎTRE DES CÉRÉMONIES. *s. m.* Monseigneur le vit, quand il est *grand* et *maître*, — sans *cérémonie*.

« Le maître vit, — qui. sous l'empire comme sous la monarchie, sous la république comme sous l'empire, est le Dreux-Brezé ou le Ségur de S. M. le con, c'est-à dire l'officier chargé de présider aux pompes de l'amour. »

A. DELVAU.

« Celui-ci, à la faveur des jupons retroussés sur son bras, a mis furtivement en campagne le *grand-maître des cérémonies*, qui déjà faisait sentir sa douce chaleur aux lèvres du bijou doré. »

A. DE NERCIAT.

GRANDS CONS (Les). Ces deux mots disent tout ; et comme je n'espérerais pas jouir en fourrant mon vit dans une *casquette*, je me dispense de les blâmer et d'en faire l'éloge. D'autres, d'ailleurs, s'en sont occupés avant moi. — Voici d'abord LE POUR :

« Ces petits cons dont l'on fait feste,
Où le vit ne met pas la teste,
N'assouvissent point mon désir,
J'aime les cons de belles marges,
Les grands cons qui sont gros et larges,
Où je m'enfonce à mon plaisir.

Dans le grand con de ma maîtresse,
Mon vit peut montrer son adresse,
Aller le trot, aller le pas,
Chercher partout son avantage
Et monter d'estage en estage,
Maintenant haut, maintenant bas.

Foutre des cons de ces pucelles,
Serrés comme des escarcelles,
Où le vit n'est en liberté ;
J'ai dans la con de ma voisine
Ma chambre, anti-chambre et cuisine,
Logis d'hyver, logis d'été. »

MORIN.

Voici le Contre :

« Ces grands cons dont vous faites feste,
Qui ont oreille et double creste,
Ne me viennent point à plaisir :
J'aime ces cons de fine sarge
Qui s'estendent quand on les charge,
Comme un gant qu'on donne à choisir.

Ces cons si larges, d'aventure
Mettent un vit en sépulture,
Comme un corps en son monument ;
J'aimerais mieux être hérétique
Que chevaucher un con étique,
Non plus qu'un vieille jument.

. . . .

Fi de ces cons à toutes selles,
Qu'on divise en tant de parcelles,
Où l'on ne voit jour ni clarté ;
Je crois qu'en pareille machine
Un petit vit à faible eschine
Se trouverait bien écarté.

Je n'aime point ces grands fendasses
Qui sont faits comme des besaces
Qu'on peut remplir des deux côtés ;
Volontiers le malheur assemble,
Le con et le cul tout ensemble,
Quand les entre-deux sont ôtés.

. . . .

Ne me parlez de vos voisines
Qui dans leurs cons ont des cuisines,
Des chambres et des cabinets ;
Ce sont escuries ou bien salles,
Ou jeux de paume, ou jeux plus sales
Dont les trous ne sont jamais nets. »

Sr de Sygognes.

(V. *Petits cons.*) (*Cabinet satyrique.*)

Grands vits. *s. m. pl.* Les femmes, qui en avaient peur naguère, et qui les connaissent aujourd'hui, n'en ont jamais dit de mal. Je ne citerai donc rien, ni *pour* ni *contre*, me contentant de chanter avec ces dames :

« Ah ! prions Dieu pour ceux qui n'en ont guère ;
Ah ! prions Dieu pour ceux qui n'en ont pas. »

G. Leroy.

(V. *Vit.* — Citation d'après Venette.)

13

Grand trottoir. *s. m.* Asphalte foulé par les cataux du grand ton ; qui font le *grand trottoir.*

Grappiller. *v. n.* Après la vendange, s'occuper des vendangeuses ; les embrasser, taquiner, peloter et... finir par mordre à la grappe : c'est-à-dire, par en baiser le plus possible.

> « Et tout-à-coup ça m'endormit.
> Je ne sais comment ça se fit,
> De mon sommeil, il profitit :
> Travaille, bon drille,
> Vendange, *grappille.*
> Pour tous les deux il vendangit ..
> Je n'sais pas comment ça se fit. »
>
> Dornevai.

Gras-double. *s. m.* Tétons à la lyonnaise, ou à la mode de Caen : — tripes, blagues ou — *pis* encore : — Dans une comédie de Desforges : *le Sourd ou l'Auberge pleine*, la maîtresse aubergiste a nom madame *Legras*. Ce rôle est habituellement joué par l'actrice qui a les plus volumineux appas, et cela, pour ce mot seul : — Au moment de payer la carte, M. Dasnières demande si on l'a traité au plus juste prix : c'est que, — ajoute-t-il, — je ne voudrais pas payer madame *Legras double*...

Gratis (Soupirer). Économie qui consiste à se masturber à l'intention de *celle* qu'il faudrait payer, pour en être payé de retour.

Gratter dans la main. *v. a.* Déclaration muette. Sorte de pantomime, qui se joue discrètement dans le monde des filles. — Qu'un homme désire une femme ou... *vice-versa*, il lui suffit, profitant de la poignée de main d'adieu, de *gratter* légèrement du médium la paume de la main qu'il presse. Si la réponse a lieu de la même manière, l'affaire est dans le sac, — demande et réponse affranchie.

Greffer. *v. n.* Crever de faim. (*Argot.*)

Greffer. *v. a.* Baiser... la femme d'autrui et en obtenir un fruit : — Être Pierre et faire un Jacques ou un Paul, à une Virginie quelconque. — Le maquereau, qui est le greffeur, le *baise-pour-tous*, dit à sa putain, quand elle ne fait pas d'argent :

« Tu m' fais *greffer*, et j' n'ai plus qu'une *limace*.... (*chemise*.). »

On dit aussi : *se faire greffer*, pour : se faire baiser.

Greffer un tendron. *v. a.* Prendre une jeune fille pour une arbre, la grimper et lui faire un enfant.

« Lorsque la chenille pousse,
D'une main légère et douce
Je lui donne une façon ;
Souvent je plante et je sème,
Mais, mon plaisir est extrême,
Lorsque je *greffe un tendron*. »

(*Vielle chanson anonyme.*)

Greluchon. *s. m.* On appelle ainsi l'amant de cœur d'une fille galante ; celui qu'elle a choisi comme sachant le mieux charmer les loisirs que lui laisse son public payant.

Greluchonner. *v. n.* Synonyme de *Pallassonner*, Appliqué à un homme, signifierait : faire le *greluchon*. Ce verbe s'applique plus logiquement à une femme galante, qui, lorsqu'elle ne *travaille* pas avec le miché *sérieux*, s'*amuse* avec un ami : elle *greluchonne*.

« Et s'il ne me suffit pas de gabahotter,
Il *greluchonne* aussi, sans hésiter... »

Ces deux vers de Louis Protat n'ont aucun sens : ils s'annullent l'un l'autre.

Gretna-Green. Paroisse du comté de Dumfries en Écosse. Lieu où les amants anglais, assistés d'un laïque et de trois témoins, vont se marier sans le consentement de leurs parents.

Grigou. *s. m.* Signifiait autrefois : lépreux, vieux Grec. — Aujourd'hui, ce mot veut dire : époux vieux, laid, avare et jaloux : Othello et Bartholo réunis.

« Il était une femme,
Femme d'un vieux *grigou*
Toujours fermant porte et verrou.
Quand il allait en ville,
Pour plus de sûreté
Il emportait la clé... »

(*Vieille chanson anonyme.*)

GRIPPETTE. *s. f.* Méchante fille ; hargneuse.

(*Patois de Lille.*)

GRISETTE. *s. f.* Jeune ouvrière coquette et galante, « type chéri de Gavarni, » de Paul de Kock, de Béranger et Debraux. On appelait ainsi, la bonne fille qui, le dimanche, se laissait promener, *griser*, puis baiser, etc., par l'étudiant, le commis, l'ouvrier, ou par un galant quelconque.

« Dieu, que c'est gentil, la *grisette !* »

EM. DEBRAUX.

« Type charmant, ô *grisette* pimpante,
Au frais minois, dessous un frais bonnet ;
Où donc es-tu, gentille étudiante,
Reine autrefois de nos bals sans apprêt ! »

JULES CHOUX.

La *grisette* n'existe plus à Paris, et l'on a complétement oublié le refrain :

« Oui, je suis *grisette*,
On voit ici-bas
Plus d'une coquette
Qui ne me vaut pas. »

FR. DE COURCY.

GRIVOIS. *s. m.* Homme déréglé dans ses mœurs ; licencieux ; bref : franc libertin, pelotteur et conséquemment fouteur.

« Mon *grivois* ne voit pas plutôt un cotillon mettre un pied dans sa chambre... qu'il me joint, me saisit avant que j'aie le temps d'ouvrir la bouche. »

(*Les Aphrodites.*)

GROBIS. Le con.

« Sais-tu, ma toute belle,
Qu'en ce moment je bande, et je bande assez fort,
Et que dans ton *grobis* je viens chercher la mort. »

(*Théâtre du Bordel.*)

GROS BOYAU. *s. m.* Celui de l'anus : le fondement.

GROS BOYAU. *s. m.* Le membre viril.

« ... Il est blessé, je l'ai vu, sur mon âme !
Hors de son ventre il sort un *gros boyau.* »

Connaissant mieux le prix de ce Joyau ;
« Rassure-toi, lui répondit sa mère.
Ce bobo-là fera bien ton affaire,
Et ce boyau qui t'a fait tant de peur,
D'un bon mari fait toute la valeur. »

(*La Simplicité rustique*.)

Gros lot. *s. m.* La vérole : quinte et quatorze — et le pouce, ajoutent les voyous.

Gros numéro. *s. m.* Bordel.

Grossir les numéros. On dit d'un femme qui affiche une maison, par sa mise négligée ou excentrique, par ses mœurs légères et la conduite qu'elle mène dans la dite maison :

« Elle fait passer ma maison pour un bordel ; c'est une femme qui *grossit les numéros !* »

Cette expression — historique — appartient au poëte Mathieu, et j'ai connu la femme.

Guenille. *s. f.* Femme ou fille de mauvaise vie et mœurs, vêtue de haillons.

« Te souviens-tu d'un soir à la Courtille,
Que t'étais saoûle, à n' plus pouvoir marcher ?
Tous les gamins t'appelaient : vieill' *guenille*,
Et tu semblais n' pas vouloir t'en fâcher... »

(*Chanson anonyme moderne.*)

On dit aussi : *guenillon, guenippe, guenon* et *guenuche*.

Guenippe. *s. f.* Prostituée de bas étage ; mais, — une femme est une femme, et l'homme est cochon.

« Sus donc, gentilles *guenippes*,
Prenez vos plus belles nippes,
Sans vos attiffets laisser....
Et vous faites enchâsser. »

Le Sr De Sygognes.

Guenon perfectionnée. La femme.

« Monsieur Cacarel m'assure qu'on ne jouit pas d'une guenon perfectionnée sans s'exposer à toute cette infamie. » (*Noviciat.*

GUENUCHE. *s. f.* Nom que l'on donne à une cocotte, petite, maigre et laide : Petite guenon, petite *guenuche*.

« Elle est sèche comme une cruche,
Mal faite comme un *guenuche*,
Eloquente comme un Gascon, etc .. »

(*Cabinet satyrique.*)

GUILLOTINE DE CYTHÈRE. Le contraire de l'autre, qui est un instrument de mort, tandis que celui-ci est une machine à *vit* : — une belle femme.

« Entre deux colonnes (*les jambes*) s'élève l'instrument fatal (*le con*) ; l'exécuteur est *l'amour*. — Le patient (*le vit*), qui semble braver son sort, se jette la tête la première entre les deux colonnes ; il sonne lui-même *au bouton*, et fait jouer *la bascule*. Il s'agite un moment.... meurt en *soupirant* et en *pleurant*, puis il ressuscite. C'est alors qu'il adresse cette prière à Vénus :

« Vénus, tu vois mon cœur fidèle
Adorer et suivre tes lois :
Donne-moi, pour prix de mon zèle,
Une *guillotine* à mon choix ;
Et par l'effet de ta puissance,
Après un *trépas* fortuné,
Ah ! rends moi, rends moi l'existence
Pour être encor *guillotiné*. »

(*Vieille chanson anonyme.*)

GUINCHE. *s. f.* Fille ou femme de mauvaise vie.

GUINCHER. *v. n.* Danser ou foutre — avec une *guinche*.

GYMNASTIQUE VÉNÉRIENNE. *s. f.* Art de faire concourir toutes les parties du corps aux délices de l'amour ; art enchanteur qui devient une ressource pour suppléer à l'inertie des organes des deux sexes... Si l'on ôte du culte de Cythère les préludes, les paroles magiques, l'ennui baille avec nous sur le sein de nos belles, et l'on s'endort pour ne jamais se réveiller. »

MÉR. DE ST.-JUST.

Habitude scholastique. *s. f.* La masturbation, ressource des religieuses et des séminaristes.

« Je lui peignis avec des couleurs si effrayantes, les dangers de cette *habitude scholastique*, qu'il promit d'y renoncer à jamais. » (*Felicia.*)

Happer le con. *v. a.* Prendre une femme à l'improviste; la saisir par le con, la renverser et ne la rendre libre qu'après l'avoir parfaitement foutue. L'expression est de Rétif de la Bretonne.

Harnacher (Se). *v. pr.* S'habiller d'une façon excentrique et ridicule, sans doute pour aller aux courses. — (Argot des coureuses et des parieuses.)

Harponner. *v. a.* Accrocher une femme au bout de son vit; ce qui peut faire un accroc à sa vertu. Bref : « la baiser militairement, sans s'arrêter aux bagatelles de la porte, pelotage, branlage du bouton, etc., — comme fait un pandour qui viole une béguine. » On dit aussi : *se harponner.*

« Ma gorge, par exemple, tu n'as pas eu le loisir d'y faire attention : nous venons de nous *harponner* si brusquement. » (A. de Nerciat.)

Hélas! Interjection galante dont on se sert pour orner ses plaintes ou sa tristesse. — (V. *Ah !*)

Hennequiner. Baiser en chien, par secousses.

« Je la voulais enfiler ainsi en hennequinant et saccadant de toutes mes forces comme fait le chien. » (*Anti-Justine.*)

Hercule. Baiser en hercule, plaisir assez fatiguant et pour lequel il faut une certaine force.

« L'Arétin donne cette description dans une de ses gravures. Déjanire, délivrée de son ravisseur le centaure Nessus, vola dans les bras d'Hercule, qui l'enleva de terre, et passant les bras sous ses fesses, etc. »

Bien des hommes ont imité cette manière. — (V. le même mot.)

Hercule (Un). *s. m.* Fouteur capable d'accomplir les

douze travaux... ou même un peu moins, ce qui n'est déjà pas mal.

« Tu possèdes un *hercule*, ma chère Tullie. Que les autres hommes lui ressemblent peu! »

(*Mursius français.*)

Hermaphrodite. *s. des 2 g.*

« Individu des deux sexes qui n'ayant qu'une bibite et un semblant de conin, se trouve encore avoir de trop, puisque ces deux sens s'annullent mutuellement,

Il n'y a pas de parfaits hermaphrodites.

Il y a pourtant quelques exceptions, pour ceux qui ont un sexe plus accusé que l'autre. » — (V. *l'Amour conjugal*, de Venette, chapitre IV, livre IV.)

« *L'hermaphrodite*, homme et femme à la fois,
De deux sexes formé diffère de tous deux. » (***)

Hermaphrodite. On donne aussi ce nom à l'homme qui est des deux sexes, par ce fait qu'il encule et se laisse enculer.

« Il est là-bas à la poursuite
D'un *blondin* digne de son choix ;
Mais un *vieil ami* s'en irrite
Et l'entraîne au fond de ce bois.
L'amour à notre *hermaphrodite*
A-t-il donné flèche ou carquois?
Joli petit fils, petit mignon,
Mâle au femelle, je sais ton nom. »

Béranger.

Hermaphrodite factice. *s. f.* Tribade qui s'est ajustée un godmiché au mont de Vénus pour *faire l'homme* sur une autre tribade.

Histoire (L'). *s. f.* La *nature* de l'homme ou celle de la femme : le vit ou le con.

«.... Une puissante dame
Fut trouver un peintre fameux
Et le supplia de son mieux
De la portraire en miniature.
. . . .
— Pour moi, je ne peins que *l'histoire.*
— Eh! quoi, mon cher monsieur, n'est-ce donc que cela
Peignez toujours;... *le reste*, un autre le peindra. »

Arm. Séville.

Hochet de Vénus. *s. m.* Membre viril qui, avec ses grelots, n'est plus un jouet d'enfant, mais une chose utile.

« ... Une de ses mains se porta sous le ventre du jeune lord, elle y rencontra le *hochet de Vénus*, s'en saisit et paya par un doux mouvement de poignet, le bon office qu'il rendait à tous deux. »

(*Mém. de miss Fanny.*)

Homme a l'essai. *s. m.* — (V. *Essayer un homme.*

Homme chic. *s. m.* Homme distingué, qui a de quoi. — (*Argot des étudiants.*)

Hommelette. *s. f.* Homme sans énergie : — femmelette *mâle*, dirait Briollet, du *Tintamarre*.

Hommesse. *s. f.* Femme *à poil*, qui boit, jure, fume, écrit, fait des conférences et tout ce qui ne concerne pas son état, dans le but de se rapprocher de l'homme.

« Il ne s'agissait plus de diviser *l'autre sexe* en femmes ou en *hommesses* ; — je me demandai sérieusement : — Ah ! ça, y a-t-il réellement des femmes !... »

A. Karr. (*Figaro*, n° 1130.)

Honesta. Prude, — femme soi-disant honnête.

« O femmes ! soi-disant vertueuses. qui ne parlez guères du prochain sans le déchirer... Oh ! médisante et calomniatrice *Honesta*, votre barbare austérité ne vaut pas le charitable relâchement de la comtesse. »

A. de Nerciat. (*Diable au corps.*)

Hostie. Sperme qui dans les plaisirs amoureux est le lieu de la jouissance.

« Il ne lui reste plus que peu de chose à faire
Pour disposer l'hostie au fond du sanctuaire. »

(*Théâtre du Bordel.*)

Honnête femme. *s. f.* Femme qui, foutant avec tout le monde, ne fait de mal à personne : — au contraire.

Horreur de femme. *s. f.* Femme de mauvaises mœurs, qui peut être fort jolie.

Huile de Cythère. *s. f.* Essence amoureuse que l'on nomme moins poétiquement : *du foutre*.

HUBIR, Baiser.

« Eh bien ! c'est presque un pucelage
Que votre noble époux chez lui retrouvera,
Quel plaisir, quel bonheur, comme il vous *hubira*
S'il n'a pas dégainé depuis deux mois d'absence !
(*Théâtre du Bordel.*)

HUIS POSTÉRIEUR (L'). *s. m.* La porte de derrière, — le trou du cul.

« La première figure qui se présente à ses yeux est le père Girard, introduisant le bienheureux cordon de saint François dans l'*huis postérieur* du temple d'Eradice. » (*Les Veillées du couvent.*)

HUITRE. *s. f.* Le con qui sent la marée, s'ouvre et se referme sur le doigt du pêcheur ; sa morsure, quoique douce, est parfois venimeuse.

« D'une *huître* qui le plaira fort,
Je vais te montrer les coquilles. »
EM. DEBRAUX.

HUMIDE RADICAL (L'). *s. m.* Le sperme.

« ... Elle ne voulait pas, disait-elle, que, répétant tous les jours et à tous moments d'épuisantes tribaderies, j'émoussasse l'aiguillon de la volupté et tarisse ce précieux *humide radical* si nécessaire à ma croissance. »
A. DE NERCIAT.

HYMEN (L'). *s. m.* *C'est un lien charmant...*

« Cela a été tant dit, redit — et chanté, — parce que cela ne valait pas la peine d'être dit, que c'est pour nous une chose convenue, arrêtée... adjugée !!! — Mais, là n'est pas la question.

L'*hymen*, est une membrane qui se trouve à l'entrée du vagin d'une vierge. — Il est convenu, moralement, que le mari seul doit le rompre en déflorant son épouse. — Si tant de fillettes se font dépuceler à l'avance, c'est, naturellement, pour ne pas voir *rompre* leur *hymen* la première nuit de leurs noces. »

On dit aussi : *Forcer la barricade.*

HYSTÉRIQUE (Être).

« Appartenir à l'*hystérie*, maladie chronique particulière aux femmes, et qui provient de l'extrême sensibilité du système nerveux. La femme possédée de l'*hystérie*, est aussi nymphomane, comme les Messalines, etc., etc. Elle a des fureurs utérines, un penchant irrésistible et insatiable aux plaisirs vénériens. Elle ne fait autre chose que jouir, jouir encore et jouir toujours. Homme ou femme, tout lui est bon, — pourvu qu'elle jouisse.

S'il me tombait sur la pine une femme affligé de ce mal, je voudrais qu'elle ressemblât à .....

A propos de mot *hystérique*, citons un écho de coulisses :

Il y avait naguère, dans un des principaux théâtres de Paris, une fort belle personne qui jouait les princesses dans les féeries. Elle se nommait Alice, prénom que de bonnes petites camarades se plurent à changer. Elles l'appelèrent *Lise Th...e*. Du reste, cette petite méchanceté ne pouvait nuire à la réputation de l'Artiste : — un nom n'étant pas une enseigne. C'était simplement un calembourg. Aujourd'hui, la charmante princesse est mariée à M***, comédien de talent, — un *mauvais* genie, — toujours dans les féeries.

Souhaitons donc à ce couple heureux une kyrielle de beaux jours — fériés. »

Il faut que le vit pette ou que le con casse !... Expression energique, échappée à un fouteur trop bien membré en donnant un dernier coup de cul pour forcer une pucelle.

Impertinences, *s. f. pl.* Paroles ou actions offensantes pour quelqu'un ; attouchements répréhensibles, exercés par un homme sur une femme, qui souvent — ne demandant pas mieux — les lui pardonne volontiers.

« Quant à moi, sans plus y songer que tout-à-l'heure, je me sens fort capable de tolérer dans l'occasion tes chères *impertinences*. » A. de Nerciat.

Impromptu. Coup tiré sans s'y être attendu et par occasion.

Inceste-Incestueux, *s. m.* Fornication illicite entre parents ou alliés, au degré prohibé.

INCESTUEUX-EUSE. *adj. et s.* Coupable *d'inceste*; — enfant, fruit d'un *inceste*. —(V. *Goûts incestueux.*)

INCLINATION. (Avoir une). C'est-à-dire : avoir de l'amour pour quelqu'un.

« La première *inclination* est toujours la meilleure, son charme est dans son ignorance. » CH. NODIER.

INCLINATION. *s. f.* La personne aimée. On dit : mon *inclination*.

INCONSTANCE. *s. f.* Facilité à changer de maîtresse ou d'amant.

« L'*inconstance* et l'amour sont incompatibles : l'amant qui change ne change pas, il commence ou finit d'aimer. » J.-J. ROUSSEAU.

INCONSTANT. *adj. et s. m.* Amant volage.

« Tous les chagrins sont pour les cœurs fidèles,
Tous les plaisirs sont pour les *inconstants*. »
PARNY.

INCRUSTER. Introduire, faire entrer, de deux corps n'en faire qu'un.

« Et ses doigts ont tant d'adresse qu'elle parvint à *s'incruster* le médiocre outil, malgré sa consistance fort équivoque. » (*Mon Noviciat.*)

INDIFFÉRENT-E. *s. et adj.* Être insensible, qui n'a pas plus de penchant pour une personne que pour une autre.

INDISCRET. *s. m.* Amant qui, manquant de discrétion et de prudence, raconte à tout le monde ce qu'il devrait tenir caché.

« Amants, pour l'honneur d'une belle,
Gardez bien le secret ;
On excuse un infidèle,
Mais jamais un *indiscret*. »

INFIDÈLE. *s. m. ou f.* Homme qui trompe sa femme, sa maîtresse. — Femme qui trompe son mari ou son amant.

« Voulez-vous faire un *infidèle*,
Vous n'avez qu'à faire un heureux. »

INFIDÉLITÉS (Faire des). Être infidèle. — (V. le mot précédent.)

On dit aussi : — *Faire une* — ou plusieurs *queues*.

INIR. *v. a.* Introduire une objet quelconque dans un autre objet — quelque conque !

« C'est ce qu'à voulu dire l'auteur des *Aphrodites* en employant le verbe *ineo* (*in*, dans *eo*, aller) : — Elle se relève et se poste savamment : le chevalier l'*init* avec toute l'ardeur et la grâce imaginables. »

INITION. *s. f.* Introduction d'un vit dans un con, — même dans un cul.

« ... De ma part, un surcroît d'action vint en aide à la première. A ce moment, l'*inition* devint beacoup plus praticable. » (*Mon Noviciat.*)

INITION POSTÉRIEURE. *s. f.* Entrée d'un vit... par le derrière ; enculage d'un homme ou d'une femme.

« Je n'avais point eu l'occasion de dire que Fanfare m'était connu pour avoir également en horreur *l'inition postérieure* même avec notre sexe. » (*Mon Noviciat.*)

INSOLENCES. *s. f. pl.* — (V. *Impertinences.*)

INSOLENT. *adj. et s. m.* Homme qui, avec les femmes, met en action la divise de Danton : « De l'audace ! et toujours de l'audace ! » — et qui, au lieu d'en être puni en est au contraire très agréablement récompensé.

« Eh ! morbleu ! que n'avez-vous plutôt des *insolents* qu'on puisse souffleter... que de ces timides inutiles qui vous servent ric-à-rac, avec un sot respect. »

(*Les Aphrodites.*)

INSTRUMENT. *s. m.* Le membre viril, que l'on appelle pudiquement : la *flûte*, le *mirliton*, le *flageolet*, etc., etc.

Le vit est aussi un instrument *aratoire*, qui, destiné à labourer le champ féminin, est souvent sujet *à rater*.

« Ah ! quel tourment,
Quand l'instrument
D'où notre bonheur dépend
Pend ! »

J. CH.

Instruments a Fouterie. *s. m. pl.* — (V. *Outils de la fouterie.*)

Interroger le pantalon d'un homme. *v. a.* Étant femme, regarder si un homme porte à droite ou à gauche — quand c'est *visible.*
S'il bande, on lui fait de l'effet : — c'est *palpable.*

Inutiles. *s. m. pl.* Gandins,... etc., etc, — (V. *Chevaliers du pince-nez.*)

Invalides de l'amour. *s. m. pl.* On appelle ainsi les amoureux blasés, cassés, décrépits et usés, soit par l'âge, les excès ou les maladies.

Jacquot. *s. m.* Le membre viril.

« Il est hercule ou peu s'en faut,
Il faut que tout lui cède ;
Il sait démontrer comme il faut
L'amoureux intermède,
Quand il se prépare à l'assaut
Faut voir comme il est raide,
Jacquot !
Faut voir comme il est raide ! »

Al. Dalès.

(V. le *Cousin Jacques.*)

Jalousie. *s. f.*

« La jalousie n'est qu'un violent désir de conserver ce que l'on aime, ou d'empêcher qu'un autre ne jouisse de ce qu'on voudrait posséder seul ; d'où je conclus qu'on peut être jaloux de tout ce qu'on peut aimer, et qu'on ne peut rien aimer sans *jalousie.* »

Mme De Sartory.

« L'amour par ses douceurs et ses fureurs étranges,
Offre aux amants le ciel et l'enfer tour à tour :

La *jalousie* est la sœur de l'amour,
Comme le diable est le frère des anges. »

BOUFFLERS.

JAMBE. *s. f.* La pine, qu'on appelle aussi la troisième *jambe*.

— « Ah ! monsieur, que vous avez une belle *jambe !*
— « Laquelle donc, madame ?... répliquait Arnal, en donnant à entendre qu'il ne s'agissait ni de la droite, ni de la gauche. »

AIR : *de l'Angelus.*

« Quelle *jambe* ? me diras-tu :
Tu le conçois déjà, sans doute :
C'est celle qui de la vertu
Te fit un jour perdre la route (*bis*).
Tu souris à ce souvenir,
Mais, quoique tu sois bien mutine,
Je te fis joliment sentir
L'effet que produit une.. *jambe* (*bis*). »

GUILHEM.

Remarquer que nous ne faisons pas ici un dictionnaire de rimes. On dit aussi : ça me fait belle pine, comme on dirait : ça me fait belle *jambe*.

JAMBONS. *s. m. pl.* Les cuisses d'une femme.

« Elle a le cœur si bon, qu'en mille occasions,
Pour avoir une andouille, elle offre deux *jambons.* »

LEGRAND.

C'est-à-dire, que pour recevoir une pine elle écarte les cuisses. — Merci, bien obligé !... j'avais compris.

×

JAVIN. *s. m.* La nature de la femme. (Fausse anagramme de *vagin*.)

JEAN CHOUART. Le membre viril : appelé le *pénil* selon Lignac, la *braguette* selon Rabelais, Marot et autres poëtes anciens ; *la verge*, dans l'idiôme des nourrices et des parleurs timbrés ; le *bracquemart*, dans Robé, Rousseau et Grécourt ; *Jean Chouart* dans d'autres, etc., etc.

« Tous les fils de Priape aux couilles rebondies, aux *Jean Chouart* d'acier, aux cuisses arrondies comme les vôtres. (*Théatre du Bordel.*)

× Jardin (Le) — Les testicules :
« Si tu tombes, tu vas t'abîmer
le jardin ! »
Voir : Gousses.

Jeanneton. *s. f.* Synonyme de Goton : fille de mauvaise vie.

« Partout on vous rencontre avec des *Jeannetons.* »
V. Hugo. (*Ruy-Blas.*)

Jeannette. Femme qui, au goût des amateurs, prête le devant ou le derrière.

Jean-Pinette. *s. m.* Membre viril, — encore un peu viril.

Jean-Pipi. *s. m.* Bibite de vieux, qui ne sert plus que pour pisser.

— « De *Jean-Pipi* ou de *Jean-Pinette*, lequel préférez-vous ? » — Question que l'on adresse à un vieillard, pour le plaisanter sur son impuissance.

Je ne sais quoi.... *s. m.* C'est un vit, parbleu ! — Signifie aussi : trouble amoureux.

— « *Je ne sais quoi*, c'est ce qu'on sait très bien, et dont les dames font très grand cas ; en un mot, c'est ce qu'avait Hilarion, d'ailleurs vilaine et haïssable créature. »
(*Diable au corps.*)

« Je sens en vous voyant paraître,
Je sens un doux *je ne sais quoi*
Qui fait que je ne suis plus maître
De mon cœur, hélas ! ni de moi. »

J. Ch.

Jet prolifique. Le sperme s'élançant du membre viril.

Jeter le mouchoir. *v. a.* Distinguer une femme et lui faire agréer ses hommages et son cœur, — dans l'argot des vieux galantins.

« Chez les Turcs et les Persans, quand un jeune homme a fait choix d'une financée, il lui envoie un anneau, une pièce de monnaie et un mouchoir brodé. De là est venu l'usage qui veut que le sultan *jette un mouchoir* à celle de ses femmes qu'il prétend honorer de ses faveurs. »
P. Larousse.

(V. *Moucher* (se).)

Jeu couillard. *s. m.* La fouterie simple et naturelle.

Jeu de la petite oie. *s. m.* La masturbation chez les femmes et les filles. C'est la ressource ordinaire de toutes celles qui sont cloîtrées, détenues, ou — autrement : — de toutes celles qui sont privées d'hommes. — (V. *Petite oie.*)

Jeu de mains. *s. m.* — V. ci-après : *Jouer des mains.*)

Jeudis. Ceux qui prennent autant de plaisir avec l'œillet qu'avec la boutonnière. — Etre pour homme et femme.

Jeu lubrique. *s. m.* Se dit d'une femme lascive qui, jouant des reins et des fesses, sous l'homme, baise consciencieusement.

« Quel feu vous allumez !... C'est trop !... grâce !... ah ! quel *jeu lubrique !...* » A. D. M.

Jeunesse. *s. f.* Jeune fille ; — dans l'argot du peuple.

Joli-jolie (N'être pas).... mais être bien cochon. Se dit dans le monde des filles, pour atténuer la laideur de l'amant qu'on paye quelquefois, ou du miché qui paye toujours.

Jonction prohibée. *s. f.* Celle du vit avec le trou du cul : l'enculage ; plaisir que la *passion* admet et que la morale réprouve.

« Il s'emblait vouloir donner la préférence à la *jonction prohibée* : mais Soligny demanda d'être servie plus naturellement. » (*Félicia.*)

Jouer a l'homme. Femme, se faire baiser : — gougnotte, faire l'hermaphrodite factice. — (V. *ce mot.*)

Jouer des deux bouts (En). Femme, se faire baiser et enculer.

— « Je ne demande pas si elle *en joue des deux* bouts, — de tous les endroits possibles.... *Tout*, chez elle, est toujours prêt à recevoir le plus grand nombre de vits possible... Elle a l'habitude du culetage comme un marin peut avoir celle de la pipe.... »

(*Diable au corps.*)

Jouer des mains. Pelotage mutuel entre deux individus jeunes et beaux, qui donnent un démenti au proverbe.

« *Jeux de mains*, jeux de *vilains*. »

Avant de jouer de la pine et du con.

Jouissance (bonne). *s. f.* Fouteuse qui, avec tous ses charmes, fait encore son possible pour vous faire bien jouir, désireuse qu'elle est de bien jouir elle-même.

Joujou. *s. m.* Celui de l'homme est son vit.

« Vive ce beau *joujou*
bijou
Que la tendresse
Dresse.... »

Celui de la femme est son con.

« .... Quand je n'aurais pas su d'avance que mon orifice était fait pour être pénétré, la nature et notre position m'auraient à l'instant révélé que nos deux *joujoux* étaient faits l'un pour l'autre. »

(*Mon Noviciat.*)

Joyau. *s. m.* Le con, qui est vraiment un bijou de prix.

« Voyez fille qui dans un songe
Se fait un mari d'un amant ;
En dormant, la main qu'elle allonge,
Cherche du doigt le sacrement :
Mais faute de mieux, la pauvrette
Glisse le sien dans le *joyau* ... »

Béranger.

Joyau, signifie aussi pucelage, — ainsi que membre viril :

« Mme Brown me gardait toujours jusqu'à l'arrivée d'un seigneur avec qui elle devait trafiquer de ce *joyau* frivole qu'on prise tant et que j'aurais donné pour rien au premier crocheteur qui aurait voulu m'en débarrasser. » (*Mémoires de miss Fanny.*)

« Je jouissais d'autant plus délicieusement que j'avais longtemps langui après la possession du *joyau* qui était tout entier dans mon étui. »

(*Idem.*)

Jumeaux (Les). *s. m. pl.* Les tétons d'une femme.

« Buvons à ces *jumeaux* aimables
Et qui riment si bien en *ton* ;
Toujours leurs formes adorables
Ont mis en l'air de mirliton. »

(*Anonyme.*)

Jumelles (Les). *s. f. pl.* Les couilles, les mamelles et les fesses.

« Je cherche à mettre dans ta main.
L'instrument qu'un œil libertin
Braque sur la coulisse ;
Tu repousses d'un air grognon
Mes *jumelles* et mon lorgnon. »

L. Festeau.

Jument (Petite). *s. f.* Une femme qu'un homme, sans être fort écuyer, peut *monter* à poil, — quand il a *de quoi*.

« Un jour, au bois, malignement,
Cette follette de *jument*
Me mit sur le derrière.
Le tour était original :
C'est moi qui faisais le cheval,
Elle était l'écuyère. »

J. Cabassol.

Jus de couillon. *s. m.* Le sperme, le *nec plus ultra des jus.*

« Vous qui, du haut de ce balcon,
Riez de ma misère,
S'il pleuvait du *jus de couillon*,
On vous verrait sous la gouttière. »

Piron.

Lorsque Molière fait dire à Elmire :

« Aucun *jus*, en ce jour, ne saurait me charmer... »

Il a la même idée que Piron, seulement il l'exprime d'une façon plus honnête.

Jus spermatique. Sperme.

« Mon clitoris brûlant et raide comme un cierge,
De son jus spermatique ondoyait la flamberge.

(*Théâtre du Bordel*)

Juste-milieu. *s. m.* Le con, ou le trou du derrière, qui a aussi des partisans.

« Ce *milieu* ou ce *mitan*,
Est synonyme, vraiment :
Il porte un nom différent,
Souvenez-vous-en (*bis*).

Mais sans le nommer pourtant,
Tout le monde le comprend. »

(*Anonyme.*)

Justine, *ou les Malheurs de la vertu* (1791). Ce roman infâme, dans lequel il est fait l'apologie de tous les vices et donné une justification à tous les crimes, est l'œuvre du marquis de Sade, ainsi que la *Philosophie du Boudoir*, etc. — (V. *Sade*) *marquis de*.)

Karaghuez. *n, pr.* Le polichinelle turc, qui a l'attribut masculin tellement développé, qu'il fait dire à toute femme dont le mari est ainsi favorisé : Il est *fort* comme un turc.

« *Karaghuez* mérite une description particulière. Son masque forcément toujours vu en silhouette, comme son état d'ombre chinoise l'exige, offre une caricature assez bien réussie du type turc. Son nez en bec de perroquet se recourbe sur une barbe noire, courte, frisée, projeté en avant par un menton de galoche. Un épais sourcil trace une raie d'encre au-dessus de son œil, vu de face dans sa tête de profil, avec une hardiesse de dessin toute bysantine ; sa physionomie présente un mélange de bêtise, de luxure et d'astuce, car il est à la fois, Prud'homme, Priape et Robert-Macaire ; un turban à l'ancienne mode coiffe son crâne rasé qu'il quitte à toute minute, moyen comique qui ne manque jamais son effet ; une veste, un gilet de couleurs bigarrées, des pantalons larges complètent son costume. Ses bras et ses jambes sont mobiles. »

. . . .

« Les enfants et surtout les petites filles de huit à neuf ans abondaient..... Elles regardaient *Karaghuez* se livrant à ses saturnales d'impuretés, et souillant tout de ses monstrueux caprices. Chaque prouesse érotique arrachait à ces petits anges naïvement corrompus des éclats de rire argentins et des battements de mains à n'en pas finir ; la pruderie moderne ne souffrirait pas qu'on essayât de rendre compte de ces folles atellanes où les scènes lascives d'Aristophane se combinent avec les songes drôlatiques de Rabelais ; figurez-vous l'antique dieu des jardins habillé en Turc et lâché à travers les harems, les bazars, les marchés d'esclaves, les cafés, dans les mille imbroglios de la vie orientale, et tourbillonnant au milieu de ses victimes, impudent, cynique et joyeusement féroce. On ne saurait pousser plus loin l'extravagance ityphallique et le dévergondage d'imagination obscène. »

Th. Gautier.
(*Constantinople.*)

Kincker (et Se faire). *v. a. et pron.* Tuer, ou se faire tuer. — (Allusion à l'affaire *Kinck.*)

« Dans l'argot des petites dames, c'est prendre une femme de force, ou se laisser baiser à crédit par un brutal, qui vous fait mourir.... de plaisir.

« Sur ce vaste champ de crimes.
Par les badauds occupé,
Les cocottes, en coupé,
Vont pour chercher des victimes,
Disant : vaut mieux se r'quinquer,
Que de se faire *Kincker.* »

J. Choux et Hip. Chatelin.

Là-bas. *adv. de la* prison de Saint-Lazare ou l'hôpital de Lourcine.

— « Comment, cette pauvre Angèle est *là-bas ?* — Ne m'en parle pas. Elle était au café Coquet à prendre un grog avec Anatole. Voilà un Monsieur qui passe, qui avait l'air d'une homme sérieux... Il lui offre une voiture, elle accepte, un cocher arrive et... *emballée* ! Le monsieur était un inspecteur. » (*Les Cocottes.*)

Lacher d'un cran. *v. a.* Quitter subitement : — une femme, son homme ; — un homme, sa femme.

Lacher les écluses. *v. a.* Pisser.

Lacher ses trois gouttes d'eau chaude. *v. a.* Y aller de son voyage : — décharger.

Lacher son chien. *v. a.* Décharger, en tirant un coup du *fusil* qui donne la naissance. — Se dit aussi pour pisser.

Lacheuse. *s. f.*

Petite dame que vous croyez avoir rencontrée comme une bonne fortune, et qui, — la consommation absorbée, — vous quitte subitement, en prétextant un rendez-vous qu'elle oubliait.

Vous la suivez machinalement des yeux et la voyez s'asseoir devant une autre table, avec d'autres galants, — qu'elle *lâchera* tout à l'heure, comme elle vous a *laché* tout de suite. »

Laisser en plan. *v. a.* Abandonner subitement quelqu'un, l'oublier, malgré les promesse qu'on lui a faites de revenir.

« Moi, fois d' Fanfan, foi d' ton amant,
J' te jure ici de n' pas t' *laisser en plan.* »
(*Chanson anonyme moderne.*)

Lame. Bonne lame, rude lame, bon fouteur.

Lampe de couvent. Fille publique, vieille matrône.

« Tu vas nous produire quelque reste de chanoine ou quelque lampe de couvent. » (*Tournebu.*)

Lampsaque. Ville proche de l'Hellespont, où naquit Priape, le dieu de *Lampsaque.*

Lancer une femme. *v. a.* La débaucher ; puis, en étant rassasié, la mettre en circulation dans le grand monde — du vice.

« Un imbécile vient trouver une surnuméraire de la galanterie, et lui dit ou à peu près :

— Tu est laide et tu n'as pas le moindre esprit : mais j'ai remarqué dans ta colonne vertébrale une ondulation qui me plait. Voici deux cent mille francs ; c'est toute ma fortune, tu vas acheter avec cette première mise de fonds, des meubles en or et des robes qui se tiennent toutes seule. Pour ce qui est de moi, ne t'inquiète de rien, j'irai mourir dans la misère quelque part, mais je serai encore trop flatté de te voir caracoler aux Champs-Elysées avec un autre.

Voilà à Paris, ce qu'on entend par *lancer une femme.* »

A. Rochefort.

Languette. *s. f.* Le clitoris, qui est la *petite langue* de la bouche verticale, ordinairement appelée con.

« Femmes, voulez-vous éprouver
Si vous avez la chaude-pisse ?
De citron coupez un quartier,
Fourrez vous-le dans la matrice.
Si le citron fait son effet,
S'il vous chatouille la *languette*,
Vous pouvez dire : C'en est fait !
Ah ! j'ai la vérole complète ! »

(*Anonyme.*)

Languéyage. *s. m.* Action de languéyer (voir ci-après). Synonyme de *gamahuchage*.

On dit aussi : Donner une *languéyade*.

Languéyer. *v. a.* Jouer de la langue sur un clitoris : — gamahucher.

Languéyeur. *s. m.* Gamahucheur.

Ces quatre derniers mots, qui ont une tout autre signification dans la langue française, ont été reforgés pour le langage amoureux, par Andréa de Nerciat. (Voir son roman intitulé : les Aphrodites. Il se trouve chez *tous les Libraires* de Belgique.)

Lanla landeribette. *s. m.* Refrain de couplets qui sert à gazer les gros mots. Il représente tantôt le vit, tantôt le con, etc., etc.

« Après de sa jeune épouse,
Un mari peu complaisant,
Dans une fureur jalouse
S'écria : rien n'est plus grand
Que ton *lanla landerirette*,
Que ton lala landerira.
A ce reproche, la femme
De ce mari peu galant
Répondit : vilain infâme,
Que n'en puis-je dire autant...
De ton *lala landerirette*,
De ton lala landerira. »

(*Anonyme.*)

Laper. *v. a.* Glottiner une femme, et, dans l'ardeur de la passion, humer sa semence, comme fait le chien, qui boit en tirant avec sa langue.

LARCIN. *s. m.* Petits vols amoureux, commis lestement et adroitement : Ravir des baisers à une fille, lui prendre les tétons, le cul, les cuisses, etc., etc., sont des *larcins* qui sont répréhensibles, — selon l'humeur et le tempérament de la victime.

> « L'autre jour, au fond d'un jardin,
> Il vous aperçut endormie :
> Il vous fit plus d'un doux *larcin*...
> Vous étiez donc bien assoupie ?...
> Si vous dormez comme cela,
> Dites votre *mea culpa.* »
>
> (*Vieille chanson anonyme.*)

LARGUOTIER. *s. m.* Paillard, amateur de *largues* (femmes). — Vidocq a écrit : *Larcottier*, dans son livre des *Voleurs*.

LATINE. *s. f.* Grisette qui vit au quartier latin.

> *Sur l'air* — et le pied — *de la Petite Margot.*
> « Je suis *latine*,
> Gaîment je dîne
> Sur le budget de mon étudiant... »
>
> EUG. PÉGASE.

LANDIE. Grandes lèvres du con.

> « Je n'aime point ces cons enfoncés dans le dos,
> Dont la sale *landie* au trou proche attachée,
> Est toujours de pinat ou de merde tachée. »
>
> (*Cabinet satyrique.*)

LAVEMENT. *s. m.* Clystère, administré avec la seringue à perruque, que vous savez.

> « Plus d'un tendron, j'en suis sûr, brûle
> Au souvenir de ma canule :
> Sans vanité, j'ai su vraiment
> Faire goûter mon *lavement.* »
>
> J. CABASSOL.

LÉCHER LA PLAIE. *v. a.* Gamahucher, — allusion à la fente qui figure un coup de sabre.

LE FAIRE EN MAÇON. *v. a.* *Gâcher* l'ouvrage, c'est-à-dire : *le faire* pour son propre compte, sans s'inquiéter de la femme ; en *muffle*, en véritable égoïste, ventre sur ventre. Synonyme d'*ourser*.

Légitime. *s. f.* Epouse, — dans l'argot du peuple.

Lentilles. — (V. *éplucher* et *éplucheuse*.)

Le perdre. *v. a.* Perdre son pucelage ; c'est-à-dire : *baiser*, ou se faire *baiser* pour la première fois.

Levain. *s. m.* Restes et quelquefois germes d'une violente passion.

Autre acception :

« Le sperme qui fait *lever* le cul à la femme quand il y est introduit et qui, ensuite, y occasionne une fermentation dont le résultat est, au bout de neuf mois, une petite créature — toute pourrie du péché originel. »

« Le point essentiel est qu'aucun *levain* roturier ne puisse fermenter dans ses nobles entrailles. »

(*Les Aphrodites.*)

Lever au tuyau de poêle. *v. a.* Monter le poêle de sa voisine avant de la *monter* elle-même, pour prix de cette complaisance.

Leveur. *s. m.* Lovelace de bal ou de trottoir.

Levrette (Foutre en). *v. a.* Baiser par derrière, ce qui procure à la femme l'agrément d'avoir au moins un pouce de vit de plus dans le con.

« .... Il me coucha sur le ventre et me fit mettre les cuisses pardessus les fesses ; je lui demandai ce qu'il voulait faire, il me dit que j'étais en position pour *foutre en levrette*. » Anaïs.

Levretter. *v. a.* — (Voir le mot précédent.)

Levrier d'amour. Ambassadeur dont les fonctions sont de porter les billets amoureux de son maître et d'en rapporter les réponses.

Libation. *s. f.* Sacrifice amoureux : fouterie en l'honneur de la bonne déesse. Vieux mot que l'on ne rencontre que dans les romans du XVIIIe siècle.

Libertiner. *v. n.* Faire le libertin, avec des femmes de mœurs légères, — au lit surtout.

Lichette. *s, f.* La goutte. (Argot des filles.)

> « Travaille bien, prends ta *lichette*,
> La *lichette* donne du cœur..... »
>
> Dumortin-Darby.

Lien (Former un). *v. a.* Se marier.

> Un doux *lien*,... un *nœud* solide.

(V. *nœud*).

Lieutenant. *s. m.* Aide-mari ; amant de la femme.

Lieux interlopes. *n. pr.* Pays inconnus, découverts par les pornographes, pour y abriter les fruits de leurs veilles.

« Outre les noms des principales villes de l'étranger, les libraires emploient une foule de rubriques, forgées par eux, dans le but de cacher le lieu de publication des ouvrages sujets à être incriminés ou mis à l'index.

Je cite entr'autres :

« A Cornu, chez *Jenlors*-le-Petit, à la nouvelle Cythère ; à Rome, à l'enseigne des sept Péchés capitaux ; au Monomotapa ; au Bordel ; en Grèce ; aux Invalides ; au Manège ; au Palais de Justice ; au Paraclet ; à Saint-Cloud, chez la Mère des Grâces ; au Sérail ; à Paris, rue de Jérusalem ; au Palais des Plaisirs ; à Sodome et Cythère, et, plus particulièrement, dans la poche de ceux qui le condamnent. »

« A Barbopolis, Berg-op-Zoom, Boulingrin, Bordélopolis, Branlinos ; — à Caprée, Cosmopolis, Culconclitoripolis, Cocupoli, Cythère ; — Damnopolis ; — Eleuthéropolis, Erothopolis ; — Fretown, Foutropolis ; — Gaillardopolis, Guide, Grattemonc..., Gringuenaude ; — J'enconne ; — Kanton ; — Lampsaque, Lesbos, Libidinibus, Lutipolis, Luxuriopolis, Luxurville ; — Ménage, Moncuq-en-Guyenne ; — Nangazaki ; — Paphos, Pékin ; — Stamboul, Sybaris ; — Tribaldis, aux Enfers ; — Vénépole, au Palais, sous les robes ; à *Viconchaz*, Jean Cornichon, à l'enseigne du *Coucou*. »

Avis aux amateurs. — Les livres publiés à l'étranger, dans notre langue, étant peu ou prou sujets à caution, ceux qui portent au titre de semblables indications de lieux, doivent être regardés à deux fois avant d'être rejetés. »

Limace. *s. f.* Terme d'argot qui signifie : chemise.

> « Allons Philipotte, ma redingote
> Et mon pantalon blanc.

Nettoy' ta face, — mets ta *limace*
Et décarrons viv'ment. »

« La *limace*... là, bien blanche, avec ses creux et ses montagnes, çà me met sens dessus-dessous. »

L. de Neuville.

Limace se dit aussi pour : pine fatiguée, usée.

« Bien qu'en toi sa *limace* ait été dégorgée,
Pour toi, je bande encor..... »

Louis Protat.

Limage. s. *m.* Action de *limer* : — le frottement délicat,... le doux va-et-vient du vit dans la matrice. Voyez-vous d'ici *l'image* ?

« Je suis complètement attrapée : — Peu d'adresse, un *limage* sec, méthodique, dont chaque temps passé me fait un petit mal. » (*Les Aphrodites.*)

Lionne. *s. f.* Femme à la mode. — Il y a trente ans, c'était

« Un petit être coquet, joli, qui maniait parfaitement le pistolet et la cravache, montait à cheval comme un lancier, prisait fort la cigarette et ne dédaignait pas le champagne frappé »

F. Deriége.

« Aujourd'hui, mariée ou demoiselle, grande dame ou petite dame, la *lionne* s'appelle de son vrai nom — qui est *drôlesse.* » A. Delvau.

Lionnerie. *s. f.* Haute et basse fashion ; — le monde des *lions*.

Liqueur. *s. f.* Le sperme, qui est un vrai sirop — si l'on veut.

Les poëtes, pour qui rien n'est sacré, lui ont donné différents qualificatifs.

Ainsi :

Liqueur lampsacienne. *Sperme*, dont les anciens offraient des libations au dieu de Lampsaque.

« Mais en *Lampsaque* une *liqueur*
Se trouve odorante et épaisse,
Qui pénètre jusques au cœur
De celle que le cul oppresse. »

Rapin.

LIQUEUR PROLIFIQUE. Le *sperme* — qui a la faculté d'engendrer.

« ... A peine dehors, le petit fripon darde sa *liqueur prolifique*, dont il y a grande apparence j'allais être intérieurement injectée, soit par inexpérience ou égoïsme du novice fouteur. » A. DE NERCIAT.

« Ce divin jus, cette divine liqueur, s'appelle aussi : l'humide radical, la *liqueur séminale*, la marchandise, le foutre, la camelotte, le jus de couillon, etc., etc. » — (V. *Dictionnaire érotique*.)

LISETTE. *n. pr...* et gentil. — Petite Lise.

« La muse inspiratrice de tous les chansonniers, depuis la *Lisette* de Béranger, jusqu'à Mam'sell' *Lise*, — qu'est si bien sans chemise. »

« *Lise* à l'oreille
Me conseille,
Cet oracle me dit tout bas :
Chantez, monsieur, n'écrivez pas. »

BÉRANGER.

Nota : — La *Lisette* de Béranger, s'appelait *madame Judith*.

LIVRER (Se). *v. pr.* S'abandonner : ouvrir son cœur, ses bras et ses cuisses, à l'homme que l'on aime, ou que l'on désire seulement, quand le cul démange.

« Elle a donc fait le serment de ne *se livrer* selon la nature qu'à des nobles. »

A. DE NERCIAT.

LIVRES INCENDIAIRES. *s. m. pl.* Ouvrage où, — comme dans celui-ci, — il n'est question que de cons, de vits, de culs, de fouterie, de gamahucherie, d'enculade, etc., etc. Ces livres ne sont écrits que pour les personnes qui n'ont point honte de leur vit ou de leur con, et qui ne foutent pas sans lumière ou à travers des chemises fendues, comme certaines dévotes.

« Un seul jour m'a fait perdre le fruit de six mois de travail *sur moi-même*... Un *livre incendiaire* a rallumé tous les feux que mon austérité commençait d'assoupir. Une rencontre fatale !.. oh ! oui, bien fatale !.. »

(*Mon Noviciat*.)

Loch suspendu (Prendre un). *v. a.* Sucer une pine et en avaler le jus, comme si c'était du petit lait. Cette expression, qui vient du quartier latin, appartenait à Pavillon, qui, malgré son remède, était toujours très enrouée.

> « J' sens mon cœur qui fait tic toc,
> Margot, faut qu' t'aval' le *loch*,
> Viv'ment prépar' toi z'au choc ;
> Vois-tu que j' suis bon coq,
> C'est aussi dur qu'un roc. »

Perchelet.

Logeable (Être). Être *louable*, — pour les gens à gros vit : — avoir un con à l'épreuve d'iceux.

« Je les ai furetés tous deux, ces clapiers-là. J'en connais peu d'aussi *logeables*. »

(*Le Diable au corps.*)

Lolottes. *s. f. pl.*

« On appelle ainsi les petites dames galantes, qui fréquentant les crêmeries, où elles prennent plus souvent autre chose que du lait, du *lolo*, dans l'argot des nourrices. — De *lolo*, on a fait *lolotte*.

L'étimologie de ce mot est-elle bien trouvée ? Non ; car si l'on admet que les *lolottes* ne vivent que de *lolo*, on est porté à croire que les *cocottes* ne boivent que du *coco*... et l'on sait le contraire.

Antonio Watripon a publié un volume en l'honneur de ces petites dames. »

Loucher d'une jambe. *v. n.* Boiter.

Louloute. Petit nom d'amitié que donne le monsieur à la dame qui lui répondra mon *loulou*.

Le monsieur n'est souvent qu'un ours.

Loup (Connaître le). De vue seulement. Avoir été baisée dans une forêt quelconque, ou sur le bord d'un bois... de lit.

> « Ignorant le masculin,
> La novice, humble nonette,
> Destine à l'enfant divin
> Certaine fente coquette...
> Or, la sœur Marton qui *connut le loup*,
> Dit : Vous vous trompez, mais du tout au tout :
> A Jésus, faut une quéquette... »

Al. Flan.

Lovelace. *n. pr.* devenu subst. masc. Type créé par Richardson, dans son roman : *Clarisse Harlowe* Synonyme de séducteur, libertin, trompeur, fat, débauché, etc., etc.

« ... Weyckmans, un *Lovelace* de village, est un de ces hommes profondément immoraux, qui ne reculent devant rien pour satisfaire leurs passions et sont le fléau des jeunes filles honnêtes. » (6 années de travaux forcés.)

(*Les Tribunaux, n.* 1219, *du mercredi* 21 *août* 1867.)

Loyoliser. *v.a.* Enculer. — Prendre, comme les disciples de Loyola, un homme ou une femme par derrière, — ce qui n'est pas *loyal.*

« Quatre jours avant mon arrivée, l'on avait brûlé deux jésuites pour avoir *loyolisé* un musulman.. »

(*Compère Mathieu.*)

Lucine. *n. pr.* Sage-Femme.

« Filles que l'adroite *Lucine*
A délivré d'un fier chicot,
Sur votre cas, dame doctrine
Passe l'éponge et le rabot. »

Festeau.

Lucrèce. *s.f.* Femme chaste, en apparence du moins, — dans l'argot du peuple qui a entendu parler de l'héroïsme de madame Collatin et qui n'y croit que sous bénéfice d'inventaire. (V. *Tarquin.*)

« Mais malgré son air virginal,
Sachez que la bougresse
A mon vit donna certain mal
Qui lui fait faire l'S...
Ah ! il m'en souviendra,
La ira,
D'aimer une *Lucrèce.* »

(*Anonyme.*)

Lune. *s. f.* Le cul. Allusion de forme.

« J'ai pincé n'importe quoi J'ai cru que c'était dans la figure. — En voilà une bonne ! il a pris la *lune* de Pétronille pour sa figure. » Paul de Kock.

Lune de miel. *s. f.* Les premiers mois du mariage, où les époux, tout de feu et de flamme, *s'aiment* avec fureur — et l'espoir de récolter.

« *Lune de miel*, ô mes amours,
Vous devriez durer toujours! »

(*Romance connue.*)

Lune rousse. *s. f.*

«... Ici, l'accord du ménage commence à péricliter, Monsieur se montre moins empressé auprès de Madame, qui a souvent l'occasion de bouder Monsieur, qui déteste la maussaderie, s'absente plus fréquemment et rentre plus tard...

« Fi! la vilaine *lune!* »

« De toutes les *lunes*, celle que je crains le plus — c'est *la rousse.* »

(*Tintamarre.*)

Lupanaire. *s. m.* Maison de prostitution, bordel.

« Fut-il à prier Dieu, fut-il au *lupanaire* aux genoux des putains. »

(*Théatre du Bordel.*)

Lupanar. *s. m.* bordel. Mot solide... bâti par les Romains; on s'en sert encore.

« J'ai rêvé que j'étais au fond d'un *lupanar* :
C'était comme un immense et splendide *bazar*
Dans lequel enculeurs, enculées, maquerelle,
Maquereaux et putains se ruaient pêle-mêle... »

Louis Protat.

« Je suis roublard
Et j' pourrais écrir' les mémoires
Du *lupanar.* »

L. de Neuville.

Lutiner. Prendre en se jouant des privautés qui finissent par animer celui ou celle que l'on lutine et que par ce moyen on veut amener à consommer l'acte amoureux.

Luxure. *s. f.* L'un des sept péchés capitaux : — le *capital*, les autres n'étant que ses auxiliaires.

Luxurieux. *adj. m.* Lascif, impudique, qui pratique la *luxure* sur une grande échelle — ou sur un grabat.

MACA. *s. f.* Maquerelle, entremetteuse, femme vieillie dans le vice.

MACCHOUX. *s. m.* Maquereau, par corruption du mot. — Souteneur de filles.

MACHABÉE. *s. m.* Maquereau d'un âge mur. — Amant d'une fille, qui lui donne plutôt que de recevoir d'elle. — Juif qui entretient une fille publique.
Machabée, en argot, signifiant : cadavre, c'est-à-dire : privée de *vie* ou de *vit*, les jeunes maquereaux donnent ce nom aux entreteneurs et aux vieux *michés*.

MACHINE. *s. f.* La *chose* ou le *machin*, — le vit ou la pine.

« Mais finis donc, imbécile,
Sacré nom de Dieu d' gredin !
Si tu n' me laiss's pas tranquille,
J' vas pisser sur ton *machin*. »

(*Anonyme.*)

« Fiez-vous à ma cuisine,
Célibataires blasés,
Pour remontrer la *machine*,
Et flatter vos goûts usés. »

L. FESTEAU.

MACHINE A PLAISIR. *s. f.* Femme sotte et facile, qui se rend sans savoir ni comment ni pourquoi, uniquement parce qu'on l'attaque et quelle ne sait pas résister...

« Ces sortes de femmes ne sont absolument que des *machines à plaisir*. »

CH. DE LACLOS. (*Liaisons dangereuses.*)

MADAME DIOGÈNE. *n. p.* Petite dame *qui cherche un homme* — sans lanterne.
Ce nom, de création toute récente, a été publié par M. de la Fizelière, premier-parisiste de la *Chronique de Paris*.

MADAME TIREMONDE. *s. f.* Sage-femme, — dans l'argot des faubouriens.
On dit aussi : Mesdames *Tire-pousse*, *Tire-môme*, *Manicon* et *du Guichet*.

Madrigal. *s. m.* Galanterie rimée que l'on adresse à une femme, qui aimerait mieux sans doute une galanterie *limée*.

« Le meilleur *madrigal* est un vit bien bandant. »

Louis Protat.

Mahomet. *s. m.* Membre viril. — *Se secouer le mahomet* : se masturber, — dans l'argot des Français, qui connaissent le musulman, — pour en avoir entendu parler.

Mahométiser. *v. a.* Brander, ou foutre quelqu'un ou *quelqu'une* à la musulmane, — par derrière.

Mahot et Matot. *s. m.* Damoiseau ; godelureau.

(*Patois de Lille.*)

Maison de société. *s. f.* Bordel, dans l'argot des bourgeois.

Maitre con (Un). *s. m.* Un con, capable de recevoir les vits les plus redoutables.

« ... Son vit n'a pas plutôt touché ce *maitre con* qu'il s'y fourre tout couramment, et y prend son amble d'un train fort convenable. » A. de Nerciat.

Maitresse. *s. f.* Femme ou fille qui vit, ou fout seulement avec un galant qui en est *le maître* — quand elle le veut bien, et — qu'elle n'en a pas d'autres.

« Le *maître* de quelques-unes, c'est leur mari, espérons-le, pour l'honneur de la morale ; le *maître* d'un plus grand nombre, c'est leur caprice ; le *maître* de toutes, c'est leur luxe .. Quant à l'amant, il n'en saurait être question ici... D'ailleurs, quand une femme a un amant, elle est *sa maîtresse* : ce n'est donc pas lui qui en est *le maître !* » H. de Pène.

« Pour la femme, soyez bon !
Prouvez-lui votre tendresse !
C'est ce bougre de Léon !
Qu'est l'amant de ma *maîtresse*... »

G. Nadaud.

(Voir : *Amans, amant, amante.*)

Maitresse de maison. *s. f.* Maquerelle.

15

Maitre vit (Un). *s. m.* Avocat qui gagne toujours sa cause avec les dames. Nous avons : Me *Legrand*, Me *Ledru*, Me *Lefort*, Me *Legros*, Me *Ledroit*, etc.

« Prends garde, Félix... est-ce que ce *maître vit* te fait peur? Il est vrai que l'abbé l'a redoutable... »

A. de Nerciat.

Maki ou Maqui. *s. m.* Fard (argot) ; — d'où naquit : maquiller, farder.

Maladie spéciale. *s. f.* Lavérole.

« Le cabinet du docteur Bien-Aimé — *Bien nommé*, — ma foi, compte aujourd'hui plus de 130,000 guérisons. »

Mal d'accident. *s. m.* Le mal vénérien — qui nous arrive accidentellement, — comme une décoration étrangère.

« Sur l'Océan, ta main évangélique,
Du vieux Neptune a saisi le trident,
Tu conduisis Colomb en Amérique,
D'où nous revint certain *mal d'accident*. . »

E. Debraux.

Mal famé (Être). Avoir une mauvaise réputation ; ou, — d'après Jules Moineaux, — avoir une méchante femme.

« Tout le monde sait bien, dans mon quartier, que j'ai une mauvaise femme, puisqu'on dit partout que je suis un homme *mal famé*. » (*Le père La Treille.*)

Malitorne. *s. f.* — (V. *Maritorne.*)

Maman. *s. f.* Femme encore très-désirable, malgré certain âge et certain embonpoint.

« ... On songe à me faire épouser la dame Popinel ? — Certainement, vous n'aurez pas du neuf, du joli, mais c'est une succulente *maman*, malgré sa quarantaine.... »

(*Monrose.*)

Mamelles. *s. f. pl.* Les têtons.

« O contours veloutés, mamelles féminines. »

Cantel.)

(Voir *Collines.*)

« ... Hélas ! qui pourrait voir sans rougir des femmes et des jeunes filles entièrement découvertes, étaler sans honte, jusque dans la maison du Seigneur, leurs *mamelles* toutes nues... Dans le principe du moins, ces mondaines ont commencé par échancrer le bord et le dehors de leurs habits. Puis, cette échancrure a gagné jusqu'à la chemise, que dis-je ? Jusques à la chair toute nue... A la fin, elles ont tellement rongé et échancré le derrière et le devant de leurs habits, que les épaules et les *tétons* en sont demeurés tout-à-fait nus. »

(*Discours sur la nudité des mamelles, etc. par un R. P. Capucin*)

M'AMOUR. Signifie : *mon amour*, — dans l'argot des barbons.

« Mais *m'amour*, j'ai sur le corps
Cinquante ans de plus qu'alors... »

DÉSAUGIERS.

Faire des mamours : faire des petites mines, des calineries, — dignes de Calino.

MANCHE (Le). *s. m.* Le vit, que la femme empoigne quand elle désire en être *cognée*.

« Je l'empoignai par le *manche* et le menai au pied du lit, où je me couchai à la renverse, l'attirant dessus moi ; je m'enconnai moi-même son vit dans mon con jusques aux gardes... » MEUROT.

MANDRIN. *s. m.* Vit de *grande-route* ; — sert quelquefois à mouler des *cartouches*.

« Ce qui d'un trait plus fort me harcèle le cœur,
C'est de voir ce *Mandrin* si brillant de vigueur,
Au repos condamné, pendant que ta matrice
Bourrée à chaque instant s'abreuve avec délice. »

(*Un Troupier au clou.*)

MANÉGÉ OU MANÉGÉE (Être). Homme, être à bout de jouissance et — peut-être — encore obligé de jouir.

Femme, être foutue et refoutue, ce qui ne veut pas dire : *ménagée*.

MANGER LA BOTTE. *v. a.* Poser pour une femme qui ne veut pas de vous, — militairement parlant.

MANGER LE GIBIER. *v. a.* Dans l'argot des filles, signifie : Distraire le produit de la prostitution, fruster le souteneur de son prêt en lui disant que l'on n'a rien fait ; — escroquer le marlou.

Manger un enfant. *v. a.* Gamahucher une femme, ce qui est tricher *dame* nature, et, dame... on ne sait pas ce que l'on y perd.

« De la *déesse*, un seul regard
Peut faire enfanter un César. » J. C.

« Jean, rentrant chez lui, à l'improviste, trouve Pierre, son voisin, la tête entre les cuisses de sa femme, et bien en train de la gamahucher.

« Fouchtra ! s'écrie-t-il, cha ne m'étonne plus, chi je n'ai pas d'enfants ; j'en fais tous les jours, et Pierre me *les mange* ! »

Mangeur de blanc. *s. m.* Maquereau, qui avale le foutre de sa maîtresse aussi facilement que l'argent *blanc* qu'elle lui donne pour se rincer le bec.

Mangeuse de pommes. *s. f.* Fille d'Eve ; la femme en général.... sans épaulettes.

« Et l'on verra toujours des *mangeuses de pommes*. »
Th. de Banville. (*La Pomme*.)

Manier les breloques d'un homme. *v. a.* Lui faire *chapeau du commissaire*, c'est-à-dire, lui sucer la pine en jonglant des deux mains avec ses couilles.

« On ne peut donc sans scandale, *manier* un peu *les breloques* du monde ! — Sacrebleu ! quelles *breloques* ! c'est bien aussi la montre, ma foi. »
A. de Nerciat.

Manipulatrice. Femme qui fait métier de manipuler le vit des hommes.

Manieuse. *s. f.* Femme qui, — à moins d'être gauchère, — vit du travail de sa main droite : branleuse, pelotteuse, ou voleuse.
On écrit aussi : *Magneuse*.

Manne céleste. *s. f.* Le foutre, que dépensent une foule d'imbéciles, avec un tas de cons — en payant. (V. *Rosée*.)

Manquer de voix. Dans le duo amoureux : baiser mollement et quelquefois débander au moment de la jouissance.

> « Quand des voix qu'il me dût
> Vint l'éclat dont il brille,
> Avec moi que de fois
> Il a *manqué de voix !* »
>
> Béranger.

Manuéliser (Se). *v. pr.* Étudier *son manuel* d'une seule main : se masturber.

> « ... C'est le seul moyen d'être sage au couvent, puisqu'on ne peut être sans se clitoriser ou *se manuéliser*.
>
> Mercier de Compiègne.

> « Du bon Guillot le vit se raidissait,
> Et le poignait si fort concupiscence,
> Que dans un coin *se manuélisait.* »
>
> Piron.

Manuéliseuse. *s. f.* Branleuse spécialiste, ou putain qui a la réputation de bien savoir branler. — (Voir *l'Almanach des honnêtes femmes* (1794), lequel donne les noms et les adresses des dames galantes de ce temps et dénonce leurs petits talents de société.)

Manuélisme. *s. m.* Synonyme d'*onanisme*.

Manufacture de bouchons. *s. f.* Bordel.

Mappemonde. *s. f.* Le cul, — par allusion de forme, — ou de formes ; les tétons, qui forment aussi une hémisphère dont une trop longue contemplation fait perdre la carte à l'homme — qui bande immédiatement.

> « Pour jouir plus voluptueusement... il demeure inactif, et s'amusant de la plus belle *mappemonde* imaginable, il attend la fin de l'heureux anéantissement de Célestine. »
>
> A. de Nerciat.

Maquerellage. *s. m.* Faire métier de prostituer les femmes et les filles ; — procurer des hommes aux femmes, et des femmes aux hommes. — On dit aussi :

Maquereller et **maquerellerie**. *s. f.*

« Sur la foi de l'adage *n'est pas maquereau qui fout*, je trouvais à *maquereller* moins de honte que d'amusement. » (*Joies de Lolotte.*)

Maquillée. *s. f.* Lorette, cocotte, etc., dans l'argot des aimables faubouriens.

Marchandise. *s. f.* La femme — qui, faisant de son corps métier et *marchandise*, se vend en gros ou en détail....

« Y a d' la *marchandise* à tout prix. »

L. Festeau.

Marchandise: Le sperme; — en argot: *la camelotte*.

Marcher a quatre pieds. *v. n.* Femme ou fille, être enceinte.

Marcher sur le pied de quelqu'un. *v. n.* Pantomime expressive, quoique invisible, qui se joue sous la table. Il suffit de toucher légèrement du pied l'aimable vis-à-vis que l'on veut *occuper*. Si le dit vis-à-vis répond de la même manière, on n'a plus qu'à marcher, — à moins d'avoir des cors.

Marcheuses. *s. f. pl.* Les *marcheuses*, étaient, sous Louis XV, les suppôts, les courtiers femelles des entremetteuses, c'est-à-dire des femmes chargées de recruter des filles pour les plaisirs du roi, des nobles, des gens de finance, etc., etc.

« Je fus bientôt instruite, par une de mes *marcheuses*, qu'il y avait une nouvelle débarquée chez Labille, extrêmement jolie. Je m'y rendis, sous prétexte d'acheter quelques chiffons de femme. Je vis la plus belle créature qu'il soit possible de voir..... »

(*Anecd. sur la comtesse Du Barry.*)

Aujourd'hui, les *marcheuses* sont d'anciennes putains qui, — ne pouvant plus *marcher*, — se tiennent à la porte des bordels et excitent les passants à venir rendre visite aux pensionnaires de leur établissement.

On nomme aussi *marcheuses*, les figurantes de l'Opéra qui, dans le corps de ballet, forment ce qu'on appelle *la grosse cavalerie*... Elles sont là, pour faire nombre: elles *marchent*, mais elles ne dansent jamais.

Marée. Odeur du vagin de la femme quand il n'est pas proprement tenu.

« Ton conin serait-il celui de Cythérée
Si le foutre y croupit, prend un goût de marée. »

(*Tr. de la fouterie.*)

Marfori. *s. m.* (....). — Nouveau mot de l'argot populaire. Comme ce n'est pas mon *poisson favori*, je renvoie le lecteur à une prochaine édition des *Amants célèbres.*

« On annonce le départ pour Bruxelles du senor Marfori, — offensé par quelques *ligne* de *la Lanterne*... Parbleu !

Les *lignes* ont toujours effarouché le poisson... »

« Hier, au *Souper-Omnibus*, — 11, rue des Fossés-du-Temple, — j'ai entendu un consommateur commander : — Garçon ! un *Marfori* à la maître-d'hôtel !... »

Em. Blondet.

(*L'Eclipse*, n. 10. octobre 1868.)

Marforiser. *a. v.* Conséquence du mot qui précède : — Homme, exploiter une femme, vivre à ses dépens. Femme, *favori...ser* un homme.

Margot (La). *s. f.* Le monde des patalns.

« O toi, qui chantes à gogo,
Des r'frains qui plais'nt à la *Margot*
Et sont prisés de tout' la tine... »

J. Ch.-x.

« Priape dérogea, Vénus fit la catin,
Cette contagion infecta les provinces,
Du clerc et du bourgeois passa jusques aux princes ;
La plus mauvaise garce eut ses adulateurs,
Et jusqu'à la *Margot*, tout trouva des fouteurs. »

(*L'Art priapique.*)

Margoton. *s. f.* Margot : fille de mauvaise vie, dernière catégorie.

« Villon sut le premier dans ces siècles grossiers
Débrouiller l'art confus de nos vieux romanciers,
Redonner le mouchoir aux filles de bon ton,
Et laisser la province enfiler *Margoton*. »

(*Art priapique*

Marguerite. *s. f.* Fleur de champs : oracle des amours. — Une collerette au cou d'un bouton d'or.

« Marguerite !.. — nom charmant ! Il y a une fleur comme ça qui tire les cartes à l'amour : un peu, beaucoup, passionnément... — Pas du tout ! »

Edm. et J. de Goncourt.

« M'aime-t-il, m'aime-t-il un peu,
Blanche *marguerite* ?
Réponds, réponds vite :
M'aime-t-il, m'aime-t-il un peu ?
Dois-je, *marguerite*,
Croire à son aveu... ? »

J. Choux.

(Voir *Pâquerette*.)

Mariage. *s. m.* Collage légitime de l'homme et de la femme, qui a le vit pour trait d'union, plus les enfants qui peuvent résulter dudit collage.
Selon Balzac :

« Le mariage est une association de mauvaise humeur, pendant le jour, et de mauvaise odeur pendant la nuit. »

Mariage de la main gauche. *s. m.* Concubinage.

« Le côté gauche est le côté du cœur. »

A. Watripon.

Marié comme les hannetons (Être). C'est-à-dire *par le cul*. — Vivre en concubinage.

« ... A votre tour, monsieur le maire,
Mettez votre écharpe aux fouillis :
Profès et professes
En *s'épousant comme les hannetons*,
N'ont plus besoin d'un acte et d'une messe. »

L. Festeau.

Mari malheureux. *s. m.* Mari, peut-être cossu, — mais à coup sûr, *cocu* — sans *cédille*.

Marionnette. *s. f.* Partisan, mâle ou femelle, d'une ballerine nommée *Maria*, qui faisait florès à *Mabille* en 1845, et à qui une autre joueuse de *flûtes*, nommée *Clara*, disputait le sceptre du cancan et le prix du chahutage.

Les partisans de cette dernière s'appelaient *Clarinettes*.

« Pomaré, *Maria*,
Mogador et *Clara*... »

G. Nadaud.

Maritorne. *adj. et s. f.* Femme disgracieuse, laide mal faite et grossière.

On dit aussi : *Malitorne*, dans l'argot du peuple.

Marloupin-e. *s. m.* Maquereau, malin, rusé ; — fille *affranchie*, — dans l'argot des gens de ce monde-là. Synonymes : *Marlou*, *marlouse*.

Marmite. *s. f.* Femme ou fille qui nourrit un homme.

« *Marmite de cuivre.* Femme qui gagne — et rapporte beaucoup.

« *Marmite de fer.* Femme qui gagne et rapporte un peu moins.

Marmite de terre. Femme qui ne rapporte pas assez, car elle ne rapporte rien.

Marmotte. *s. f.* Le con, — qui ne dort jamais. — Allusion au poil d'une motte bien garnie.

Marquer...(Ne plus). Sous-entendu, son linge. Ne plus voir ses règles : — Être enceinte ou trop vieille.

Marquise. *s. f.* Maîtresse. — (V. *Duchesse.*)

Marrons (Les). *s. m. pl.* Les roustons, qui en ont la forme, et comme eux, se font griller au *poêle* ardent — de la femme.

« Dam' Putiphar, sans médire,
Les aimait, je crois, assez ;
Pourtant Joseph, on doit l' dire,
N'avait qu' des *marrons* glacés.
Marrons, marrons,
Bien pleins et bien ronds,
Tout l' monde en voudra,
Ils brûl'nt, ces gros-là ! »

Alphonse.

Matassin.

« Félicité, dûment électrisée et lasse, s'était laissé aller en avant, la face contre les pieds de son *matassin*. »

Noriciat.

Matière (La). *s. f.* L'amour de la chair ; amour sans amour.

« Un téton ferme et rond, au moins, c'est positif. »

Th. de Banville.

« Oh ! oui, je personnifie les joies ardentes de la *matière*, les joies brûlantes de la chair. »

(Gamiani.)

Mayer (Un). *s. m.* Miché riche et généreux. — dans l'argot des putains du *haut trottoir*, qui ont gardé souvenir d'un israélite nommé *Mayer*, qui était riche — et généreux. *Rara avis!*

Matinée. Avoir été ou vouloir être baisée.

« On dirait que vous n'aspirez qu'après l'honneur d'être *mâtinée*. *(Noviciat.)*

Matiner (Se faire). Se faire fourrer au bas du ventre l'outil d'un homme.

Médaillon. *s. m.* Le cul, — argot des voleurs.

Médecine. *s. f.*

« Une femme embêtante, c'est une vraie *médecine*. »

(Axiome populaire.)

Membre de la caravane. *s. m.* Femme ou fille de mauvaise vie. — *chameau.*

Membre viril. *s. m.* La nature de l'homme : — Monseigneur **le vit**, ou madame **la pine**.

Outre ces deux noms, ce noble personnage, qui veut chaque jour être fêté, possède plus de prénoms qu'il n'en faudrait pour refaire le calendrier.... républicain.

Je cite les principaux :

« L'acteur, l'affaire, les agréments naturels, l'aiguille, l'aiguillon, l'aiguillette, l'andouille, l'arbalète, l'ardillon, l'arme, l'aspergès, l'asticot. — La **Baguette**, le balançoir, le bâton à un bout, le bâton de sucre de pomme, le bâton pastoral, le battant de cloche, la béquille du père Barnaba, le berlingot, la bibite, le bilet, le bijou, le bistouri, la bite, le bogue, le bonhomme, le bouchon, le boudin blanc, le bougeoir, la bougie, le bout de viande, le boute-feu, le boute-joie, la boutique, le boyau, la braguette, le bracquemard, le bras, la briche, la broche, la broque, la broquette, la burette. — Le canon à pisser, la carotte, le cas, le carafon d'orgeat, le cavesson, cela, ce qu'on porte, la chair, le chalumeau, le champignon, la chandelle, la chanterelle, la charrue, la chenille, la cheville d'Adam, la cheville ouvrière, le chibre, le chiffre, le chinois, le chose, le cierge, la cigarette, la clé, le clou, la cognée, le cognoir, le coin, la colonne, le compagnon fidèle, la corde sensible, le cordon de Saint-François, le cornichon, la couenne, la courte, le criquet. — Le dard, le dardillon, le degré de longitude, le devant, le doigt du milieu, le doigt qui n'a pas d'ongle, dom ou frère Frappart, le dressoir, le drôle. — L'écouvillon, l'engin, l'épée, l'étendard d'amour. — Le fils, le flacon d'eau-de-vit, le flageolet, la flèche, la flûte à un trou, le fourrier de nature. — La gogotte, la grosse corde, le goujon, le goupillon, la guigui, la guiguitte. — La haine, le hanneton, l'herbe qui croît dans la main, l'histoire, le honteux. — Jacques, la jambe, Jean Jeudi, Jean Chouart. — Le laboureur de nature, la lance, la lancette, le lard, la lavette, la limace. — Le machin, le mahomet, le manche du gigot, la marchandise, le mirliton, le mistigouri, le moineau, le morceau. — La navette, le nerf, le nœud. — L'obélisque, le onzième doigt, l'os à moëlle, l'outil, l'ouvrier de nature. — Le pal, le panais, le pénis, le pendiloche, le perroquet, la petite flûte, le petit frère, le petit voltigeur, la pierre à casser les œufs, la pierre de touche, le pieu, le pignon, le pis, la pissottière, le poinçon, la pointe, le poireau, la potence, le poupignon, Priape. — La quéquette, la queue. — Le robinet de l'âme, Rubis-Cabochon. — La sangsue, Saint-Agathon, Saint-Pierre, le salsifis, la sentinelle, la seringue, le sifflet, le sous-préfet, le sucre d'orge. — Le trépignoir, la triquebille, la troisième jambe, le tube, la verge. — La viande crue, etc., etc. »

Mémoires. Pour servir à l'histoire de la bicherie parisienne au XIXe siècle. C'est à savoir :

Mémoires de Céleste Mogador.
id. *de Rigolboche.*

Ces dames (par A. Verm..., un homme aujourd'hui sérieux).

Les Etudiants et les Femmes du quartier latin en 1860.
Mémoires d'une Femme de chambre.
id. *d'une Biche anglaise.*

Mémoires d'une autre Biche anglaise.
id. *de Thérésa*, de l'Alcazar.
id. *de Léonie Leblanc.*
id. *de l'Hippopotame.*
id. *d'une Honnête fille.*
id. *de Léotard*...... etc., etc.

Il y a encore à paraître plusieurs volumes de *Mémoires* de petites dames qui sont, en ce moment, *sous presse.*

MÉMOIRIER, MÉMOIRIÈRE. *s. m.* et *f. s.* Mots nouveaux. Noms que les chroniqueurs ont donné aux auteurs, mâles et femelles, des petits livres scandaleux énoncés ci-dessus.
Les principaux sont :

« MM. Ernest Blum ; Alfred Daunay ; Alfred Delvau ; Léon Grenier ; Louis Houssot ; Louis Huart ; Paul Mahalin ; A. Vermorel ; Mesd. De Chabrillan ; L. Leblanc, etc., etc. »

MENACER UNE FEMME. *v. a.* Bander ; lui montrer un vit en feu, pourpré, menaçant, terrible.

« Et, Alcide, comme il est amoureux ! Vois ! il te menace. . »

ALF. DE M. (*Camiani.*)

MÉNAGE A TROIS... Quelquefois à quatre. — Tout le personnel de l'adultère : le mari, la femme, l'amant et — l'enfant.

MÉNAGER SA POUDRE. Ne pas perdre son sperme sans que l'on se procure un plaisir certain.

MÉNESSES. *s. f. pl.* Les femmes, en général, et les filles de bordel, en... général aussi.

MENIN. *s. m.* Fouteur, — garçon d'honneur qui doit partager *vos jeux* — et vos joies, mesdames.

« La petite comtesse, à côté du prélat, lui serrait de temps en temps la main par dessous la nappe, pour lui faire comprendre combien elle le préférait pour *menin* à son peu naturel ami »

Le Diable au Corps.

MÈRE ABBESSE. *s. f.* Maitresse d'un couvent de *s'offre-à-tous :* — Maquerelle.

> « Sortez vite et rentrez souvent,
> Le jour baisse,
> Servez votre *abbesse* ;
> Mes filles, malgré pluie ou vent,
> En avant, pour l'honneur du couvent. »
>
> BÉRANGER.

MÈRE D'OCCASION. *s. f.* Fausse mère d'actrice ; entremetteuse. Femme d'un certain âge qu'une jeune fille qui veut se faire respecter — des amants pannés, — prend pour chaperon. C'est elle, ordinairement qui conclut les marchés avec les nobles étrangers que la beauté de *sa fille* a attirés.

MER ROUGE (La). *s. f.* Les règles

> « Trois lustres et rien de plus, donnaient aux yeux d'Agnès une nouvelle vie ; on y lisait à quelle époque les flux et reflux de la *mer rouge* avaient pour la première fois offert leur tribut à l'ordre naturel des choses ; ses formes se développaient.... »
>
> MERCIER DE C.

MESSALINE. Femme qui n'est jamais lasse de se donner aux hommes.

> « Que j'envie ton sort, trop heureuse *Messaline !* »
> (*Aphrodites.*)

MESSALINE (Valérie). *n. p.* Impératrice romaine, deuxième femme de Claude. Célèbre par son impudicité et ses infâmes débauches : la plus fameuse putain de son temps. Après avoir souillé la couche impériale en y recevant des amants de toutes les conditions, elle osa, du vivant de son époux, épouser publiquement Silius, jeune homme qu'elle aimait éperdument. Claude, à cette nouvelle, la fit mettre à mort avec tous ses complices, l'an 48 de J. C. Juvénal, dans ses *Satires*, s'exprime ainsi, au sujet de cette grande impure :

> « Quand de Claude assoupi la nuit ferme les yeux,
> D'un obscur vêtement sa femme enveloppée,
> Seule, avec une esclave, et dans l'ombre échappée,
> Préfère à ce palais tout plein de ses aïeux,

Des plus viles Phrynés le repaire odieux.
Pour y mieux avilir le nom qu'elle profane,
Elle emprunte à dessein un nom de courtisane :
Son nom est Lisisca ; ces exécrables murs,
La lampe suspendue à ces dômes obscurs,
Des plus affreux plaisirs la trace encor récente,
Rien ne peut réprimer l'ardeur qui la tourmente,
Un lit dur et grossier charme plus ses regards
Que l'oreiller de pourpre où dorment les Césars.
Tous ceux que dans cet antre appelle la nuit sombre,
Du regard les invite et n'en craint pas le nombre.
Son sein nu, haletant, qu'attache un réseau d'or,
Les défie, en triomphe, et les défie encor.
C'est là que, dévouée à d'infâmes caresses,
Des muletiers de Rome épuisant les tendresses,
Noble Britannicus, sur un lit effronté,
Elle étale à leurs yeux les flancs qui t'ont porté.
L'aurore enfin paraît, et sa main adultère
Des faveurs de la nuit réclame le salaire.
Elle quitte à regret cet immonde parvis.
Ses sens sont fatigués et non pas assouvis.
Elle rentre au palais, hideuse, échevelée,
Elle rentre, et l'odeur autour d'elle exhalée
Va, sous le dais sacré du lit des empereurs,
Révéler de la nuit les lubriques fureurs. »

« On appelle aujourd'hui *Messaline*, toute petite dame, qui, connaissant parfaitement la rocambole de l'amour, vous procure tous les plaisirs et toutes les jouissances, à la condition d'être grassement payée. Pourquoi ne publie-t-on pas tous les ans, un almanach des 25,000 adresses de ces 25,000 petites dames ?.. avec leurs prénoms, leurs surnoms, leur âge, une énumération de leurs petits talents, et surtout, leurs prix — fixes ?... Espérons que l'on y pensera. »

Métromanie. *s. f.* — Voir ; *Fureur utérine.*

Mettre (Le). *v. a. Le* (signifie ici *le vit*). Introduire (*l'*) dans la nature de la femme.

> « Adam voulut *le mettre* ;
> Eve *le* sentit mettre. »
> (*Ana vieux comme le monde.*)

Mettre dans le petit.....(Le). *v. a.* — Sous-entendu, dans le petit trou ; l'anus. — Enculer.

Mettre du lard en bouteille. *v. a.* Baiser une femme, — lui faire un enfant..... ou deux.

Mettre la tête a l'étau.... C'est-à-dire, entre les cuisses d'une femme, qui ne demande pas mieux que d'être gamahuchée.

Contrairement à l'instrument de fer qui porte ce nom, le con est pour la *tête* d'une pine, *l'étau* le plus naturel : ne devant serrer et maintenir que *l'objet...* qui veut *le travailler.*

On dit aussi : faire *casse-noisette.*

Mettre les pouces. *v. a.* Faire des avances pour un racommodement ; — revenir le premier, — ou la première.

Meublant. *s. m.* Entreteneur.

Mignon. *s. m.* Jeune pédéraste... passif. — Apollon à belles fesses.

L'histoire faisant mention des pages de Henri III, qui étaient non seulement ses favoris, mais encore ses *mignons,* ne laisse pas de doute sur l'emploi qu'ils avaient auprès de leur maître.

« Ce qu'il est le plus naturel de faire au femmes, est précisément ce dont elle se soucie le moins ;... tantôt elle veut qu'on la traite comme un *mignon....* tantôt, etc., etc. »

A. de Nerciat.

« Petit fils, petit *mignon,*
Mâle ou femelle, je sais ton nom. »

Béranger.

Mignonne (Avoir gagné la). Attraper la vérole ou la chaudepisse.

« J'irai gagner la *mignonne.* Eh bien, je t'enverrai à l'hôpital. »

Casanova.

Mignonne. *s. f.* Nom que l'on donnait au XVIIe siècle, à l'époque de leur apparition, à toutes les femmes entretenues.

«..... Les riches seigneurs et les financiers ne se faisaient pas faute d'entretenir plusieurs *mignonnes* à la fois dans différents quartiers de la ville, ou même de les réunir ensemble comme dans un sérail... . »

P. Dufour.

Mignonne est aussi le petit nom que se donnent entr'elles les tribades.

Mignonner.

« Ces gens choisissent bien mal leur champ de bataille ! Ne pouvaient-ils pas aller *mignonner* ailleurs !... »

(*Aphrodites.*)

Mijaurée. *s. f.* Fille ou femme qui, devant l'homme, affiche des prétentions par des manières affectées et ridicules qui nous font.... pisser. — Oh ! la ! la !

« Ne vas pas avec moi faire la *mijaurée.* »

Regnard.

« Fi des coquettes maniérées !
Fi des coquettes du grand ton !
Je préfère à ces *mijaurées*,
Ma Jeannette, ma Jeanneton. »

Béranger.

Milieu. *s. m.* Le con, par devant ; — le cul, par derrière. — *Il n'y a pas de milieu*, nom de Dieu !

« Ce n'était que l'enjeu, nom de Dieu !
Pour luron de ma sorte.
Je fêtai son *milieu*, nom de Dieu !
Trois fois avant que j' sorte, nom de Dieu !
J' fous l' quatrième à la porte, nom de Dieu...
J' fous l' quatrième à la porte ! »

P. de Catonni.

Millan. *n. pr.* Frère du gros *Millan* ; — le seul et le dernier des *Milian*, fabricant de boyaux de mouton neutralisés, sans odeur, ou — si vous l'aimez mieux, — marchand de capotes *anglaises*... en terre *glaise*, pour les dames. — 21, rue Beaujolais, Palais Royal.

« Les *capotes* mélancoliques,
Qui pendent chez le gros *Millan*,
S'enflent d'elles-mêmes, lubriques,
Et déchargent en se gonflant. »

(*Parnasse satrique.*)

Mille (le mettre dans le). *v. a.* Enculer une femme par surprise. — Tirer à la cible avec son vit et le fourrer d'un trait dans le cul d'une femme, qui est rarement *sensible*..... à cette galanterie-là.

Milo (Vénus de). *s. f.* La Vénus *sans bras* qui est au Louvre. Ce chef d'œuvre de sculpture fut trouvé, en 1820, dans l'île de Milo (en Grèce) et ramené en France par le comte De Marcellus.

« *O Vénus de milo*, grand poëme de pierre,

. . . .

Et vous savez si bien ces amours éperdus,
Que si vous retrouviez un jour vos bras perdus
Et qu'à vos pieds brisés tombât votre tunique,
Nos amours pâmeraient dans un combat unique
Et vous m'étaleriez votre ventre indompté,
Pour y dormir un soir, comme un amant sculpté. »

Th. de Banville.

Mimi. *s. f.* Maitresse, — dans l'argot des Bohêmes, qui ont emprunté cette expression à Murger, qui l'avait empruntée à de Musset, — qui l'avait inventée pour contrarier les gens qui persistent à dire : *ma petite chatte.*

Minet. *s. m.* Le *con cha veneris*, à qui la bouche de l'homme sert de femelle en lui faisant *minette*.

« Hier pour te trouver en cachette,
Vers toi le désir m'entraînait ;
En folâtrant sur ta couchette
Je découvris monsieur *Minet*.
Pendant que sur bouche de rose
J'allais charmer mon odorat,
Raton faisait bien autre chose
Il amusait ton *petit chat*.

Didi.

Minon-Minette (Faire). *v. a.* Se gamahucher mutuellement, homme et femme ; faire tête-bêche.

Minotaure. Monstre qui naquit dans l'île de Crète, de Pasiphaé et d'un taureau. On le représentait ayant le corps d'un homme et la tête d'un taureau — avec les *cornes*, naturellement.

Minotauriser. *v. a.* D'un homme marié, faire un *cornard*, — ce qui ne l'empeche pas d'avoir une *mine autorisée*, — au contraire.

Mirliton. *s. m.* Un des nombreux synonymes des mots : Vit, pine et con, — très usité dans les chansons et les poésies légères.

« Je ne connais sur la terre
Que deux séduisants objets,
Ce vin qui remplit mon verre
Et d'un tendron jeune et frais,
L'étroit *mirliton*, etc.

« Le cynique Diogène
Blâmait toujours le plaisir,
Et lui-même, dans Athènes,
Il empoignait pour jouir
Son vieux *mirliton*, etc. »

J. Cabassol.

Mode de Berlin (Foutre à la). Le mettre dans le *Prussien*, c'est-à-dire, par derrière : — Enculer.

« De là, ma chère maîtresse, l'habitude familière que j'ai contractée de favoriser à la *mode de Berlin* ceux de mes galants qui peuvent avoir cette fantaisie..... »

(*Mon Noviciat.*)

Moignon. Le membre viril, qui, en effet, a un peu l'air d'un fragment de bras ou autre membre.

Moitié. *s. f.* Épouse légitime, avec qui l'on ne fait qu'un, grâce au *nœud* qui sert de trait d'union.

« Ma moitié, qui m'aime au moins pour douze,
De Trinquefort est bien un peu jalouse :
Mais si je trahis mon épouse,
C'est toujours pour le même objet..... »

Am. de Beauplan.

« Péters, dis-moi, par amitié,
Pourquoi que l'usage réclame
Qu'à Paris l'on nomme *moitié*
Ce qu'au village on nomme femme ?
— C'est que Paris est un pays
Où se prodiguent tant les dames,
Que là, les trois quarts des maris
N'ont que la *moitié* de leurs femmes. »

(*Ancien vaudeville — des Variétés.*)

Mollir. *v. n.* Débander petit à petit, pendant l'action du coït, ou faire écrevisse en approchant du con.

« Quelque soit le jupon sous lequel on s'escrime,
Bander est un devoir, et *mollir* est un crime »

(*Art priapique.*)

MOMAQUE. *s. m.* Enfant. (Argot des voleurs.)

MÔME. Jeune putain, dans l'argot des souteneurs.

« J' vas la r'lever, la *mome* a l'air gironde... »
(*Chanson nouvelle.*)

On dit aussi : *Mômeresse.*

MÔME D'ALTÈQUE. Joli garçon ; adolescent. (Argot des voleurs.)

MOMIE. *s. f.* Femme qui n'a pas d'énergie, qui ne sait pas se retourner.

MÔME OU MÔMERESSE. *s. f.* Maîtresse toute jeune ; plutôt une enfant qu'une femme, — dans l'argot des voleurs et des maquereaux.

MOMIÈRE. *s. f.* Sage femme.

MOMIGNARD, — ARDE. *s. m.* Petit enfant, fille ou garçon.

MÔMIR. *v. n.* Accoucher. — (Argot des voleurs.)

MOMISER. *v. a.* Enculer un môme.

MONDE FOUTANT (Le). *s. m.* Le nombreux personnel de la galanterie ; nobles ou roturiers, gandins et lorettes, biches et calicots, maquereaux et putains,... bref, — payants ou payés, — tout ce qui vit ou fait vivre, de la prostitution.

MONICHE (La) OU MONIQUE. *s. f.* La motte, avec toutes ses circonstances et dépendances.

« Lorsque Vénus vint au monde,
Elle avait la motte blonde,
Les tétons bien relevés
Et les poils du cul frisés.
En voyant cette *moniche*,
Le grand Jupin s'écria :
Heureux celui qui se niche
Dans un con comm' celui-là. »

(*Anonyme.*)

« Après cela, c'est son tour de fêter toutes ces petites *moniches.* »

(*Aphrodites.*)

MONSEIGNEUR. *s. m.* Titre d'honneur donné par une

femme goulue à un vit extraordinaire, pour la longueur ou la grosseur.

« Non, non, mademoiselle, jamais avec vos seize ans et votre trou d'aiguille, vous ne logerez ce *monseigneur*-là !.. »

(*Mon Noviciat.*)

Monsieur, *s.m.* Entreteneur.—(V. *Avoir quelqu'un*).

« Suivant le degré de destinction d'une femme, elle dit : mon époux,— mon homme, — mon *monsieur*, — mon vieux, — *monsieur* chose, — mon amant, — *monsieur*, — ou enfin *monsieur* un tel. — Sauf dans la haute aristocratie, où l'on dit : *monsieur un tel*, ce mot : mon époux, est général ; il se dit dans toutes les classes. »

Cadol.

(V. *Vieux monsieur*.)

Monsieur Lebon (Tenir). Qu'il soit jeune, vieux, ou entre deux âges, Monsieur Lebon est celui qui paye. — C'est *le meilleur*, — pour ces dames.

Monstrico, *s. m.* Petit monstre de laideur. Le mot est de Balzac.

Monter le coup (Se). Foutre une femme pour laquelle on a peu de goût, et jouir en pensant à l'une de celles que l'on désire.

« Un souvenir fatal me poursuit et m'oppresse...
Toujours à mon regard apparaît Serrefesse,
Et, si je veux baiser, je ne bande, à présent,
Qu'en pensant en moi-même à son cul séduisant...
Que cette garce-là doit être belle, nue !
Sa gorge est dure et blanche et sa fesse charnue !...
Que je serais heureux de la gamahucher !
De fourrer dans son cul ma langue! de lécher
L'entre-doigt de ces pieds ! son nombril ! son aisselle !
Tout effort serait vain pour me détacher d'elle...
Il faut que je la baise et cela sans tarder !
Tiens ! rien que d'y penser cela me fait bander ! »

L. P. (*Serrefesse, Act. III, sc. Ire.*)

Mont-fendu. La matrice.

« Du *mont-fendu* en vain je veux franchir la route. »

(*Théâtre du Bordel.*)

Montre. *s. f.* Le cul, — allusion de forme.

« Le pitre d'un tireur de cartes, recevant un coup de pied de son maître, s'écriait toujours en portant la main à son cul : — « Ah ! monsieur, vous avez failli casser le verre de *ma montre.* »

Montretout. *n. de l.* L'un des pays imaginaires de la carte du Tendre. Pseudonyme de tous les endroits mystérieux, bosquets, bois, forêts, etc., etc., où la femme, se trouvant libre avec l'objet aimé, met à nu tous ses charmes et *montre tout* — son savoir-faire.

« Pierre, par jour, fait coup sur coup
Six voyages avec Jeannette,
Sur la route de *Montretout.* »

Eug. Guémied.

Monture. *s. f.* La femme, qui porte l'homme, surtout quand il la *baise en levrette* ; — l'homme, quand la femme *fait le gamin.* — (V. *ces mots.*)

Morceau de salé. *s. m.* Nouveau-né, ou tout jeune enfant. (Argot des filles.)

Mordiller les tétons. *v. a.* L'un des *petits alentours* qui servent d'absinthe à la fouterie : — titiller doucement, des lèvres et des dents, le bout des seins d'une femme, pour la préparer au plaisir.

« Procédez avec ordre, et pour ouvrir la voie
De vos lèvres en feu, *mordillez les tétons.*
Que le bout, sous la dent, se gonfle, se raidisse
Et communique au corps d'ardentes voluptés... »

X.

Mort-dans-le-dos, *s. m.* Homme froid, mou, indolent, insensible et sans énergie : — incapable de bander, — dans l'argot du peuple, qui n'aime pas les lymphatiques.
Synonyme de *Pisse-froid.*

Morue. *s. f.* Femme banale, abjecte, sale et dégoûtante.

Se dit aussi d'une femme laide et d'une gourgandine.

Morveuse. *s. f.* Pour un vieil amant, qui ne fait pas souvent l'amour, c'est une maîtresse trop jeune, qui, pour lui, a le défaut de *n'être bien* qu'au lit.

« Je veux qu'on pense, qu'on parle ; nos *morveuses* ont rarement des idées et de la conversation...., On sait bien qu'une femme qui aime le plaisir n'en aurait pas beaucoup avec un homme tel que moi ; je trouverais donc *tout très-bon*, pourvu que je ne visse rien..... »

(*Félicia*.)

Mot grenadier. *s. m.* Exclamation cambronnienne, qui s'emploie *généralement*, tels que : foutre ! bougre ! et puis..... merde ! au fait :

« Je ne veux pas prononcer ces mots là. »

Mots inconnus. *s. m. pl.* La kyrielle de cris d'ardeur, de mots étouffés, mourants et sans suite que l'on prononce dans le paroxysme de la jouissance, tels que :

« ... Tout à toi !.. à moi !.. arrête... là !.. oh !.. plus vite... va donc !.. ah ! je sens... je fonds... arrête... je jouis !... oh !... »

« Qu'elle est superbe en son désordre,
Quand elle tombe les seins nus,
Qu'on la voit, béante, se tordre
Dans un baiser de rage, et mordre
En criant des *mots inconnus !* »

A. de Musset.

Mouche-pine. *s. m.* Rivette, ou plutôt, adolescent qui suce les pines. On n'en meurt pas.....

« Y a-t'y des états bêtes ! »

Moucher (et Se). *v. a. et pr.* Bander, baiser ou se branler — afin de décharger.

« Pourtant, on fout cette latrine !
« Ne vaudrait-il pas mieux, cent fois
« *Moucher* la morve de sa pine
« Dans le *mouchoir* de ses cinq doigts ? »

Th. Gautier.

« Le vieux maréchal de Villeroi ayant été envoyé à Lyon, en 1717, pour apaiser une sédition, ce ne furent pendant son séjour que réjouissances et fêtes continuelles. Une grande dame de Paris, ayant appris que les Lyonnaises s'empressaient fort d'écrire au maréchal, écrivit à l'une d'elles : « Mandez-moi donc à qui M. le Maréchal a *jeté le mouchoir*. » La vieille madame de Bréault, qui habitait Lyon et qui avait été autrefois des amies de Villeroi, vit cette lettre et dit à celle qui la lui montrait : « Écrivez à votre amie qu'il y a longtemps que le maréchal *ne se mouche plus.* »

P. LAROUSSE.

MOUCHIQUE. *adj. m. et f.* Laid ou laide, désagréable, — argot des faubouriens.

MOUDRE. *v. a.* Faisant le gamin, « s'agiter circulairement sur l'homme qui baise, assis sur une chaise, pour activer la jouissance qu'on ressent de la présence de son membre dans le vagin. »

« Elle ne fout pas, elle *moud* : elle travaille et je jouis. »

LEMERCIER DE NEUVILLE.

MOULIN A MERDE. *s. m.* Se dit d'une vilaine bouche, — comme de la plus mignonne et la plus rose.

« ...... Si vous croyez baiser une belle petite bouche, avec des dents bien blanches, vous baisez un *moulin à merde* : tous les mets les plus délicats : les biscuits, les pâtés, les tourtes, les farcis, les jambons, les perdrix, les faisans, le tout, n'est que pour faire de la merde mâchée. »

(*Lettre à feu Madame l'Électrice de Hanovre, imprimée textuellement dans les lettres publiées à Strasbourg en* 1789.)

MOULIN A VENT. *s. m.* Le cul, qui, bien que moule à merde, est un moulin *à vents*.

On dit aussi : *Ventôse*.

MOURIR AU CUL DE LA PRINCESSE. *v. n.* Échouer au port, — débander au moment de jouir.

MOURIR DE PLAISIR. *v. n.* Être au paroxysme de la jouissance, ce que feue Marguerite de Bourgogne (Mlle Georges) appelait : sonner Joséphine, quand par hasard, son *auguste* amant mourait de cette agréable façon.

« Tu ne pourras plus me satisfaire... ma tête brûle... Voyons ! que peux-tu ? Je veux *mourir d'excès*, je veux jouir enfin !.. jouir !.. jouir !... »

« ...... Je vais te mettre en feu, te porter au comble de la vie sensuelle ! Tu retomberas morte encore, mais *morte de plaisir* et d'excès ! »

A. DE M.

Moustache, *s. f.* Le poil de la motte.

> « Qui d' nous a la plus bell' *moustache* ?
> S' disaient nos dragons bien souvent,
> Sans parler de *cell'* que l'on cache ;
> C'est la dragonn' de Friedland. »
>
> Ém. Debraux.

Mouzu ou **mousse**, *s. m.* Téton, — dans l'argot des voleurs.

Muffle, *s. et adj.* Imbécile, goujat, brutal. — Ouvrier, dans l'argot des filles, qui n'aiment pas la blouse.

Muffleton, *s. m.* Petit muffle, jeune imbécile, etc. Inutile d'ajouter qu'on prononce *muff'ton*.

Museler. C'est mettre à une fille ou femme une ceinture dite de chasteté, afin d'empêcher le chat d'aller au fromage.

Mystères, *s. m. pl.* Se dit de toutes les choses de l'amour qui, devant être tenues secrètes, ne sont révélées que par les initiés, aux soupirants après l'initiation de *ces choses*.

« ... Avec quels transports il me remerciait de l'avoir initié dans de si agréables *mystères*. »

(*Mém. de Miss Fanny*.)

Narcisse, *n. pr.* et *s. c.* Un beau *Narcisse*. Se dit à propos des jeunes gandins qui, amoureux de leur figure, n'ont, en fait de maîtresse... que la *veuve Poignet*. — Allusion au Narcisse de la fable, qui mourut d'un amour semblable.

> « Tu meurs, tu veux mourir, toi si jeune et si beau !
> Triste et désespéré, tu te *cherches toi-même* ;
> D'étranges voluptés creusent ta tempe blême,
> Et tes honteuses mains te mènent au tombeau. »
>
> Henri Cantel.

Naser. *v. a.* et *n.* Avoir quelqu'un dans le nez, c'est-à dire : ne pouvoir sentir quelqu'un. — (Argot des voleurs et des voyous.)

Nature de la femme (La). *s. f.* Messire *le Con*, qui comme son seigneur et maître le Vit, ne manque pas de prénoms. — Ainsi.

« L'abricot fendu, l'affaire, l'angora, l'anneau d'Hans-Carvel, l'atelier, l'autel de Vénus, l'avec. — La bague, le baguet, le bas, les basses marches, le bassin, le bénitier, le bijou, le bissac, la blouse, le bonnet à poil, le bonnet de grenadier, la bouche d'en bas, la bourse à vit, la boutique, le brasier, la brèche. — Le cabinet, le cadran, la cage, le calandrier, le callibisti, le calibre, le cas, la cave, la caverne, ça, le céleste empire, le centre, le champ, le chandelier, le chapeau, le chat, le chaudron, le chemin du paradis, la cheminée, le chose, la chounette, la cité d'amour, le clapier, le cœur, la coiffe, le combien, le concon, le connin, la connasse, le conneau, le connichon, le conil, la coquille, le corridor d'amour, la crevasse. — Le dédale, le devant, la divine ouverture. — L'écoutille, l'écrevisse, l'empire du milieu, l'entonnoir, l'entremise, l'entre-deux, l'entresol, l'éteignoir, l'éternelle cicatrice, l'étoffe à faire la pauvreté, l'étui. — La fendasse, la fente, la figue, le formulaire le fruit d'amour. — Le golfe, la guérite. — Le harnois le hérisson, l'hiatus divin, l'histoire. — Le jardin d'amour, — La lampe amoureuse, la lampe merveilleuse, la lanterne, la latrine (un vieux con). — Le machin, le maljoint, la marchandise, messire Noc, le mirliton, le mortier, le moule à pine, le moulin-à-eau, la monniche. — Le noir. — L'objet. — Les pays-bas, le petit lapin. — *Quoniam bonus.* — Le réduit — Le salon du plaisir, le Sénégal, la serrure. — Le tabernacle, le mille, le temple de Cypris, la tirelire, le trou chéri, le trou de service; le trou madame, le trou mignon, le trou par où la femme pisse, le trou velu. — Le vagin, etc., etc... »

L'explication de tous ces mots se trouve dans le *Dictionnaire érotique moderne.*

Nature de l'homme. *s. f.* — (V. *membre viril.*)

Navieaux. *Navet*, nom figuré du vit.

> « Nos chemises étaient si courtes
> Que l'on voyait nos *navieaux*.
> Filourette, etc. »
>
> (*Ancienne chanson.*)

Né coiffé (Être). C'est-à-dire : être né pour être cocu, comme tant d'autres, ou pour avoir tous les bonheurs :

« Il a une chance de cocu. »

(*Vieux dicton.*)

« De ma vive et juste colère
Pour avoir ainsi triomphé,
Il faut, en vérité, ma chère,
Que votre époux soit *né coiffé*.

ET. JOURDAN.

NÉNAIS OU NÉNETS. *s. m. pl.* Les tétons, dans l'argot des grisettes et des moutards.

« Petite maman s'est fait des *nénais* avec du coton, na ! »

GAVARNI.

NÉNUPHAR. *s. m.* Plante aquatique. Palliatif que l'on mêle aux boissons des religieuses. Suit, le pourquoi :

« L'extravagance monacale a inventé de mêler dans leurs boissons des décoctions de *nénuphar*, ou des infusions de nitre, en vue de détourner les dispositions d'une nature trop active..... »

MIRABEAU. (*Rideau levé.*)

NERCIAT (le chevalier And. R. de). Romancier pornographe, né à Dijon en 1750, mort à Naples en 1800. On lui doit.

« *Félicia ou mes Fredaines* (1775) ; — *Contes nouveaux* (1777) ; — *Dorimont, ou la marquise de Clairville* (1778) ; — *Constance, ou l'Heureuse témérité* (1780) ; — *La Matinée libertine* (1787) ; — *Le Doctorat impromptu* (1788) ; — *Les Galanteries du jeune chevalier de Faublas* (1788) ; — *Monrose, ou le Libertin par fatalité* (1792, suite de *Felicia*) ; — *Les Aphrodites* (1793) ; et : *Le Diable au corps* (1803). »

NERF CAVERNEUX. Le vit, qui est en effet percé d'un bout à l'autre et semble l'entrée d'une caverne.

NEZ. *s. m.* Le vit ; — que l'on juge d'après le nez : plus il est fort, mieux il se fait *sentir*.

« Ah ! quel *né!* (*bis*)
Tout l' monde en est étonné. »

GUINARD.

Nez de bon augure. *s. m.* Grand nez.

« Grand nez, grand vit, » dit un vieux proverbe.

« OEil étincelant
Doigt vif et galant,
Nez de bon augure
Et bonne figure... »

DAUPHIS.

Nicette. *adj. fém.* Novice.

« ... Qui n'ait de mainte amour la poitrine embrasée ;
Qui soit douce et *nicette*, et qui ne sçache pas,
Apprentive au *métier*, que valent les appas. »

MATH. RÉGNIER.

Niche du démon. *s. f.* Le con, où tout grand diable de vit peut se *nicher* et se mettre à son aise, comme s'il était un saint.

Nichons. *s. m. pl.* Tétons — dans le langage enfantin. On dit aussi : *seins nichés*, — par allusion au corset qui leur sert de niche.

Nid de chrétiens. *s. m.* Couples d'amoureux qui vont *pondre* dans les bois, les champs de blés ou les champs de luzerne. Ils sont ordinairement dénichés par le garde-champêtre, qui, ne pouvant faire mieux, se contente de dresser — procès-verbal.

« Jeun's gens, est-ce ainsi qu'on s' gouverne ?
En plein jour ainsi qu'en pleins champs,
Transformer, mill' noms d'un' caserne !
En *nid' chrétiens*, un champ d' luzerne...
Je vous y prends! *(bis.)*
Halte-là, morbleu, je vous y prends ! »

BLONDEL.

Nids d'amour. *s. m. pl.* — (V. *Fossettes.*)

N'importe quoi. *s. m. au fig.* Un des mille et un pseudonymes de messire le con et de monseigneur le vit.

« Du paradis, lorsque le premier homme
Se fit chasser, qui causait son émoi ?
La bible veut que ce soit une pomme,
Et moi je dis : c'est un... *n'importe quoi.* »

G. CHEVALIER.

Noeud (Le). *s. m.* La pine et les couilles qui, réunis, forment un *nœud* assez solide pour *nouer* la femme à l'homme.

« L'homme qui a beaucoup baisé de femmes et qui, pour faire une fin, se marie appelle cela : former d'autres liens.

« La femme, plus logique, dit : *former un nouveau nœud.*

« Ce mot est employé fréquemment par les voyous qui disent : *mon nœud!* plus facilement qu'ils ne disaient : du flan ! »

Noms d'oiseaux. *s. m. pl.* Petits noms que donnent ces dames à leurs messieurs, selon le degré d'amitié, d'estime ou d'amour qu'elles ont pour eux :

« Mon *ange*, mon *chien*, mon *chat*, mon *chou*, mon *loulou*, ma *biche*, mon *bichon*, mon *lapin*, mon *cochon*; etc., etc. On peut ajouter devant : mon grand, mon gros, mon petit, selon le physique de l'animal privilégié ; et à la suite le mot *chéri* :

« Mon gros chien *chéri*, gros bibi *chéri*, etc. — J'en passe et.... des plus bêtes. »

Nota : *Mufle* n'est pas un nom d'oiseau.

Notre femme, Fille publique, ou seulement femme légère, qui va avec Pierre, avec Paul et plus souvent, avec Jacques, qui est monsieur Tout-le-Monde.

Notre homme. Homme qui fout toutes les femmes, qui ne demandent pas mieux, — pourvu qu'il leur plaise.

Nounou. *s. f.* Nourrice, — dans l'argot des enfants qui ne savent pas encore parler.

Nourrice. *s. f.* Femme chargée d'embonpoint — sur la poitrine.

Nourrir au nez. *v. a.* Calembourg modeste, qui tend à prouver que si une nourrice *nous rit* souvent *au nez*, elle ne *nourrit* jamais *à l'œil.* J. C.

Novateurs des plaisirs. Noms tirés de l'oubli, ou supposés par l'auteur de *l'Art priapique.*

« Ah ! qu'ils faisaient l'amour platement autrefois,
Ces chevaliers errants, ces paladins courtois !
Filant à leurs beautés une tendresse pure,
Ils pensaient que les foutre était leur faire injure.
Pinus, sut le premier, dans ces siècles grossiers,

Coutier plusieurs de ces preux chevaliers.
TRIBADINUS, après fit fleurir l'*encuissade* ;
LOYOLA fut, dit-on, père de l'*enculade* ;
VAGINUS renchérit par dessus ces ribauds
Et créa pour jouir des moyens tout nouveaux ;
GAMAHU, qui suivit, eut une autre méthode :
Il devint, par *sa langue*, un ribaud à la mode
Et longtemps, près du sexe, eut un heureux destin.
Mais, les imitateurs de ce sale mâtin,
Accablés de mépris par un goût si grotesque,
Abjurèrent bientôt leur méthode tudesque.
Ce paillard ordurier trébuché de si haut,
Rendit plus retenus CHANCRIN et POULINOT.
Enfin PRIAPUS vint et, le premier en France,
Corrigeant l'art de foutre, en bannit la licence :
D'un vit mis en sa place enseigna le pouvoir,
Et réduisit la couille aux règles du devoir... »

(*Art priapique*.)

NOVICE. *s. et adj.* Pucelle ou puceau qui, n'ayant pas le plus petit de nos vices, ne peuvent se faire la moindre idée de l'amour et de la fouterie.

« La donzelle, encore *novice*,
Ne sut comment prendre l'objet,
Que, par un surcroît d'artifice,
Le drôle au ventre lui mettait. »

BÉRANGER.

NOVICIAT D'AMOUR. *s. m.* Apprentissage de la fouterie.

NOVIO. *s. m.* Cavalier servant.

NOVIOTTER. *v. n.*

« Les jeunes Mexicaines sont extrêmement libres avant le mariage. Il est permis à un jeune homme de passer avec une demoiselle de longues heures en tête-à-tête, de monter à cheval avec elle, de l'accompagner à la promenade et au théâtre, sans que l'on suppose qu'il soit même son prétendu. Il est simplement son *novio*.

Si la demoiselle le juge convenable, elle peut même avoir plusieurs *novios* à la fois, et s'ils se trouvent un beau matin dépossédés de leurs privilèges, ils n'ont rien à dire. Il paraît que les officiers français ont trouvé ce système fort agréable et qu'ils ont même formé du substantif espagnol *novio* le verbe *noviotter*, pour exprimer ce genre de parenté. »

Noyer un gosse. (ou un enfant) *v. a.* Se branler *au bord* et décharger *dans* la rivière. — Inutile d'appeler au secours, puisque l'on est seul pour commettre ce crime.

Nul (Être). N'être bon à rien dans l'exercice de Vénus,

« J'eus le malheur de m'aventurer avec ce beau monsieur ; cela fut d'un nul !..... »

(*Aphrodites.*)

Numérotée (Être). Être inscrite, avoir son nom et son *numéro* sur les registres de la préfecture — Être fille publique.

« Du beau quartier, plus d'un' bell' dame
Qui pour un cach'mire ouvr' ses draps,
Épous' d'ultras, nièc' de prélats,
Tout ça *travaille* et n' se *numérot'* pas. »

E. Debraux.

Nymphes (Les). *s. f. pl.* Les petites lèvres de la matrice.

Nymphomanes. *s. f. pl.* Tribades. — Femmes qui s'aiment et se le prouvent, entre cuisses — et nymphes.

« Que faire de mes deux recluses, que j'ai laissées la bouche béante et attendant les promesses de l'amour? Les voilà *nymphomanes* et tribades : elles vont se dessécher et périr avant le temps comme une fleur qui soupire après la rosée .. »

Mercier de Compiègne.

Nymphomanie. *s. f.* État de femmes qui, privées d'hommes, — les religieuses, par exemple, — *s'aiment* entr'elles et en apprenant à *se connaître*, *récoltent* pour l'avenir, un profond dégoût pour l'homme et pour la pine.

Obélisque. *s. m.* Membre viril, — que toutes les femmes n'ont pas le bonheur de voir se dresser devant elles.

« Où qu'tu vas? J' monte chez Mélanie, pour mettre mon *obélisque* en pension. »

Lemercier de Neuville.

(V. *Faire l'obélisque.*)

Objet, s. m. Amant ou maîtresse.

« ... Oui, Lindor, je suis à toi.
Cher *objet* de ma flamme,
Je veux vivre sous ta loi. »

(*Le Barbier.*)

« Ce n'est qu'au Lion d'or que le plaisir charme la vie :
Sans bruit, sans effort,
On y brave les coups du sort ;
Sitôt que l'archet vient exhaler son harmonie,
A trois sous l'cachet
On peut fair' danser son *objet.* »

Cogniard frères.

Objet a rebours (Prendre l'). v. a. Prendre le cul par derrière, — à une femme qui s'attendait à se le sentir prendre par devant : l'enculer au lieu de la baiser.

« T'en trouv'ras qu'auront bien des caprices,
Plus d'un vaurien *prend l'objet à rebours* ;
De ces Judas, déroutes les malices
En leur offrant le ruisseau des amours. »

L. Festeau.

Objet verreux. Femme un peu mûre.

Obombrer. s. f.

« Tenez (c'était dans ce moment que Fontencourt *obombrait* la baronne) voyez avec quel calme. »

(*Aphrodites.*)

Occuper le billard. v. a. Tout le monde sait que c'est tenir le billard pendant deux ou trois heures pour y faire deux ou trois cents points ; mais ce que tout le monde ne sait pas, c'est ce que l'auteur de l'histoire des *Cafés* et *Cabarets de Paris* va nous apprendre :

« Un cafetier du boulevard du Temple avait une femme et un garçon ; la femme était jolie femme et le garçon joli garçon : je ne vous étonnerai donc pas en vous disant qu'un matin, en traversant une salle de billard un peu sombre, dans laquelle on ne jouait presque jamais, il aperçut sa femme et son garçon qui — *occupaient le billard.* Furieux, indigné, exaspéré, — et à si juste titre, — il s'écria d'une voix retentissante, en s'adressant au garçon interdit : « Victor je vous donne vos huit jours !... »

Alfred Delvau.

Octave (Faire l'). *v. a.* C'est, — d'après le *Compendium érotique*, — branler une femme et lui faire en même temps postillon :

« ... Lecteur, sais-tu *faire l'octave ?*
Chacun sait que les doigts d'un joueur de piano,
Pour doubler une basse — en exemple le do,
S'écartent pour frapper les deux notes extrêmes.
Pour doubler le plaisir les procédés sont mêmes.
Faites l'octave au cu, quand vous branlez le con :
Ne l'oubliez jamais, chatouillant un téton. »

Ode a Priape. Le chef-d'œuvre des chefs-d'œuvre dans le genre érotique. — *Le citateur* ne peut résister au désir qu'il a d'offrir à ses lecteurs, la *sixième* strophe de l'*Ode à Priape*. — Cette strophe, qui n'existe dans aucune édition des œuvres de Piron, est extraite du rare *recueil* de pièces rassemblées par les soins *du Cosmopolite*, en 1735.

« Jeunesse au bordel aguerrie,
Ayez toujours le vit au con !
Qu'on foute, l'on sert sa patrie,
Qu'on soit chaste, à quoi lui sert-on ?
Il fallait un trésor immense
Pour pouvoir de leur décadence
Relever les murs des Thébains ;
Du gain de son con faisant offre,
Phryné le trouve dans son coffre :
Que servait Lucrèce aux Romains ? »

Piron.

Œillet (L'). *s. m.* Le trou du cul.

« ... Laurette, qui a fortement à cœur le gain du pari, dérobe lestement la *boutonnière*, et, d'un temps, fait trouver à l'engin dans *l'œillet* son véritable calibre. »

A. de Nerciat.

Œil marécageux. *s. m.* Regard voluptueux, langoureux. — L'expression est d'Édouard Donvé :

« Tu ras's la planch' comme un' varlope,
Quand on t' racle du Boieldieu !
Mais que tu dans's bien la galope,
Avec ton *œil marécageux*. »

Œuvres. Travail opéré sur la femme ; ce qui en est le résultat.

« La coquine l'a eu des œuvres du plus beau chevalier de France. »

(*Noviciat.*)

Offre-a-tous (S'). *s. f.* Putain, qui *s'offre à tous*, ne se donne à personne et se vend à monsieur Tout-le-Monde.

Offre-a-tous (Abbaye de S'). *s. f.* Maison de tolérance. — Bordel.

Ogresse. *s. f.* Marchande à la toilette, proxénète, dans l'argot des filles, ses victimes. — Sorte de femme à barbe, puissante, et d'une lubricité excessive.

> « Tudieu ! damoiseaux étourdis,
> Redoutez-moi, je suis *ogresse* ;
> Des *ogresses* du temps jadis,
> J'ai l'appétit et la tendresse... »
>
> Béranger.

Oh ! *Interj.* — (V. *Ah !*)

Oiseaux de vénus. *s. m. pl.* Selon M. Chompré, Vénus est ordinairement représentée sur un char traîné par des *cygnes*, des *colombes* ou des *moineaux*.... La rime étant parfois gênante, nos poëtes ont changé cela, et choisi les oiseaux qui leur plaisaient le mieux.

> « Saturne a pris le corbeau,
> Noir messager du tombeau ;
> Mars, l'épervier se réserve ;
> Phœbus, le cygnes a pris ;
> Les *pigeons* sont à *Cypris*,
> Et la chouette à Minerve. »
>
> Morin.

« Vénus qui, dans ce moment, traversait les airs sur son char traîné par des *cygnes* et des *tourtereaux*, rit de bon cœur, à la vue de l'embarras de nos ignorantes prosélytes. »

Mercier de Compiègne. (*Veillée du couvent*)

« Déjà les trois héros commençaient à se mesurer d'un regard farouche, lorsque Vénus descendit sur un nuage traîné par ses immortelles *colombes*.... »

(*L'Espiègle*, n° 12, 1865.)

> « Des déesses et des mortelles
> Quand ils font voir les charmes nus,
> Les sculpteurs grecs plument les ailes
> De la *colombe* de Vénus. »
>
> Th. Gautier.

Omnibus. *s. m.* Homme qui fréquente toutes les femmes;

— femme qui se laisse *fréquenter* par tous les hommes.

Onan. *n. pr.* Fils de Judas, petit-fils de Jacob et père de l'*onanisme*; fut maudit de Dieu pour ses impuretés... etc.

« Judas, dit l'Ecriture Sainte,
De sa postérité jaloux,
A Thamar, qu'il veut voir enceinte,
Donne ses trois fils pour époux.
Her s'épuise, Sela s'échine;
Homme impuissant et sans pitié,
Onan, auprès de sa moitié,
Chaque nuit se branle la pine. »

(V. le mot ci-après.)

Onanisme. *s. m.* Masturbation. Péché d'*Onan*, qui, selon l'Ecriture, se branlait pour ne point avoir d'enfants.

« Il est certains ribauds dont les pines glacées
Par un coup de poignet veulent être excitées
On voit devant un con leur verge se baisser,
Et *sous leur* propre *main* aussitôt se dresser.
. . . .
Pour vous justifier, n'offrez pas à mes yeux
De l'impudique *Onan* l'exemple vicieux... »

(*Art priapique.*)

Oncle. *s. m.* — (V. *Godemiché.*) Celui qui baise ma tante.

« Ma tante se dirige vers son armoire, y prend, dans un tiroir soigneusement fermé, une jolie boîte oblongue, l'ouvre et en tire.... Comment définir ce qu'elle en tire?... Une sorte d'instrument bizarre, de forme ronde, allongée, que je ne sais, en vérité, à quoi comparer; elle l'examine, le considère amoureusement et s'en saisissant .... de la main gauche écartant les obstacles, elle maintient avec la droite son singulier partenaire, et, en dépit d'une résistance désespérée, le fait complétement disparaître dans un certain réduit où il se trouve étroitement emprisonné; une sorte de combat s'engage aussitôt : le nouveau venu, furieux, et abusant de sa position, le traître! semble s'acharner sur ma malheureuse tante, dont le beau corps s'agite, bondit en soubresauts frénétiques, et qui bientôt vaincue, s'affaisse sur elle-même..... Je soupçonne qu'elle ne s'endormit pas tout de suite, car, étant restée aux écoutes, j'entendis encore de gros soupirs causés, j'imagine, par l'excentrique remplaçant nocturne du colonel de M.... Ce qui me suggéra l'idée, ne sachant de quelle dénomination gratifier le monsieur en question, de l'appeler *mon* ONCLE. »

(*Un Été à la campagne*, correspondance de deux jeunes Parisiennes, recueillie par un auteur à la mode (Droz), eau-forte (de Rops.) S. L. 1868.

ONDINES AU CHAMPAGNE. *s. f. pl.* Canotières parisiennes qui, ayant le vin gai, chantent sur l'*onde* en revenant de Bercy, de Bougival, d'Asnières, etc., d'où l'*on dîne* au champagne.

OPÉRATEUR. *s. m.* Fouteur qui, dépucelant une fille, ne se doute pas qu'il fait de la chirurgie — avec son vit.

ORACLE DES CHAMPS. *s. m.* Fleurette, qui a la confiance de tous les amoureux candides et — confiants. — (V. *Marguerite* et *Pâquerette*.)

ORAISON JACULATOIRE (Faire l'). Darder son aiguillon et lancer son sperme dans le con d'une femme, pendant qu'elle fait sa prière — sur le dos.

« Maman, vois-les donc tous deux,
Avec quelle ardeur ils prient !
Regarde comme ils s'écrient :
Mon amour !.. je vois... les cieux !
— Ils font, la chose est notoire,
Comme un acte méritoire,
L'oraison jaculatoire
Qu'en mon temps j'ai faite aussi... »

LÉGER.

OREILLE AU BAS DU VENTRE (Avoir l'). Se dit d'une fille qui n'a pas froid aux yeux, et qui bande dès qu'on lui parle d'amour.

ORGANE. *s. m.* Le vit, le con et le cul, qui remplissent parfaitement des fonctions nécessaires.

« Ah ! cambre-toi, ma divine sultane,
Et sous les plis que tu sais ramener,
Fais ressortir le vigoureux *organe*,
Que la pudeur me défend de nommer. »

G NADAUD.

Orgue. *s. m.* Fessier proéminent, — que j'appellerais plutôt, moi, *organiste souffleur*.

« ... Quand on veut désigner, chez une *forte dame*, cette partie du corps sur laquelle on s'assied, on dit très bien : Cette dame a un *bel orgue*. »

A. Humbert.

Orient (L'). *s. m.* Toutes les beautés qu'une femme étale — par devant. — (V. *Beautés occidentales*.)

Os a la moelle (L'). *s. m.* Le membre viril, qui, bien bandant, est un *os* moëlleux — et *à moëlle*.

Oseille (Avoir mangé de l'). Être de mauvaise humeur, parler ou répondre avec aigreur.

« Quand X... vous parle, on dirait toujours qu'il a mangé de l'*oseille*. » J. Ch.

Ostium. (Vagin.)

« A défaut d'*ostium*, il te reste le cul. »

(*Théâtre du Bordel.*)

Othellotiser (ou S'). *v. a.* et *pr.* Rendre quelqu'un jaloux, — le devenir soi-même, — comme *Othello*.

« Rodolphe rentra chez lui furieux, et ne sachant que faire pour forcer Mme de M*** à *s'othellotiser* un tant soit peu. » Th. Gautier.

Ouf !.. *Interj.* — Soupir qui marque le repos, — comme en musique.

Outillé (Être bien ou mal). C'est-à-dire : être bien ou mal *monté*. Avoir un vit respectable, ou ce que l'on appelle un maigre anchois.

Outils de la fouterie. *s. m.* Le vit et le con, — circonstances et dépendances.

« Les dieux, après nous avoir fait
Les *outils de la fouterie*,
Seraient dignes de moquerie
S'ils nous en défendaient l'effet. »

Motin.

Ouvrage (Faire tout l'). *v. a.* Jouer des reins sous un homme ivre ou épuisé, afin de l'amener à jouir en jouissant soi-même.

« ... Dès lors, je n'entendis plus que les mouvements passionnés de la lubrique Sylvina qui paraissait seule *faire tout* l'ouvrage. »

(*Félicia.*)

Ovale. *s. m.* Le con qui en effet a cette forme, — si l'on y met un peu de bonne volonté.

« Entre deux colonnes d'un albâtre lisse et arrondies, est situé cet *ovale* charmant, protégé par une petite éminence et une jolie motte. »

(*Veillées du couvent.*)

« Dès qu'il passa par un certain *ovale*,
A l'instant même à sa mère on cria :
Soyez tranquille, allez, c'est bien un mâle :
Dieu ! quelle tête il a ! »

E. Debraux.

Paf. *s. m.* Mot nouveau, de la famille des : *nœud*, *chibre*, *bogue*, *sifflet*, *dauphe*, etc., etc. Cent et unième nom donné à leur pine par les voyous.

« J'vas licher un poisson d'eau d'af,
Pour donner du nerf à mon *paf*. »

J. Ch.

Paf. *s. m.* Membre viril.

« Mon *paf !* » disent les voyous, pour dire et ne pas dire : « mon nœud ! »

Paffer. *v. n.* Jouer du *paf* : — baiser.

Paillasse. *s. f.* Putain commune, sur qui tout le monde a passé, ou peut passer.

« En avant, la femm' du sergent,
Balancez, la femm' du fourier ;
Demi-tour, la femm' du tambour,
Restez-là, *paillasse* à soldat... »

(*La leçon de danse. — chant guerrier.*)

— « Eh ! titi ! oh ! eh ! là bas.
Tiens ! est-c' que tu déménages ?
— Pourquoi qu' tu tiens ce langage ?
— C'est qu' t'as ta *paillass'* sous l'bras.
— Eh ! non, mon vieux, *c'est ma femme...* »
(*Chanson populaire.*)

PAILLASSON. *s. m.* Fouteur d'occasion, qu'une fille prend pour passer un caprice ou pour ne pas dormir seule.

« J'pinc à l'œil et j' m'en fais gloire,
C'est mon goût d'être *paillasson...* »
(*Chans. anon, moderne.*)

PAILLASSONNAGE. *s. m.* Coucherie désintéressée ; suffisamment expliqué par le mot qui précède et ceux qui suivent.

PAILLASSONNAGE (Faire un). Fouterie d'occasion entre homme et femme qui ne se connaissaient pas encore par le cul. — Cette coucherie, qui est un *découchage* pour l'un des deux, ne doit pas avoir de *suite*, — à moins qu'il n'y ait chaudepisse.

PAILLASSONNE. *s. f.* Femme qui couche *gratis pro Deo*, avec le premier venu, — par caprice.

PAILLASSONNER. *v. n.* Foutre indifféremment avec l'un ou l'autre, — ou l'une ou l'autre, — toujours *à l'œil*.

PAILLOT. *s. m.* Paillasson ; essuyez vos pieds, s. v. p.

PAIRE DE COUILLES SUR L'ESTOMAC. *s. f.* (Avoir une). C'est-à-dire de gros tétons qui flottent au vent.

« Elle a une vraie *paire de couilles sur l'estom'...* et ça gambille, faut voir ! » (*Un Mac.*)

PAIRE DE LUNETTES. *s. f.* Le fessier, qui porte deux fesses. — Allez-y-voir. — Allusion de forme — ou de formes.

PALE MALADIE. *s. f.* Maladie de langueur qu'ont toutes les vierges nubiles. Voici d'après le *Cabinet satyrique*, la recette contre les pâles couleurs :

« Lorsque la belle avait la *pâle maladie*,
Elle fit consulter aux oracles divers,
Voir quel remède était pour garantir sa vie.
Il lui fut répondu : Belle fille, ma mie,
Ton remède est écrit à côté de ces vers. »

***.

PALPITANT. *s. m.* Le cœur. (Argot des voleurs.)

PANIER AUX CROTTES, OU AUX CROTTINS. *s. m.* Le cul, circonstances et dépendances.

« *Secouer son panier*, se dit de toute femme ou fille qui se déhanche exagérément, soit en marchant ou courant, soit en dansant : ce que l'on appelle aussi : *tortiller de la crinoline* — ou du cul. » — (Argot du peuple.)

PANTUME. *s. f.* Fille ou femme de mauvaise vie et mœurs.

PAPE DANS ROME (Introduire le). C'est-à-dire : l'épée dans le fourreau ; l'engin dans le vagin ; le vit dans le con. — Il s'y trouve bien, qu'il y reste !

PAPILLON. *s. m.* Libertin qui a l'amour du changement, et des ailes... dans sa culotte ; ce qui lui permet de voler de fillette en fillette, comme le vrai papillon de fleur en fleur.

« Tout l'enchante, rien ne l'arrête,
Et si vous faites sa conquête,
Vous n'aurez pris qu'un *papillon*. »

DE CHAZET.

On dit aussi : *Papillonne*, à propos d'une femme inconstante et légère.

PAPILLON DE L'AMOUR. *s. m.* Vulgo, morpion. Petit insecte qui, voyageant de vit en con et de couille en cul, se cramponne à l'un ou à l'autre, dans un but de *colonisation*.

« Ma maîtresse, l'autre jour,
Se grattait, fallait voir comme...
Ainsi que se gratte un homme,
Je me grattais à mon tour.
Or, Suzon me déculotte,
Je la trousse sans détour :
Nous étions pleins, vit et motte,
De papillons de l'amour. »

HIP. CHATELIN.

PAQUERETTE. *s. f.* Petite fleur — de *Pâques* ; oracle des amants.

« Ma *paquerette*,
Si joliette,

Je crois en toi ;
Si je t'effeuille,
Si je te cueille,
Pardonne-moi. »

NUMA MERCIER.

(Voir *Marguerite*.

PAQUET DE MARIAGE. *s. m.* Le vit et les couilles, qui sont le trousseau du mari, et sa *dot* naturelle.

PARADIS PROFANE *s. m.* Bordel, où les anges ne se font des ailes qu'en plumant les michés.

PARENTHÈSE. *s. f.* Le con, qui entr'ouvre et renferme ses deux lèvres sur le vit qu'il reçoit comme *membre* — de sa famille.

PARNY (Evariste-Désiré Des Forges). *n. pr.* Poète érotique, né en 1753, mort en 1814. A sa place ici, par la même raison que Piron. — On doit à cet auteur, surnommé le Tibulle français, *les Poésies érotiques*, les *Galanteries de la Bible* et *la Guerre des Dieux*. Ce dernier poème a toujours été et est encore aujourd'hui mis à l'index. Béranger lui a consacré une chanson.

« Il vient d'expirer sur sa lyre,
Parny n'est plus ! »

PARTICULIÈRE. *s. f.* Bonne amie, connaissance, maîtresse, — dans l'argot des troupiers.

PARTIE DE ROUSCA (Faire la) ou de *rouscaille*. Baiser, — dans l'argot des coulisses. On dit, plus simplement : *Faire la partie*.

PARTIE FINE (Être en). Être avec une femme dans un cabinet particulier, ou — n'importe où, pour y tout faire.

PARTIES (Les). *s. f. pl.* Les deux brimborions qui pendent au bas du vit de l'homme et que l'on appelle vulgairement *les couillons*. — Comme le vit et le con, ces agréments ne manquent pas de noms agréables. — Je cite les principaux :

« Les agréments ; — les balles, les balloches, les ballottes, les breloques ; les burnes, les bourses ; — les couilles, les couillettes ; — les deux adjoints, les deux bibelots ; — les génitales, les génitoires, les gourdes, les guenilles, les guignes ; — les machines, les marjolles ; — les olives de Poissy ; — le paquet, les parties, les pelotons, le pot-au-lait, les prunes de monsieur ; — les rognons, les roubignolles, les roustons, les roupettes ; — les sonnettes ; — les témoins, les testicules ; — les virolets, les vestibules, etc , etc. » — (V. le *Dictionnaire érotique.*)

Parties naturelles ou sexuelles. *s. f. pl.* Les outils de la génération : Pour l'homme, le vit ; — pour la femme, le con.

Pascal. *n. pr.* Le vit. Pascal, comme *Jacques, Thomas, Jacquot...* (*Mirecourt est un con !*) ou, etc., etc., etc.

« ....Il ne m'importe guère
Que *Pascal* soit devant, ou *Pascal* soit derrière. »
Scarron. (*Don Japhet d'Arménie.*)

Partir ensemble dans le coït. Moment où le sperme s'élance du membre de l'homme, en même temps que la femme est arrivée à l'apogée de la jouissance.

« Pousse, pousse, mon cher Fanfare... ! Mets tout... tout... avec moi... Partons ensemble... fou... ou... ou... tre !... » (*Noviciat.*)

Pas d'ça, Lisette ! Formule de refus ou de négation, — dans l'argot du peuple.

« *Pas d'ça, Lisette !*
Vous voulez m'attraper. »
(*Vieille chanson*)

Pas grand'chose. *s. m. et f.* Gandin, chevalier de la dèche. — Drôlesse qui hante les bals public et les dits chevaliers.

« Ah ! y en a, y en a, y en a,
Que c'est vraiment des *Pas grand'chose.* »
Guichardet et L. De Neuville.

Passade. *s. f.* Fouterie imprévue, qui n'a de suites que si Madame Syphilis s'y trouve—pour un coup.

« Votre sale roman ne peut plus être écouté. — Si quelque mendiante vous demandait la *passade* au lieu d'aumône, je vous vois homme à la servir sur une borne, en plein jour. » (*Monrose.*)

PASSE. *s. f.* Passade intéressée, — côté des dames. *Faire une passe.* Amener un galant homme dans une maison qui reçoit aussi les filles — galantes.

PASSER DEVANT LA MAIRIE. *v. n.* Se marier au vingt-et-unième arrondissement, sans l'assistance du maire et du curé; — vivre en concubinage, — dans l'argot du peuple.

PASSION ANTI-PHYSIQUE. *s. f.* La pédérastie.

PASSER PAR LA CASSEROLE DE SAINT COME.

« Que Dieu vous garde, ma chère maîtresse, d'être jamais dans le cas de passer par la *casserole de saint Come.* » (*Noviciat.*)

PATIENT,-E. *s. et adj.* La victime d'un pédéraste. — quand elle est *patiente.*

PATINER. *v. a.* Peloter. — *Glisser* des deux mains, en toutes saisons, sur des tétons, des fesses, des cuisses,etc.,— ou sur le membre d'un homme quand on est femme.

> « Mais quand Bacchus vient m'attabler
> Près de fille au gentil corsage ;
> Je me plais à gesticuler :
> J'aime beaucoup le *patinage.* »
>
> L. FESTEAU.

PATROUILLER UNE FEMME. *v. a.* La passer *en revue ;* la peloter ; promener un main libertine sur tous ses charmes. Allusion aux *quatre hommes et un caporal,* qui sont ici remplacés par les *quatre doigts* — *et le pouce.*

PAYER UNE FEMME (Se). *v. réfl.* Baiser une femme pour laquelle on a un caprice ; ou — tout simplement, après le fromage et la poire,— aller au bordel pour se.....

> « Y a d' la marchandise à tout prix. »
>
> L. FESTEAU.

PAYS. *s. m.* Le caporal d'ordinaire, qui fout la bonne d'enfant ou la cuisinière. — (V. *Payse*, ci-après.)

Pays du tendre. *s. m.* Pays imaginaire, qui devrait s'appeler *Partout.*

« Partout on baise, on encule, on gamahuche, on se branle, on se gougnottise, etc., etc. : ce qui fait que dans ce pays du *tendre*, les vits, les culs, les tétons, tout doit être *dur.* »

Payse. *s. f* Qualité que se donnent devant leurs maîtres les bonnes et les cuisinières, pour avoir le loisir de causer de — et de piner avec — son *pays*, qui est ordinairement un troupier français

« O ma *payse !*
Ce que j'aime dans mon pays,
C' n'est pas l' clocher, c' n'est pas l'église,
C' n'est pas le chaume ou je naquis...
C'est ma *payse !* »

VARIN ET P. DE KOCK.

Payse. Se méfier de la *payse*. Hésiter avant de baiser une femme que l'on sait avoir eu plusieurs cavalcades, ce qui fait craindre une ou deux véroles... sur dix.

« Mais, ne t'ai-je pas dit Chauvin,
Que je n' puis plus boire de vin ?
Combien de fois faut-il que je te l' dise :
Je m'ai pas assez méfié *de la payse...*
Pas assez méfié *de la payse.* »

ALLARD.

Péché philosophique. *s. m.* La masturbation, ou la pédérastie.

Pèlerin de Cythère. *s. m.* Fouteur ardent, qui, lorsqu'il doit faire un voyage — à Cythère, — est toujours prêt à *partir.*

« Mais à vingt ans, c'est l'île de Cythère,
Que bien souvent, jeune ou vieux *pèlerin*
Vient traverser, à l'ombre du mystère,
Front découvert et le *bourdon* en main. »

FÉLIX BOVIE.

Pendaison (Effet de la). Érection violente, jouissance suprême et décharge copieuse. — Seul *plaisir* que puisse avoir le patient, à moins que la corde ne casse.

« Mais voilà, à la grande surprise de ces furies, que la *pendaison* produit son *effet* ordinaire. Emerveillée de la démonstration nerveuse, la supérieure monte sur un marchepied et s'accouple dans l'air avec la mort et s'encheville à un cadavre. »

A. D. M. (*Gamiani.*)

« Pour viol, un jour, — certain vieux pandour,
Sans miséricorde, — fut mis à la corde ;
L'heureux effronté, — de par son supplice
Goûta le délire — de la volupté... »

Chanu et E. Berthier.

Pendants (Les deux). *s. f. pl.* Les tétons — avant, pendant et après, — qu'ils ne soient formés ou déformés, — se font toujours *pendant* l'un à l'autre. — Les fesses se font aussi *pendant*, les yeux de même, à moins qu'on ne soit borgne.— Il y a aussi des *pendants* d'oreilles, etc., etc.

Pendards. Tétons qui sont devenus mous, flasques et qui pendent.

« Petits fripons sont devenus grands *pendards.* »

Voltaire.

Pendoires (couilles.)

« Je connaîtrai bientôt ces cambrouses sournoises
Qui se font un plaisir de couper nos *pendoires.* »

(*Théâtre du Bordel.*)

Pénil (du latin *penicillus* ; dérivé de *penis*). *s. m.* Selon Lignac, c'est le membre viril. — Selon d'autres savants, c'est la partie antérieure de l'os qui environne les parties naturelles, et où pousse le poil, qui est l'indice de la puberté.

Le *pénil* s'appelle aussi le *Mont de Vénus.*

Pénillière. Poil qui couvre la nature de la femme.

« Moi, grand dieux! oublier ton joli cripsimen, sa brune *pénillière* et ton dur abdomen, ton ostium et ces fessons d'albâtre ! »

(*Théâtre du Bordel.*)

Perdre son innocence. *v. a.* C'est-à-dire son pucelage, — bien après sa chasteté. — Baiser ou être baisée pour la première fois, au sortir du collége ou du couvent où l'on a fait ses études — pour cela.

> « Enfin, ma pauvre âme aux abois
> N'opposa que faible défense,
> Et je *perdis mon innocence*
> Dans l'épaisseur du bois. »
>
> A. Peccatier.

Perforer. *v. a.* Mettre une fille *en perce* : — la déflorer.

Perforeur. *s. m.* Dépuceleur ; — fouteur doué, ou peut-être affligé — d'un *membre* extraordinaire.

Persévérant (Être). Qualité précieuse qui mérite sa récompense. — Faire longtemps la cour à une femme, et finir par l'avoir, à *la longue* — au bout de *la courte*.

Persiller. *v. n.* Aller au persil.

> « Pour *persiller* l'jour dans la pépinière,
> De vingt penauds, j' lui paye un p'tit panier. »

(Voir *Aller au persil.*)

Persilleuse. *s. f.* Putain libre — qui va *au persil.*

Personnel de l'adultère. Cette expression a été employée par Théophile Gautier, à propos du drame de MM. Dumas fils et Emile de Girardin, intitulé : *Le Supplice d'une femme*, joué au Théâtre-Français.

« Pour décor unique, un salon. Pour acteurs, les quatre figures qu'on pourrait appeler le *personnel de l'adultère* : le mari, la femme, l'amant et l'enfant... »

(*Moniteur*, mai 1865.)

Pétard. *s. m.* Le cul. On dit aussi : *Péteux.*

> « Je n' fais ni z'un' ni deux :
> J'avance sans crainte,
> J' lui fais un' feinte,
> Le v'là sur son *péteux.*
>
> Al. Tailhand.

Petit (Le). *s. m.* Le petit trou : — l'anus, la rosette *Mettre dans le petit* : — enculer.

Petit bonhomme. *s. m.* Membre viril — même le plus majestueux : quand il s'abaisse, il se fait *tout petit.*

« Le plus grand est celui qui se courbe le plus. »
V. Hugo. (*Ruy-Blas.*)

« Quand, par hasard, il n'est pas à son gré,
Fanchon *l'arrange*, et je lui dis : en somme,
Puisque tu sais que j' n'ai tapis fourré,
Ni lit-divan, ni fauteuil rembourré,
Viens t'asseoir sur mon *p'tit bonhomme.* »

Jul. Choux.

On dit aussi : *petit jeunehomme.* — (V. ce mot.)

Petit bout. *s. m.* Qu'il soit long ou court, c'est un vit. — De la tête à la *queue* d'un homme, la femme ne voit que le *petit bout.*

« Il vaut mieux n'en avoir qu'un *p'tit bout,*
Que de n'en pas avoir du tout. »

J. Choux.

Petit cadeau (Faire son). *v. a.* Payer une putain, avant d'aller au bonheur avec... mais, sans elle.

« Je compris qu'un *petit cadeau*
N'était qu'une vétille ;
Bref, je tombe dans le panneau,
Puis, de fil en aiguille,
Ell' montre tout son petit jeu :
Qu'abat la quille à Mayeux..
Qu'abat (*bis*) la quille ? »

Alex. Marie.

Petit centre (Le). *s. m.* Par devant, le con ; — le cul par derrière.

« Elle est sourde ainsi comme un sourd
A ceux qui lui parlent d'amour ;
Mais, touchez-lui son *petit centre,*
Cela s'endure doucement,
Et pour écouter son amant,
Elle a l'oreille au bas du ventre. »

(*Cabinet satyrique.*)

Petit comité. *s. m.* Réunion restreinte : duo amoureux ; personnel de *partie carrée ;* petite assemblée d'amis — et d'amies.

> « J'aime à dir' des bêtises
> En *petit comité.* »

AD. JOLY.

PETIT CON, GRAND VERRE.

> « Heureux qui, méprisant les grandeurs de la terre,
> Fout dans un *petit con* et boit dans un *grand verre,*
> Vide l'un, remplit l'autre, et passe avec gaîté,
> Du cul de la bouteille au con de la beauté. »

BOUFFLERS.

PETIT CREVÉ. *s. m.* (Mot de 1867). Variété de gandin. — Allusion aux airs *d'Antony* que se donnent MM. les Col-cassés, pour se rendre intéressants.

> « Le chapeau de forme très-bas,
> Le gilet est presque invisible ;
> Le pantalon, lui, c'est risible,
> Est collant du haut jusqu'au bas ;
> L'habit est plus court qu'une veste ;
> Le tout est si court qu'on en rit...
> Devons-nous parler de l'esprit ?
> Il est aussi court que le reste. »

(*Tintamarre*; mars 1867.)

PETITE CHAPELLE (Faire la). *s. f.* La partie naturelle de la femme.

Faire petite chapelle. Se dit d'une femme qui, assise sur un siége bas devant le feu, les jupes retroussées sur les genoux se chauffe le con. Ce dernier est le grand autel du joli temple formé par ses jambes, son cul et ses jupes en l'air.

PETITE OIE. *s. f.* Jeu innocent, quoique répréhensible ; — la masturbation. C'est la ressource ordinaire des femmes et des filles cloîtrées, détenues, et naturellement privées d'hommes.

« ... Or, n'est-il pas certain que l'homme qui *triche* et ceux qui, comme nous, jouissent des plaisirs de la *petite oie,* ne font rien de plus que ces moines, que ces religieuses, que tout ce qui vit dans le célibat ? Ceux-ci conservent dans leurs reins, en pure perte, une semence que les premiers répandent en pure perte. »

(*Thérèse Philosophe.*)

PETIT JEUNE HOMME. *s.m.* Le vit d'un homme aimable, — qui a payé sa *loge*, au *théâtre de la nature*.

« Quand de tes bras le monsieur se dégomme,
Avec pudeur, avec *honnêteté*,
Fais la toilette à son *petit jeune homme* :
Il faut avoir de *l'émabilité*. »

L. FESTEAU.

PETIT NOM. *s. m.* — (V. *Noms d'oiseaux*.)

PETITS CHEVEUX. *s. m. pl.* Les poils de la motte.

« Que de grâce dans sa tournure !
Et quel maintien majestueux !
J'aime sa longue chevelure,
Mieux encor ses *petits cheveux*. »

GUILHEM.

PETITS CONS. *s. m. pl.* Synonymes : l'anneau, le bijou, le petit centre, le conin, le conichon, l'hiatus divin, le petit lapin, la pissette, le trou chéri, etc., etc.

Voici LE POUR :

« Dans un *petit con* de jeunesse,
Qui n'entend ruse ni finesse,
Jamais je ne vais que le pas.
Je n'ai à faire aucun partage,
Je labourre tout l'héritage,
Encore ne me suffit-il pas.

. . . .

Ces *petits cons* à grosse motte
Sur qui le poil encor ne flotte,
Sont bien de plus friands boucons :
Le monde s'en irait grand erre
Si j'étais tout seul sur la terre
Et qu'il n'y eut que des grands cons. »

LE S[r] DE SYGOGNES.

LE CONTRE :

« Les cons si estroits de closture
Mettent un vit à la torture
Et le laissent sans mouvement :
J'aimerais mieux branler la picque
Que de foutre en paralytique :
Le plaisir gît au remûment.

. . . .

Foutre des cons de ces pucelles,
Serrés comme des escarcelles,
Où le vit n'est en liberté ;
J'ai dans le con de ma voisine
Ma chambre, antichambre et cuisine,
Logis d'hyver, logis d'été. »

MOTIN.

(Voir *Grands cons.*)

PETITS VITS. *s. m. pl.* Membre viril. Synonymes : l'asticot, la bibite, le fifre, la guiguitte, la quéquette, le salsifis, etc., etc.

« Ces *petits vits* desquels l'enflûre
A peine garnit l'ouverture
Des cons, voire des plus petits,
Sont haïs de nous autres filles,
Et les estimons inhabiles
A chatouiller nos appétis.

Ces *petits vits* à la douzaine
Ne rendent la nature pleine
Et ne donnent jusques au bout ;
Il semble que l'on nous farfouille
Ou d'un festu, ou d'une douille :
Il faut égalité partout.

. . . .

Ils sont vagabonds par la place,
Sans marquer ni chemin ni trace ;
Les murs n'approchent nullement,
Le plancher sur leur chef se hausse,
C'est une volupté sans sauce :
Le plaisir vient du frottement. »

. . . .

S. DE SYGOGNES.

Le citateur n'ayant rien trouvé pour leur défense, borne là sa citation. — (V. *Grands vits.*)

PETIT TROTTOIR. *s. m.* Le plus court chemin d'un point à un autre : de A — à — B. Bitume foulé par les filles de bordel, — deuxième catégorie, qui ne suivent pas toujours la *ligne droite.*

PETIT TROU (Le). *s. m.* Le con, qui, pour être un petit trou, ne doit pas être plus grand que la bouche, — quand elle est petite.

« O *petit trou*, trou mignard, trou velu
D'un poil follet, mollement crespelu,
Qui, à ton gré, dompte les plus rebelles..... »

(*Cabinet satyrique.*)

(V. *Petit* (*le*).

Petit vase. *s. m.* Le con.

« Bien connaissez, ami lecteur,
Une espèce de coquillage,
Conque de mer, qu'on nomme un *pucelage?*
Hé bien! de ce *vase* enchanteur
Tels sont les bords, qui de la rose
Ou plutôt du plus fin corail
Ont la couleur. . . . . . . , »

PLANCHER-VALCOUR.

Pétrousquine. *s. f.* Paysanne.

Phallus. Un des quatre dieux de l'impureté, soit, de la fouterie; les trois autres étaient Priape, Mercure et Bacchus.

On dit un Phallus ainsi qu'un Priape, quand on ne veut pas dire *un vit.*

Philosophie (La) dans le boudoir, Ou les instituteurs libertins, destiné à l'éducation des jeunes demoiselles. Ouvrage posthume de l'auteur de *Justine* (le marquis de Sade), avec cette épigraphe:

« La mère en prescrira la lecture a sa fille
2 vol. in-18.
A Londres, aux dépens de la Compagnie.
MDCC.XCV.

Philosophie horizontale. *s. f.* La fouterie, aimable science, qui se professe sur le dos.

Pièce. *s. f.* La pine; ancienne *pièce* que l'on reprend toujours et — qui a toujours du succès.

« Mademoiselle ennuyée qu'il ne venait point, regarda par la fenêtre, et vit à côté le curé, qui, ayant pissé, serrait sa *pièce*..... »

B. DE VERVILLE.

Pièce de dix sous. *s. f.* L'anus. — dans le jargon des troupiers.

Pied de con (Un). *s. m.* Un con qui aurait la capacité d'engloutir un vit de douze pouces. — Il y en a peut-être...

S'il y en a ! — Ce sont les *pieds de vits* qui manquent.

« J' crois ben qu' la seul' médecine
Qui pourrait m' guérir tout d'bon
Et m'empêcher d' fair' bâton,
Ce s'rait d' fair' sombrer ma pine,
Capitain, dans *un pied d' con.* »

G. de La Landelle.

Pied de vit (Un). *s. m.* Un membre de douze pouces. On vous en souhaite.— *Va-t'en voir s'ils viennent !*

— « Alors, dit Cloris tout allègre,
Un pied de mouton au vinaigre
Est bon selon mon appétit.
Mais Charlotte ces mots rehausse :
— J'ayme mieux *un* bon *pied de vit* ;
Il n'y faut point chercher de sauce. »

(*Épigramme sur les différents appétits de quelques dames.*)

Pie-grièche. *s. f. au fig.* Bégueule ; femme d'humeur aigre et querelleuse.

Pieu. *s. m. au fig.* Le vit, quand il est raide — comme un *pieu.*

« Elle voulait un peu, nom de Dieu ;
R' tirer l' cul, pousser l' ventre ;
Mais ferme comme un *pieu*, nom de Dieu !
Je vise droit au centre, nom de Dieu !
Et plus ell' recul' plus j'entre, nom de Dieu !
Et plus ell' recul', plus j'entre. »

Fabius de Catonne.

Pieu. *s. m.* Lit, couchette, dans l'argot des faubouriens.

Pieuvre. *s. f.* Né au milieu des *Travailleurs de la mer*, ce monstre est arrivé à temps pour détrôner l'idiot Benoîton, et prêter son nom de bête aux cocottes de Paris.

« Les *pieuvres* parisiennes sont des vampires pour le moins aussi redoutables que la peste et la guerre. — Ces horribles bêtes, dont les tentacules s'allongent du bois de Vincennes aux Champs-Élysées et du Palais-Royal au bois de Boulogne, ont aussi leur historiographe, M. E. Vaucheret, auteur de : LA REINE DES PIEUVRES. — Sans doute, l'histoire de quelque *pieuvre* fille, qui s'est enrichie en travaillant dans les culottes.

On porte robes, chapeau, etc....., à la *pieuvre*. Benoiton n'est plus de mode. Hugo, ne pouvant être modeste, s'est fait *modiste*. »

PIGEONNIER. *s. m.* Les bals, les jardins publics et généralement tous les endroits où le pigeon donne ; — le pigeon, c'est le miché.

« J' lui dis : ma fille, allons, n' fais pas d' manières. »
Et j' la conduis moi-même au *pigeonnier*. »

(*Chanson nouvelle.*)

« J'ai ma colombe.
— Moi, je tiens mon pigeon. »

(*Les Bohémiens de Paris.*)

PIGER UNE FEMME. *v. a.* La regarder, la considérer, la saisir et... mesurer la distance qu'il y a de votre nombril au sien, avec la paille que vous savez : — la baiser.

PILER DES POIS. Dans la pédérastie, l'agent pile dans le mortier (cul) du patient la nourriture passée à l'état de chyle. C'est ce que l'on appelle *piler des pois*.

PILLAGE. *s. m.* Pelotage acharné d'une femme, par un homme amoureux.

« Les détails de cette toilette vont jusqu'à une espèce de *pillage* galant, par lequel la duchesse, sûre de son triomphe, affecte de donner les plus grandes facilités. »

(*Les Aphrodites.*)

PIMBÈCHE. *s. f.* Femme bégueule et dédaigneuse.

« *Pimbèches* aux regards pudiques,
Qu'on croit à dada sur l'honneur,
Ne gardez plus comme reliques
Certain bijou, certaine fleur. »

L. FESTEAU.

Pinage. *s. m.* Action de piner ; — tout ce qui a rapport à la fouterie.

« ... Elle me dit qu'elle était fort étonnée qu'à mon âge, je ne fusse pas plus instruite que cela sur le *pinage*, et que si je voulais être discrète, elle m'instruirait parfaitement. » Anaïs.

Pince-vit. *s. m.* Le col de la matrice : un petit con dans un grand. — (V. *Sanctuaire du temple.*)

Pinçoir. *s. m.* Synonyme du précédent : — le casse-noisette.

Pincez-moi ça. *s. m.* Engin de cocotterie fort à la mode en 1868.

« Ces énormes nœuds que les femmes portent au bas de la taille, dans le dos, et qui se complètent par deux rubans très-larges et très-longs retombant, s'appellent des *Pincez-moi ça.*

Enfin, les anciens *Suivez-moi, jeune homme*, que les jeunes filles n'ont pas abandonnés, ont été débaptisés pour s'appeler des *Protégez-moi, mon père.* »

Delrieux. (*Situation.*)

Pine d'officier. *s. f.* Vit de force moyenne. Terme usité dans les bordels de province pour décrire un vit bourgeois, d'une virilité médiocre.

Pinerie. *s. f.* Fouterie : art de jouer de la pine. — *Pinerie naturelle :* c'est-à-dire en con — ou en main.

« *Connaître la rocambole*, c'est-à-dire, savoir le fin et le contre fin de la fouterie ; pratiquer aussi volontiers la sodomie que la *pinerie naturelle.* »

(*Dict. érot. moderne.*)

Pinette. Petite pine.

« Pour lors, un bracquemart du plus fort calibre la finit et la venge cinq ou six fois de l'insuffisante *pinette* qui vient de l'émoustiller. » (*Aphrodites.*)

Piquage. *s. m.* Action de piquer ; — synonyme de *pinage.*

Pique. *s. f.* La pine, qui, faite pour l'as de pique, s'égare quelquefois dans le *trèfle.*

Piquet (Jeu de). *s. m.* Prétexte pour jouer à *l'écarté*... un jeu d'amour, qui fait *écarter* les cuisses.

> « En jouant au *piquet*,
> Ma Philis me disait :
> Je me sens tout en feu
> De me voir si beau jeu.
> Mais que me sert, hélas !
> Que j'écarte si bien,
> Si, dans ce que je porte,
> Il n'entre jamais rien. »
> (*Goguette du bon vieux temps.*)

Piron (Alexis). Poète, né en 1689, mort en 1773, auteur de *la Métromanie*. Outre ses œuvres sérieuses, il a laissé des poésies érotiques, des contes, des chansons, des épigrammes, etc. *Le Chapitre des Cordeliers* et *l'Ode à Priape* lui ont fait une réputation parmi les libertins de son temps. *L'Ode à Priape* est un chef-d'œuvre, qui n'aura jamais son égal dans le genre érotique.

Le nom de cet aimable poète n'a sa place ici que pour satisfaire à la curiosité des adolescents, qu'il a toujours intrigués. — Quand un collégien peut demander à un autre s'il a lu *Piron*, il se croit un homme.

Pirouette sur le nombril (Faire la). *v. a.* Être renversée, puis foutue.

> « Quand j' rencontre un' gourgande,
> J' brave encor le péril,
> Et j' lui fais fair' si j' bande
> La *pirouett' sur l' nombril.* »
> (*Chanson d'étudiants.*)

Cette expression très ancienne, serait plus juste, si elle donnait à penser que la femme fait *le dessus*. Exemple :

«.... Jusqu'à ce que Vénus passe sur le disque du soleil, ou que la sultane Moscha fasse une *pirouette sur le nombril* de Sa Hautesse ; ce qui revient au même. »

Du Laurens. (*Compère Mathieu.*)

Pisse-froid. *s. m.* Bande-à-l'aise.

« Où diable Valère a-t-il raccroché ce *pisse-froid*-là ? »

Comte de Caylus.

Pisser dans la bouche. Renvoyé à : *Drôle de goût*, et à *goûts bizarres*.

Pisser des enfants. *v. a.* Accoucher régulièrement tous les ans, avec facilité... presque sans douleur. On dit aussi : *Pisser des os.*

Pisser dur. *v. a.* Accoucher, — dans l'argot du peuple.

Pisser sur le bout de ses souliers. Avoir le vit tellement mou à force de s'en être servi qu'il ne puisse plus même se tenir droit pour pisser.

« Dieu veuille que le petit sot en sortant ne puisse plus *pisser* que sur *la pointe de ses souliers.* »

(*Noviciat.*)

Pisseuse. *s. f.* Petite fille ; désespoir de tous les pères, qui, désirant un garçon, s'écrient à sa venue : Encore une *pisseuse !*

Et Béranger nous dit :

« Faites des filles,
Nous les aimons ! »

+

Piston, Vit.

« Il s'incline, il a honte, au revoir beau *piston*, ton sperme est bon. » (*Théâtre du Bordel.*)

Pivot. *s. m.* Le vit, *pivot* de chair, qui fait tourner les femmes et les filles.

Plaire. *v. n.* Être agréable, causer du plaisir à quelqu'un. « Ce mot renferme tout l'art de se faire aimer. Qui possède le don de *plaire*, a tout ce qu'il faut avoir en amour. »

« Toute femme veut *plaire*, même sans vouloir faire aucun usage des désirs qu'elle fait naître ; quelque passion dont elle soit pénétrée, quelque délicatement qu'elle la sente, elle a toujours sa vanité à satisfaire, et comme c'est le besoin le plus pressé, il faut que l'amour y perde. »

Crébillon. (*Tanzaï.*)

Plaire de la poche, femme ou homme, qui, n'ayant plus rien pour plaire, est obligé de payer pour les service qu'il veut qu'on lui rende.

« Tireneuf, homme d'affut et qui sait que la comtesse a pris enfin le parti de *plaire de la poche.* »

(*Aphrodites.*

+ Pissois — le sexe de la femme chez certaines gamines de la campagne : « Il a mis son bibi dans mon pissois. »

Conn d'Assises.

Plaisir anti-physique. C'est celui d'enculer.

Plaisir des dieux. *s. m.* La mythologie nous a suffisamment instruits sur les hauts faits érotiques de ces bons faux-dieux et de ces belles vraies déesses. Ayant oublié, ou à peu près, tout ce que j'en savais, je renvoie le lecteur au dictionnaire de *l'affable* Chompré, — licencié en droit, — me contentant de citer les refrains d'une chanson, que je saurai toujours :

« Masturbons-nous,...
Baisons, baisons,.....
Gamahuchons,......... } c'est le plaisir des dieux ! »
Enculons-nous,........
Foutons, amis,.........

« Époux, dans les bras de vos dames,
Vous goûtez les *Plaisirs des dieux !* »
(Chanu.)

Plaisirs des vieux. *s. m. pl.* Consolation. — Ne pouvant plus user de vos sens, jouissez de ce qu'ils vous permettent encore : Voyez, écoutez, touchez, *sentez* même... et quand au *goûter*, à vous les plus vieux et les meilleurs...

« Vieillards, avec vos froids couillons,
Sachez mieux employer vos veilles :
Quand on ne bouche plus de cons,
Il faut déboucher des bouteilles. »
(*Chanson anonyme.*)

« Mariez-vous tout de même !.. avec une jeune femme — pour le *toucher.* »

« A votre âge, on ne le met plus aux fillettes, mais enfin, on touche de jolis tétons, un joli con, un cul ferme ; on branle, on se fait branler, on gamahuche,... cela fait passer le temps...

Planète. *s. f.* Femme plate, qui n'a ni *cul* ni *tétons.*
(*Almanach des honnêtes femmes*, 1790....)

Planter. *v. a.* Purement et simplement, veut dire : Baiser une femme ; — logiquement, devrait signifier : *semer*, puisque l'homme répand sa semence dans l'objet de la femme, lequel n'est autre chose qu'un champ... *fait con* et fertile.

Planter un poireau. *v. a.* Poser. — Guettant une personne que l'on sait être dans un endroit, rester longtemps débout à la même place et attendre vainement.

« J'*plante un poireau*, trempé par la lansquine,
Ell' ne rapplique à la taud' que l' matin... »

(*Chanson moderne.*)

Plaquer. *v.a.et n.* Abandonner, laisser quelqu'un en plan ; — renvoyer un amant, le mettre *à la porte*, — par allusion à la plaque-enseigne posée sur les portes de nos demoiselles X, Y et Z, *blanchisseuses* — de tuyaux de pipes.

Pleine-lune. *s. f.* Le second visage de l'homme et de la femme — quand il est gros et gras : — le fessier.

Pleurs du désir. *s. m. pl.* — Les humectations spermatiques de la pine et du con, produites par l'érection et l'envie de jouir non satisfaites.

« Maman, j'ai plus d'une fois
Trouvé ma couche trempée ;
Mon cœur était aux abois ;
Je fus bientôt détrompée.
Je fis cesser mes alarmes :
Ces *pleurs* qui mouillaient mon lit,
Ces *pleurs* n'étaient pas *des larmes*... »
Ah ! ma mère ! mon petit doigt me l'a dit. »

V. Combes.

Plus belle moitié du genre humain (La). C'est la femme.

Arnal disait :

« *La plus belle moitié du genre humain*, après les hommes, c'est la femme. »

Pluviôse. *s. m.* La partie naturelle de la femme ; par allusion aux pluies fréquentes qu'elle répand, lesquelles nous ont fait affubler les filles du nom de *pisseuses*. — (V. *Ventôse.*)

Poètes licencieux. Liste des hardis apôtres de la gaie science, auxquels nous devons bon nombre de pièces érotiques et gaillardes, dans lesquelles ces maîtres de langue n'ont pas craint d'appeler chaque chose par son nom.—(V. *Auteurs licencieux.*)

XVe SIÈCLE. —Charles d'Orléans, F. Villon et Clément Marot.

XVIe ET XVIIe SIÈCLES. — Remy Beleau, Beautru, Bergeron, Berthelot, Boulerouë, Chaulieu, Chauvet, Colletet; Davity, Desportes, Des Yveteaux, D'Hainaut, Du Loyer, Du Ryer, De L'Espine; Gauchet; La Ronce, Lingendes; Maillé, Malherbe, Maynard, Mellin de St-Gelais, Mermet, Montgaillard, Motin; Racan, Rapin, Régnier, Ronsard, Rosset; Saint-Amand. Scarron, Sygognes; Touvent; Verville, Viau, Voiture.

XVIIIe SIÈCLE.— Bertin, Boileau, Boufflers; A. Chénier, Collardeau, Collé, Crébillon; Demoustier, Dorat; Gentil-Bernard, Grécourt, Gresset, Gallet; La Fontaine, Laujon; Molière, Maribeau; Parny, Piron; Voltaire... etc., etc.

POINTE. *s. f.* La pine, qui — chez certaines dames — se présente comme un *trait* d'esprit.

Pousser sa pointe. v. a. S'avancer dans une affaire d'amour; — baiser.

« Tiens, chien,
Foutu vaurien,
Pouss' ta pointe
Et n' dis plus rien. »

ÉMILE DEBRAUX.

POIREAUTER. *v. n.* Poser, attendre; — faire le *poireau.*

POISSON. *s. m.* Le vit, — bon à toutes sauces, — excepté dans ce cas :

« Mon *cas*, qui se lève et se hausse,
Bave d'une estrange façon;
Belle, vous fournistes la sauce,
Lorsque je fournis le *poisson.* »

RÉGNIER.

POISSON. *s. m.* Phénomène: *homme-poisson*, que l'on appelle *maquereau*, costel, souteneur, etc., etc.

« Le perruquier jeune et actif, est lui-même un poisson. Depuis un siècle, on l'appelle *merlan*; mais quelquefois, souvent même, il cumule, et — ces dames ont des *merlans-maquereaux.* »

Poivrer quelqu'un. *v. a.* Lui donner la vérole, — dans l'argot du peuple, — qui ne manque pas de sel.

Poivrière de saint-côme. *s. f.* Fille ou femme galante punie par où elle a péché, et exposée à punir d'autres personnes par la même occasion.

> « Va, *poivrière de Saint-Come.*
> Je me fiche de ton Jérome. »
>
> Vadé.

Polichinelle. *s. m.* Le vit, — par allusion à Karaghuez, le polichinelle turc, qui est *tout en nœud.* — (V. ce mot.)

> « Papa, mon époux abuse
> De ce titre solennel :
> Croirais-tu qu'il me refuse
> Jusqu'à son *polichinel ?...* »
>
> Em. Vanderburck.

Avoir un *Polichinelle dans le tiroir.* Être enceinte.

Polir le chinois (Se). *v. pr.* — Se branler le vit. Boileau, qui n'aimait pas les femmes, nous a dit :

> « *Polissez-le* sans cesse et le repolissez. »

On dit aussi : *Se balancer le chinos.*

Polisson. *s. m.* Amas de jupes ou de chiffons, qu'avant l'apparition de la crinoline les femmes portaient en appendice pour avantager les hanches ou les *arrière-charmes.* Le mot est de Mme de Genlis.

> « ..... J'ai, par faiblesse,
> Vendu pour ce garçon
> Jusqu'à mon *polisson.* »
>
> Chanson.

Les paysannes, qui ne lisaient pas Mme de Genlis, appelaient tout crûment leur *tournure* un *cul de Paris.*

Polisson. *s. m.* Libertin, — dans l'argot des bourgeoises.

Alf. Sirven (*Vieux polissons.*)

Politesse. *s. f.* — Prendre poliment le cul ou les tétons d'une femme, c'est assurément lui faire une *politesse.* La baiser ou la gamahucher, c'est lui en faire une plus grande, puisqu'on est obligé pour cela de se découvrir — le gland ou la tête. Et puis...

« On n'offense pas une belle,
Quand on s'y prend si *poliment*. »
AL. DUVAL.

Autre acception : Donner le prix de sa complaisance à une putain, qui ne sera peut-être pas complaisante.

« Avant la douce ivresse,
Mon petit cher ami,
Fais-moi la *politesse*,
Car c'est l'usage ici.
D'argent, n'aurais-tu pas ?
Je vois ton embarras.... »
(*Vieille chanson.*)

POLKA. *s. f.* Nom poli, donné aux photographies qui représentent *une drôle de danse.*

POMME (Offrir ou donner la). Equivalent de : *Jeter le mouchoir.* — Choisir dans un essaim de belles filles celle qui vous plaît davantage. — Avoir soin de ménager l'amour-propre de ses concurrentes, afin de s'en faire un *fonds de réserve.*

POMMES D'AMOUR. *s. f. pl.* Les tétons, — fermes et ronds.

« Il montre aux regards de l'amour,
Abricot mignon qui s'entr'ouvre.
Et plus haut *deux pommes d'amour.* »
FÉLIX.

POMPE ASPIRANTE. *s. f.* — Le membre viril, qui, souvent se fait *pomper* et qui, souvent aussi, *aspire* les humeurs mauvaises des vagins qu'il fourbit.

« Qu'il déteste l'instant où sa *pompe aspirante*,
Tira le suc mortel de sa cruelle amante. »
PIRON.

POMPE FOULANTE. *s. f.*

« Le membre de l'homme fait l'effet d'un piston de pompe dans la matrice de la femme. »
(*Aphrodites.*)

Ponifle. *s. f.* Femme, — dans l'argot des voyous ; — fille publique, — dans la langue des voleurs.

Ponifler. *v. a.* Baiser : — aller à *femme* comme l'on va *à âne*, — en payant.

Pont du coil (Le) *et le Coil du pont.* Jeu innocent qui consiste à faire dire plusieurs fois de suite à une jeune fille, cette phrase ; ce qui l'amène à dire en se trompant : *Le poil du con, le con du poil*, — par anagramme.

« Mon père a fait bâtir maison
Sur le *pont du coil*, sur le *coil du pont* ;
Les charpentiers du roi la font
Sur le *pont du coil*, sur le *coil du pont*
Ah ! le joli petit pont
Que le *pont du coil*, que le *coil du pont* ! »

Il y a aussi cet autre diction : *six petites pipes fines dans un sac*, qui, répété avec volubilité, produit : *six petites pines*, etc....

Pontonière. *s. f.* Vieille putain qui exerce son métier sous les ponts. — (V. *Pierreuse.*)

Pornographe. *s. m.* Nom que l'on donne à qui écrit, peint, dessine ou grave sur la prostitution ou tous autres sujets lubriques.

« Le chevalier de Nerciat
Est un habile *pornographe* ;
Riche d'esprit et d'orthographe,
Le chevalier de Nerciat
Nous fait, avec Félicia,
Bander à chaque paragraphe...
Le chevalier de Nerciat
Est un habile *pornographe.* »

J. Ch.-x.

Pornographie. *s. f.* Traités et écrits sur la prostitution. Livres et tableaux obscènes.

Port de Cythère. *s. m.* Le con, lieu charmant, appelé plus poétiquement *l'Ile de Cythère*, est situé entre les cuisses de la femme. Il reçoit cordialement MM. les vits et abrite volontiers, quels qu'ils soient, les produits de leurs vaisseaux — spermatiques.

PORTÉ AU PLAISIR (Être). Avoir les foies chauds, c'est-à-dire, un tempérament fougueux.

« Mais, la force d'un tempérament que je ne pouvais réprimer, et qui me rendant *les plaisirs* de la jouissance préférables à ceux d'exister, m'ayant souvent trahie, je tombai à la fin dans la nécessité d'être le partage du public. »

(*Mém. de Miss Fanny.*)

PORTE DE LA VIE. *s. f.* La partie naturelle de la femme, d'où nous sortons tous, et que plus tard nous adorons à deux genoux, — le cierge en main.

PORTEFEUILLE. *s. m.* Le con, — par allusion à ses doubles lèvres, qui remplacent agréablement les compartiments d'un portefeuille. Tout homme qui a la pine au con d'une femme peut dire un moment qu'il est *dans ses papiers.*

« ..Ne sachant aucune position, avec ses deux mains, il écarta les deux lèvres de mon *portefeuille* et introduisit son joli vit dans le boudoir de la jouissance... »

ANAÏS.

PORTER LA CULOTTE. *v. a.* Femme, être maîtresse au logis.

PORTER LE BÉGUIN. *v. a.* Être coiffé d'une femme, et vice versa. Quand l'homme porte le *béguin*, la femme porte la *culotte.*

« A la voir, qui dirait qu' Catin,
Au plus mariol, faisait *porter l' béguin ?...* »

(*Chanson anon. moderne.*)

PORTER LE PAGNE. *v. a.* C'est-à-dire *le panier*. Porter à une personne malade ou détenue des provisions, ordinairement dans un *panier*. (Argot des voleurs et des filles.)

POSER. *v. n.* Attendre—souvent en vain. Synonymes : planter un poireau, faire le pied de grue, croquer le marmot, etc., etc.

Faire poser : Se moquer des gens, les faire attendre.

« Et quand elles sont à l'apogée,... vous vous étonnez qu'elles se vengent en riant, en *faisant poser* tout ce monde affolé, en laissant M. le marquis dans la rue et M. le comte dans l'antichambre. »

J. C. (*Figaro*.

Poste. *s. f.* Coup tiré.

Courir une ou plusieurs postes : tirer un ou plusieurs coups.

Poste. *s. m.* Étant baiseur ou enculeur, celui que l'on occupe : le *con* ou le *cul*.

Poster (Se). *v. pr.* Se mettre en posture pour être baisée, quand on est femme, ou enculé, lorsqu'on est *tante*.

« Allons, ma mie, *postez-vous*, que je chante l'agréable introït de notre messe amoureuse. »

Seigneurgens.

Postère. *s. m.* Le postérieur, le cul.

« L'abbesse lui dit chastement,
En couvrant son *postère* :
Par un trou, fait dans mon drap blanc,
Mettez-moi ce clystère. »

Collé.

Postérieur. *s. m.* Le cul dans l'argot de monsieur tout le monde.

Postiches (Dents, tétons, etc.). *s. et adj. m. ou f.* Tout ce qui est faux et artificiel chez la femme — hormis le caractère, qui est toujours vraiment bon ou vraiment mauvais. Il y a cependant des *nuances*.

« Chez nous, on vend des mollets et des hanches
Et quantité d'autres moëlleux coussins,
Dont les plus gros, attachés sous nos manches,
Nous font des bras comme des traversins... »

Mme Fleury.

Postillonner. *v. a.* Fourrer l'index dans le trou du cul d'un homme ou d'une femme. On dit plus souvent : *faire postillon*.

« La petite folle allonge un bras et *postillonne* l'hercule Trottignac... »

A. de Nerciat.

Postures. *s. f. pl.* Les positions et mouvements divers du corps les plus propres au jeu de l'Amour

« Il n'y a rien de si plaisant à considérer qu'un beau

corps en la personne aimée, la structure de ses membres, ses *postures* et ses dispositions lascives. »

(*L'Escole des filles.*)

« Car dans la même *posture*,
Dès le lendemain matin,
J'ai surpris ma créature
Avec un bénédictin. »

(V. *Baiser* et *foutre*.)

Pot-au-feu. *s. m.* Femme qui, n'aimant pas le changement, recherche le concubinage.

Signifie aussi : fessier large et charnu.

« Mais tournez-vous donc un peu ;
Quel superbe *pot-au-feu !*
C'est d' la riche marchandise,
Mam'zell' Lise... »

F. de Calonne.

Pot au noir. *s. m.* Le cul.

« Moi, dit l'un, j'ai donné droit dans le *pot au noir.* »

(*Les deux Rats.*)

Pot-Bouillasser. *v. n.* Fricoter l'amour à deux ; faire la *pot bouille* ; — vivre en concubinage.

Poteluré. *s. f.* Tout ce qui est *ronde-bosse* chez la femme. — On dit bien d'enflé, *enflure*, pourquoi pas de potelé, *poteluré ?...*

« Elle avait d'étonnant, que si la tête, le cou, les bras, le bas de la taille, les chevilles et les pieds étaient mignons, tout le reste offrait des *potelures* enchanteresses. »

Monrose.

Poudre a foison. *s. f.* Du foutre, *à gogo !* — L'expression appartient à Béranger.

« Chasseur, un seul coup de ton arme,
Met bas le cerf sur le gazon, ton, ton, etc
L'amant, pour sa moitié qu'il charme,
Use de la *poudre à foison*, ton, ton, etc. »

(*La double chasse.*)

« Le maître disant : *de la poudre*, voulait dire du *foutre* ; *à foison* signifiait : *beaucoup*. Le peuple a trouvé plaisant de joindre le deux mots pour donner une expression décente à la *chose*, et l'usage a fini par faire loi. »

« ..... Souviens-toi, si tu peux,
De... nos adieux, sur la marche à l'entrée ;
Nos fréquents entretiens chez toi, dans ta maison,
Où j'usai si souvent de la *poudre à foison...* »

J. C.

POUDRE D'OR. *s. f.* De l'argent — ou des billets, — ce qui est plus grave.

« On ne viendra pour la visite, qu'à dix ou onze heures, et, dans tous les cas, un peu de *poudre d'or* jetée aux yeux des visiteurs les aveuglerait au point de ne rien voir. »

A. DE NERCIAT.

POUFFIASSBOURG. — (V. *Gadoue-ville.*)

POUF. *s. m.* Engin de coquetterie à l'usage des dames. Le *pouf*, un des prédécesseurs de la crinoline, succéda aux *paniers* et fit place à la *tournure* et au *polisson*, que les femmes de la campagne appelaient *cul de Paris.*

« Le *pouf*, était une chose qui s'arrondissait et qui se plaçait juste au bas du dos. »

« ...... Les corridors étaient encombrés, d'autant plus qu'ils étaient forts étroits, et que les femmes avec leurs *poufs* tenaient beaucoup de place. »

ADÈLE ESQUIROS.

POULAILLER. *s. m.* Bordel — ou chambre de garçon — dans les combles.

Elle n'était pas du tout farouche,
Et j' l'emmène à mon *poulailler....* »

(*Lice chansonnière.*)

POULAIN. *s. m.* Bubon, selon M. Ricord.
D'après le *docteur* Commerson, le *poulain* est un petit cheval qui s'élève dans le département de l'*Aisne.*

« Des deux côtés du con, tu nourris deux *poulains*,
Et de pus malfaisants tous tes vaisseaux sont pleins »

(*Un Troupier au clou*)

POULES. *s. f. pl.* Le personnel d'une maison de tolérance : — les putains, qui sont les poules de ce poulailler.

Poulet. *s. m.* Billet doux adressé à une dame. L'auteur du *Tableau de Paris*, Mercier, nous explique ainsi la deuxième acception de ce mot :

« C'étaient autrefois les vendeurs de *poulets* qui portaient les billets doux aux femmes ; ils glissaient le billet doux sous l'aile du plus gros, et la dame avertie ne manquait pas de le prendre. »

Poulette. *s. f.* Jeune fille, qui se laisse prendre au *cocorico* des séducteurs bien accrêtés.

Poupoule. *s. f.* Petit nom d'amour qui, dans l'argot des bourgeois, signifie chère amie.

Pourfendeur. *s. m.* Fouteur bravache qui, affligé d'un vit monstrueux, ne peut que *pourfendre* les cons, — même les plus grands.

Pourfendre. *v. a.* Forcer un conin ou une conasse, avec l'outil en question, qui, simplement un vit, pourrait passer pour un *coin*.

Pousse-moi. *s. m.* Variété de Bande-à-l'aise.

« Retire-toi d'ici, laisse-moi, *pousse-moi !*
Que le diable t'emporte et te casse le col ! »

Grandval *fils*.

Pousser l'aventure a bout. Après avoir peloté une femme, la baiser d'autor et d'achar, à bride abattue.

Décemment, il est décidé que le comte peut *pousser à bout l'aventure.* »

A. de Nerciat.

Pousser le cul pour avoir la pointe. Proverbe en usage chez les couturières, qui signifierait coudre, s'il ne voulait pas dire : Jouer des reins pour avoir au cul la pointe d'une aiguille de viande, — soit un bon gros vit.

Pousser une moulure. *v. a.* Tirer un coup. — (Argot des rapins architectes.)

Pouvoir se fouiller. *v. n.* Avoir manqué l'occasion, qui ne se retrouvera plus, de baiser une femme ;

ou, s'être montré inhabile à la satisfaire, n'étant pas disposé ce jour-là.

« As-tu joui ? — Non. — Alors, *tu peux te fouiller !* »

J. C. (*Souvenirs de carnaval.*)

PRÉ-CATALANIÈRE. *s. f.* Habituée des bals publics du *Pré-Catalan*. Argot des dames de Mabile, qui ne peuvent être partout.

PRÉCEPTEUR D'AMOUR. *s. m.*

« Femme déjà mûre qui se charge d'initier un jouvenceau ou une jouvencelle aux mystères de la Bonne Déesse, en baisant avec l'un et en branlant l'autre, — ce que le Code pénal appelle excitation de mineurs à la débauche. » DELVAU.

« Non seulement elle a soigné l'enfance de celui-ci, mais elle s'est faite son *précepteur d'amour*. »

A. DE NERCIAT.

PRÊCHER POUR SON SAINT. Louer, flatter une personne, tout en lui vantant ses propres avantages, quelquefois aux dépens d'autrui, — dans le but de mettre à profit lesdits avantages, pour jouir de ladite personne.

« Dans pareil cas, chaque parti se froisse,
Ayant tous deux même dessein :
Monsieur *prêchera pour son saint*
Et madame pour sa paroisse. »

On dit aussi : *Prêcher pour son singe.*

PRÉCIPICE. Vagin.

« Avez-vous, d'un beau con contemplant l'orifice,
Senti pareil parfum sortir du *précipice* ?
La lavande, l'œillet, la rose et le jasmin
Embaument les contours de leur joli conin. »

(*Théâtre du Bordel.*)

PRÉDESTINÉ. *s. et adj.* Synonyme de cocu.

« C'est un *prédestiné*, — il l'est, il devait l'être : — c'était écrit. » J. C.

PRÉMICES. *s. f. pl.* Le pucelage d'un garçon ou d'une fille, — ce que les poètes appellent dans leur précieux langage :

« ..... Les premiers fruits de la nubilité. »
« Quand il a eu seize ans, elle lui a ravi ses désirables prémices. »

(*Les Aphrodites.*)

Premier baiser. *s. m.* Le pucelage d'un garçon ou d'une fille.

« Embrasés d'une ardente flamme
Vous ne pourrez plus l'apaiser ;
Heureux encore si d'une femme
Vous prenez le *premier baiser.* »

Guilhem D.

Premier bouillon de l'amour. *s. m.* Pour un homme c'est,

Étant l'amant d'une cuisinière, aller la baiser le jour du pot-au-feu, et en obtenir le premier bouillon, ne fut-ce que pour préparer le second coup. Le premier bouillon pour une femme, c'est le premier foutre qui faisant balle dans son vagin, fait pendant six mois de son ventre un ballon.

« — J'connais ta position :
T'as un bédouin dans l' ventre ;
Comment trouv's-tu l' *bouillon ?...* »

Ch. Colmance.

Première campagne. *s. f.* Premier accouchement.

« Je veux que vous sortiez de mes mains sans la moindre trace de cette *première campagne* ; mais, ne faites pas la folie de recommencer : à chaque enfant, il peut y aller de votre vie. »

(*Joies de Lolotte.*)

Premier pas. *s. m.* Perte de la virginité.

« Le *premier pas* se fait sans qu'on y pense... »

En ajoutant : Malgré *quelque douleur*, la chanson serait d'accord avec le vieux dicton :

« Il n'y a que le *premier pas* qui coûte. »

Premier rôle. *s. m.* Le vit, — qui est l'acteur principal dans le drame de la fouterie.

Prendre du fruit. *v. a.* Croquer la *pomme*, c'est-à-dire : se laisser baiser, devenir enceinte pour accoucher, — peut-être d'un *melon*.

« Avec Lycas, l'autre jour,
La jeune innocente
A cueilli des fleurs d'amour :
Mais trop imprudente,
Elle tremble d'avoir pris
Parmi les fleurs quelques *fruits*.... »
(*Goguette du bon vieux temps.*)

Prendre et donner du plaisir. *v. a.* Jouir en faisant jouir son ou sa partenaire.

Prendre l'hostie a la chapelle. *Languéyer* une femme, la gamahucher, — opération qui se fait à genoux, la langue en avant, comme lorsqu'on communie à la table sainte.

Prendre un pain sur la fournée. *v. a.* Baiser prématurément la femme que l'on doit épouser et en obtenir un enfant avant le mariage.

Prendre un plat de chat. *v. a.* Gamahucher une femme.

Prendre Vénus au toupet. *v. a.* Empoigner une femme par le poil de la motte : — Faut avoir du toupet.

« A peine avions-nous réparé notre désordre, que mon Mars, de nouveau sous les armes,... vous *reprend Vénus au toupet*, et pan ! là, comme un housard, au moment où je lève le cul de dessus le bidet... me voilà prise en levrette à la volée. »

A. de Nerciat.

Prêter sa rosette. *v. a.* C'est-à-dire l'anus : se laisser enculer.

« Je prête même à l'enculeur ma *rosette*..... dont il s'honore. »

(*Parnasse satyrique.*)

Prêter son cul. *v. a.* Avec ou sans intérêt, avec ou sans plaisir. Se faire baiser par un homme, par caprice ou pour le récompenser d'un léger service. Dans le monde des filles, on appelle cela *foutre à crédit*, et l'on dit que cela porte malheur.

Priape. Dieu des Jardins, fils de Vénus et de Bacchus, naquit avec une difformité étrange : un vit énorme.

— Ce Dieu présidait à toutes les débauches, et les femmes de Lampsaque ainsi que leurs maris en ont su quelque chose. — (V. *Phallus*.)

On appelle aussi *priape* le membre viril.

« Je m'élevais sur mes jambes, secouant frénétiquement mon glorieux *priape*. »

A. DE MUSSET. (*Gamiani*.)

PRIAPÉES. *s. f.* Pièces, romans, poésies, tableaux, gravures, etc., obscènes, composés en l'honneur de Priape ou du culte de ce dieu.

« Toutes les *priapées*, toutes les histoires obscènes de l'antiquité et des temps modernes nous étaient connues. Nous les avions dépassées. »

(*Gamiani*.)

PRIAPISME. Ce qui a rapport à Priape et à son culte.

« Théodore a déjà eu sous les yeux plusieurs actes de *priapisme*. » (*Enf. du Bordel*.)

PRIÈRE LUBRIQUE. Extraite de *l'Anti-Justine*.

« Sainte et jolie Vierge Marie, que Panthère branlait, gamahuchait, entétonnait dans le lit du cornard le bon Joseph, duquel cocufiage provint le doux Jésus, ce bon fouteur de la putain publique la belle Madeleine, marquise de Béthanie, dont le vagabond Jésus était en outre le souteneur, autrement dit le maquereau, lequel, au grand regret de la sainte garce, enculait encore saint Jean, son giton ; sainte et jolie Marie, vierge comme moi, nous vous remercions de cette heureuse journée de fouterie ; faites-nous la grâce, par les mérites de votre fils, de nous avoir un pareil dimanche prochain. Et vous, sainte Madeleine, que foutait l'abbé Jésus, ainsi que Jean l'enculé, obtenez-moi la grâce de foutre autant que vous, soit en con, soit en cul, quinze ou vingt fois par jour sans être épuisée. Vous foutiez avec des Pharisiens, avec Hérode et même Ponce-Pilate, pour avoir de quoi nourrir le gourgandin Jésus, votre greluchon et les vagabonds qui lui servaient de chouans ; obtenez de votre maquereau Jésus, qui, étant Dieu, a sans doute quelque pouvoir, d'avoir sous peu ce riche entreteneur qui est un jour descendu de carosse, bandant à mon intention, comme je revenais de chez mon amie madame Congrèlé, à cette fin qu'au moyen de l'argent que je gagnerai avec mon con, mon cul, mes tétons et ma langue dardée, je puisse soulager mon digne père dans sa vieillesse, non-seulement en foutant avec lui pour lui donner le plaisir, mais en me laissant vendre comme la pieuse fille d'Eresichton le fanatique, ou la pieuse Ocyroé, fille du centaure Chyron, qui, toutes deux, devinrent cavales c'est-à-dire montures d'hommes et putains. Modèle d'homme et de maquereau, doux Jésus, fouteur acharné, greluchon complaisant de la brûlante et exemplaire putain Madeleine, qui était si amoureuse de votre vit divin et de vos sacrées couilles, maintenez, par votre puissance, mon conin toujours étroit et satiné, mes tétons toujours fermes, ma peau, mon cul, mes fesses, mes bras, mes mains, mon cou, mes épaules toujours blancs ; les vits de mes amants, celui de mon père y compris, toujours roides, leurs couilles toujours pleines : car vous teniez en cela du saint roi David, si fort selon le cœur de Dieu, puisqu'il était le premier fouteur de son temps. Faites, ô Jésus, que mes hauts talons, qui me prêtent tant de grâce et font bander tant de monde, ne me donnent jamais de cors aux pieds, mais que ces pieds tentatifs et toujours foutatifs restent longtemps comme ils sont ! Amen !...

RÉTIF DE LA BRETONNE.

PRINCESSE. s. f. Maitresse, — dans l'argot du peuple.

PRINCESSE DE LA RAMPE. s. f. Actrice en vogue — pour sa beauté.

PRINCESSE DE L'ASPHALTE. s. f. Petite dame, — dans l'argot des gens de lettres.

PROMISCUITER. v. n. Faire l'acte vénérien.

« De spermes combinés faire un hideux fromage... »

Combinaison qui donne pour résultat la *promiscuité*, définie ainsi par Bescherelle : *mélange confus et désordonné*.

« Jetons l'innocence à la borne ;
Mettons la pudeur au rebut.
Des époux trompés le tricorne
A cessé d'être un attribut.
Les sexes s'effacent,
Malgré les mœurs, les lois et les Platons ;
L'honneur n'est plus où nos maris le placent...
Promiscuitons ! »

L. FESTEAU.

Proposer un duel. *v. a.* Offrir *la botte* à une femme avec une poignée de *verge*. Elle acceptera le combat, sans témoins, — au pistolet, — s'il est à plusieurs coups !

Prose. *s. m.* Le cul, qui, de tout temps, a inspiré les *prosateurs* et les poëtes.

Protégez-moi, mon père. *S. comp. m.*—(V. *Pincez-moi-ça.*)

Prouesses amoureuses. *s. f. pl.*

« Coups tirés avec une femme, à la satisfaction de celle-ci, *Faire des prouesses*, se surpasser au lit, avec une femme, — qui en est agréablement étonnée. »

A. Delvau.

Prouesses villetiques. *s. f. pl.* Actes de sodomie, tels que naguère en commettait certain marquis de Villette.

« Est-ce bien toi, ce même homme si fameux chez nous pour *ses villétiques prouesses* ? Est-ce lui qui peut bouder à la vue de ce joli cul. »

(*Les Aphrodites.*)

Proxénète. *s. des deux g.* (du grec προξενητ, courtier.) Entremetteur, maquerelle, procureuse, etc. Ce mot ne s'emploie qu'en mauvaise part et ne s'applique qu'aux entremetteurs de marchés honteux entre les deux sexes.

Proxénétisme. *s. m.* (rad. *proxénète*). Maquerellage. Habitude de celui ou de celle qui sert d'entremetteur, de maquereau, de pourvoyeuse, etc., etc. -- Métier de proxénète.

« Autrefois, ces demoiselles enlevaient à leur travail de jeunes ouvriers dont elles faisaient leurs amants. Aujourd'hui, le *proxénétisme* est devenu une industrie avouée. »

Alf. Dausay.

Prussien (Un). *s. m.* Un cul.

On dit *cheminer à la prussienne*, pour : foutre en cul.

« Le général Kleber,
A la barrière d'Enfer
Rencontra z'un *Prussien*
Qui lui montra *le sien.* »

(*Chanson du quartier Latin.*)

PUCELAGE ACTIF. *s. m.* Celui d'une jeune homme qui commet pour la première fois — une *mauvaise action.*

PUCELAGE OCCIDENTAL. *s. m.* Première brèche à faire au trou-*mignon* d'une fille ou d'un garçon.

PUCELAGE PASSIF. *s. m.* Celui d'une fille trop *innocente* pour donner la réplique.

PUCELLE... Peinte par elle-même :

« ... Je me regardais dans les glaces avec une complaisance satisfaite, un contentement singulier. Je paraissais d'une blancheur éblouissante ; mes petits tétons si jeunes encore s'élevaient sur mon sein comme deux demi-boules parfaitement rondes, relevées de deux petits boutons d'une couleur de chair rose ; un duvet clair ombrageait une jolie motte grasse et rebondie, qui, faiblement entr'ouverte, laissait apercevoir un bout de clitoris semblable à celui d'une langue entre deux lèvres ; il appelait le plaisir et la volupté. Une taille fine et bien prise, un pied mignon surmonté d'une jambe déliée et d'une cuisse arrondie, des fesses dont les pommettes étaient légèrement colorées, des épaules, un col, une chûte de reins charmante et la fraîcheur d'Hébé ! Non, l'amour ne meût rien disputé, s'il eût été de mon sexe. Tels étaient les éloges que Lucette et mon papa faisaient à l'envi de ma personne. »

MIRABEAU. (*Le Rideau levé.*)

PUPITRE. *s. m.* au figuré. Les tétons et le ventre d'une femme, qui, faisant saillie, forment un *pupitre* où l'amant, las des baisers, peut lire son petit journal, ou pire, — en attendant mieux.

« S'il faut entonner l'épître,
J'étendrai mon livre saint
Sur cet élégant *pupitre*
Que forme ton joli *sein.* »

CASIMIR MÉNÉTRIER.

PURIFICATOIRE. *s. m.* Meuble de foutoir. Lavabo, ou bidet, destiné à la purification des parties sexuelles, après le coït.

« A deux places différentes, *un purificatoire* de porcelaine, artistement pensé, prêtait son utile service, offrant un volume d'eau qui se renouvelait sans cesse dans la même proportion. »

A. DE NERCIAT.

Purifier (Se). *v. pr.* Se laver le cul ou le con, pour en ôter ce qui peut s'y trouver d'impur. Synonymes : *s'abluer, faire sa toilette*, etc., etc.

Putanisme. *s. m.* Habitude de faire la putain, ne pouvant faire autre chose.

« Allons, Eugénie, faites acte de *putanisme* sur ce jeune homme ; songez que toute provocation faite par une fille à un garçon, est une offrande à la nature, et que votre sexe ne la sert jamais mieux que quand il se prostitue au nôtre. »

Mis DE SADE.

Pute. *s. f.* Putain. Ce mot, qui date du XIe siècle, s'adressait à toutes les femmes en général ; il avait toujours une acception injurieuse, comme on le voit dans ces vers du roman de Garin le Loherain (le Lorrain) :

« Or, m'avez-vos lesdengiée vilment,
Et clamé *pute*, oyant toute la gent. »

Putiphariser. *v. a.* Prendre de force un *Joseph* quelconque ; le saisir par la *queue*, le manteau n'étant plus de mode.

Quatre fesses (Aux). Surnom donné à un petit établissement de liquoriste du quartier Latin, par une voisine jalouse. Ce petit caboulot est tenu par les deux sœurs, deux jolies blondes ; total : *quatre fesses*. Pour moi, qui ne les ai vues que par devant, j'en compterais huit — pour les formes

Quelque chose de chaud. Sec, un vit ou un con ; liquide, le foutre qu'ils font en collaboration.

« — Lis' que veux-tu qu'on t'apporte,
Des huitr's ou d' la têt' de veau ?
— Non, non, fermе-nous la porte.
J'aim' mieux *quelquechos' de chaud*. »

CH. COLMANCE.

Quelque chose de court. Une courte, même quand elle est longue.

« Tout l'mond' connait bien l'aventure
Qui m'a fait rire si souvent :
Un certain paillard par nature,
D'une nonne prit l'habillement
Et s'en alla droit au couvent
Que d' victimes il aurait faites,
Si la mère abbess', le mêm' jour,
N'avait pas, grâce à ses lunettes,
Vu qu'il portait *quéq' chos' de court.* »

BART. LAMÔME.

QUÉQUETTE. *s. f.* Priape d'enfant, dans le jargon des bonnes et de *mesdames* les nourrices. Se dit aussi d'un priape peu viril.

« Partout on lui fait bon accueil
Elle a fait plus d'une conquête...
Cependant, elle n'a qu'un œil,
Mademoiselle *Quéquette.* »

STAN. TOSTAIN.

RADIS. *s. m.* Membre viril.

Un sinve tombe sous sa main,
Elle frise son *radis.* »

DUMOULIN-DARCY.

RADIS NOIR. *s. m.* (V. *Vit nègre.*)

RAGE LUXURIEUSE. *s. f.* *Mal de dents*, que les tribades ont au cul.

« Jamais vous ne pourrez assouvir votre *rage*,
Et votre châtiment naîtra de vos plaisirs. »

CH. BAUDELAIRE.

« ... C'est la *rage luxurieuse*, la lubricité forcenée, la jouissance horrible qui reste inachevée ! »

A. D. M. (*Gamiani.*)

RAGOUT DE BOUGRE. *s. m.* Jeune et joli garçon, — *venu* (et non Vénus) callypige. — Autrement : Apollon à belles fesses.

Ragout de poitrine. *s. m.* De bons, gros et beaux tétons : — bien fermes, bien blanc et... — ragoût très ragoûtant.

Raidir *v. n.* Bander — ou mourir !

Ramastique aux marrons (Aller à la). Se disait, en 1815-16, quand l'Allée des Veuves, aux Champs-Elysées, était le rendez-vous des sodomistes. Les tantes, pour leur donner le signal ou leur faire voir *qu'elles en étaient*, faisaient semblant de *ramasser des marrons* à terre.

On dit aussi : *ramastiquer* ou ramasser *des épingles*.

Rameneuse. *s. f.* Petite dame qui sort très-souvent seule, et rentre toujours avec quelqu'un.

Synonymes : Belle de nuit, persilleuse, raccrocheuse, soupeuse, etc., etc.

Ramoner. *v. a.* Baiser ou enculer. — « *Ramoner-ci, ramoner-là...* »

Rat ou raton. *s. m.* Le vit, — ou le con, que jusqu'à présent on a eu le tort d'appeler *un chat*.

Rater une femme. *v. a.* et *n.* La baiser, — en égoïste, — sans la faire jouir.

> « Quand je la baise, ma femme
> S'obstine à ne pas bouger :...
> Comment faut-il de cela,
> Punir cette *ingrate-là* ?
> — *Rate-là !* »
>
> Aug. Gilles.

Ratoire. Matrice.

> « Ce noble et beau seigneur m'a douze fois baisée,
> Douze fois ma *ratoire* a reçu sa rosée. »
>
> (*Théâtre du Bordel*)

Rebonnetage. *s. m.* Réconciliation, entre amants ou entre époux. — Rapatriage.

Rebonneter. *v. a.* Réconcilier quelqu'un avec quelqu'un — ou quelqu'une.

Se rebonneter.... idem, sans avoir besoin de *rebonneteur*.

Refaire de sorgue (Se). Se remettre d'une nuit d'orgie : — bien dormir, ou bien déjeuner.

> « Tous dix, au tapis franc nous étions réunis,
> Chez le père Vit-Dur, ogre de mes amis,
> Zig qui ne mange pas ses pratiques sur l'orgue :
> Nous étions venus là *nous refaire de sorgue*... »
>
> (*Serrefesse, Acte I, sc. II.*)

Regard céleste. C'est-à-dire : regard d'yeux bleus, qui fait rêver au ciel — du lit. (*C'est leste !*)

Relécher (Se). *v. pr.* S'embrasser, — n'étant encore rien l'un à l'autre, — en se fourrant des langues. Ce qui prouve que le plaisir est partagé, que l'on trouve cela bon... à s'en *relécher*, — comme les chats quand ils ont avalé un morceau friand.

> — « Eh ! ben, l'as-tu assez *relêchée*, celle-là ?
> — « Tais-toi donc, c'est l' jour de l'an ; v'la-t-y pas une affaire !... »
>
> J. C. (*Souv. du Carnaval.*)

Relever. *v. a.* Sortir une femme de la débine, en l'habillant à neuf pour la faire *travailler*. — (Argot des maquereaux.)

> « J'vas la *r'lever*, la môme à l'air gironde,
> Que j' me disais, croyant faire un chopin... »
>
> (*Chanson nouvelle.*)

Coup de relevage : Aubaine qui tire quelqu'un d'embarras.

Être de la relève : Être requinqué et momentanément à l'abri du besoin.

Relique. *s. f.* Le membre viril, — on n'a jamais su pourquoi.

> « Du grand Saint Nicolas,
> Dans vos draps,
> Prenez donc la *relique*. »
>
> Béranger.

> « Gage de ses travaux
> Pendait sous sa tunique
> Cette belle *relique*
> Chère aux tendrons dévots. »
>
> J. Cabassol.

Relations (avoir des, en venir à des) — Locution. Terme employé par les femmes légitimes et honnêtes pour exprimer l'acte conjugal à l'accomplissement duquel elles prennent plus de fatigue que de plaisir !

« En effet il était encore plus exercé ; il fallait en [illegible]

Remonter sa pendule. *v. a.* Propos de maquereau, qui signifie donner à sa maîtresse une danse.... sans *balancier*.

Une *pendule* se remonte deux fois par mois, quand elle n'est pas *arrêtée* pour plus longtemps.

Remouchicoter. *v. n.* Chercher des aventures galantes.

Rengaîner son compliment. Ne pas pousser plus loin l'aventure, quoique les pièces soient disposées, — enfin les rentrer.

« Allons, monsieur, *rengainez votre compliment.* »
(*Aphrodites.*)

Rentoiler (Se). *v. réfl.* Se rajeunir, par les moyens que la chimie admet, mais que la morale récuse.

« Se maquiller, parbleu ! se peindre le visage,
Pour réparer des ans l'irréparable outrage. »

Repasser une femme. *v. a.* — Baiser une femme qui a déjà été *chiffonnée* par d'autres.
On lit dans *les Tribunaux* (mai 1867) :

« Le père Emmanuel, que la cour d'assises de Brescia vient de condamner à douze ans de travaux forcés, pour tentative de meurtre sur une jeune fille, s'était servi d'un fer de blanchisseuse pour frapper sa victime... »

Naturellement ! puisqu'il voulait *la repasser*.

Répéter. *v. a.* Dans le jargon érotique des coulisses, lorsqu'une actrice *baise* avec un acteur, on dit : « Mlle Chose *répète* avec M. Machin. »

« Pour ce genre de pièces, les *répétitions* durent ordinairement quinze jours ou trois semaines, mais rarement un mois. » V. Koning.

Repousser les crottes. *v. a.* Enculer.
On dit aussi : *Repousser les urines*, pour : *baiser*.

Reprendre le fil de son discours. Recommencer une opération de laquelle on a été dérangé ; terme de fouterie : recommencer à baiser.

« Laissons ce butor, dit dédaigneusement le tonsuré, et reprenons le *fil de notre discours.* »
(*Noviciat.*)

Repoussoirs. *s. m. pl.* En bonne part, se dit des tétons fermes et rebondis.

En mauvaise, tout ce qui plaît dans une jolie femme, mais qui *repousse* dans les laidrons : tétons flasques et pendants, yeux chassieux, dents gâtées, etc., etc.

Résurrection (La). La maison de Saint-Lazare.

Réservoirs. Les couilles qui servent de *réservoirs* à la semence,

Rester l'oreille basse. Avoir perdu tout nerf d'érection.

Retamer (Se faire). Passer à la casserole ; se faire guérir de la vérole.

Retaper. Faire la retape ; — raccrocher des hommes.

Retapeuse. *s. f.* — Putain. — Femme ou fille qui fait la *retape* ; — qui raccroche.

> « En robes plus ou moins pompeuses,
> Elles vont comme des souris :
> Ce sont les jeunes *retapeuses*
> Qui font la gloire de Paris »
>
> A. Glatigny.

Retirer. *v. a.* Recommencer ; tirer un second, un troisième ou un quatrième coup....

Retirer (Se). Ayant fait sans succès la cour à une femme, céder la place à un rival préféré.

Retirer (Se). Sortir du con de la femme qu'on baise, quand on craint d'être surpris, — ou lorsque l'on a fini de baiser, ce qui n'est plus surprenant.

> «..... Le voilà proche du plaisir...
> Thémire, feignant le contraire,
> Disait toujours : — Ménage-moi ;
> J'ai peur de rencontrer.... ma mère. .
> Ah ! cher Colin, *retire-toi !...* »
>
> G. Garnier.

Retourner la médaille. *v. a.* Retourner une femme pour l'enculer, après l'avoir baisée.

« Chacune des trois filles fut foutue deux fois en con ; ensuite comme de concert, les trois bougres *retournèrent la médaille.. .* » Rétif de la Bretonne.

Retrousser (Se). *v. pr.* Se retourner. Se tirer de la gêne par tous les moyens possibles.

« Une célèbre actrice
A fillette novice
Disait, sans croire l'offenser :
Imite-moi, Charlotte ;
De sagesse on peut se passer :
Quand on est dans la crotte,
Il faut *se retrousser*. »

VANDAEL.

Revirer. Un homme qui retourne une femme et qui change ainsi l'ordre naturel des choses.

Rhume de cerveau (Avoir un). C'est-à-dire une chaudepisse qui fait couler la pinne comme le nez, et même davantage. Un écoulement en permanence. On dit aussi : Rhume ecclésiastique.

Rhume ecclésiastique. *s. m.* Indisposition *secrète*, chez les gens d'Église. — Le mot ne se dit plus aujourd'hui, nos abbés étant plus *saints* et nos femmes plus *saines*.

Ribaud-aude. *s. m.* Homme et femme de mauvaise vie ; luxurieux et impudiques.

« Je suis la grande Gargouillaude,
Garce du souverain Gagoux,
Chaude putain, fière *ribaude*,
Pleine de vérole et de loups. . »

LE S[r]. DE SIGOGNES.

Ribauder. L'art de se faire foutre, faire la noce.

« Trois femmes s'y trouvaient, trois femmes accomplies dans l'art de *ribauder*, parfaites, accomplies. »

(*Théâtre du Bordel.*)

Rigolboche. *adj.* Amusant, drôle; synonyme et diminutif de *Rigolo*.

Nom pr. (si l'on veut). — Deuxième surnom de Marguerite la Huguenote, ballerine du Casino-Cadet, qui, en 1860-61, eut une grande vogue à Paris. Elle prétend avoir créé le mot :

« C'était au *Prado*... la querelle allait son train.... les agents s'approchèrent.... — Laissez-les donc ! m'écriai-je, c'est bien plus *rigolboche*!

— Marguerite, me dit C., tu viens de créer un mot

qui fera fortune, et dont le besoin se faisait sentir.... A partir de ce jour, tu t'appelleras *Rigolboche*, pour perpétuer le souvenir de cette soirée linguistique. »

(*Mém. de Rigolboche*, 1860.)

Rigolbocher. *v. n.* S'amuser, — se disloquer en dansant : — conjuguer dans tous ses temps le verbe : *se la casser douce et bonne* ; danser le cancan comme *Rigolboche*.

Les deux mots précédents ont encore donné naissance à *rigolbochade, rigolbochomanie*, etc., etc.

Rigolbocheuse. *s. f.* Chahuteuse. Disciple ou plutôt pâle imitatrice de *Rigolboche*. Je dis *pâle*, et je dis bien : — ces femmes-là ne savent pas rougir.

Rigolo. *s. et adj.* Amusant. Ce mot vient de *rigoler*, dans le langage populaire, est de deux genres et — du plus mauvais. — Il s'applique aux personnes et aux choses :

Arnal est un acteur *rigolo* et Thérésa une chanteuse *rigolo*. — Un roman nouveau et une pièce nouvelle peuvent n'être pas assez *rigolos*.

Rigolo, le mulet indomptable de l'Hippodrôme n'était pas *rigolo*... pour ceux qui essayaient de le monter, ni pour le public.

Rigolo. *s. et adj.* Bon enfant, homme gai.

C'est rigolo, signifie : c'est plaisant, amusant, c'est drôle.

Rigolette. *s. f.* Fille amie de la joie et de la danse. Habituée des bals publics.

Rigoleur. *s. m.* Ami de la gaîté, de la danse et de la bouteille.

Rigueurs. *s. f. pl.* Dureté d'âme, insensibilité de cœur que rien ne peut émouvoir. Art d'irriter la passion d'un amant, de conserver plus longtemps l'empire qu'on a sur lui, de se faire valoir.

Ouf ! quel mot peu érotique ! — Bath ! à la *rigueur*...

Risettes (Faire des). Sourire à quelqu'un ; lui faire des avances aimables.

Rivancher. *v. n.* Terme d'argot. — Signifie : faire l'amour ; baiser.

Rivette. *s. f.* De la famille des enculés. Homme qui vous déboutonne, vous prend de force et vous suce la pine.

> « Chacun son goût, sa passion,
> Le suçage
> Plait à mon âge.... »
>
> (*Parodie d'après* Festeau.)

« *Rivette.* Jeune sodomite. Les voleurs de province donnent ce nom aux filles publiques. »

Vidocq.

Rocambole (La). *s. f.* Ce qu'il y a de plus piquant dans quelque chose ; — l'assaisonnement du plaisir.

« Il est des paillards honteux, des gens mariés, etc.... qui recherchent les bonnes fortunes et sont enchantés de pouvoir ainsi assouvir dans l'ombre du mystère et dans le silence des bois, une passion qu'ils n'oseraient satisfaire aux lieux consacrés à cet effet. C'est même pour certains amateurs, la *rocambole* du plaisir. »

(*Anecd. sur la comt. Dubarry.*)

Ronronner. *v. n.*

> « Dans cette pose nonchalante
> Où vous a surpris le plaisir,
> Sommeiller près de son amante
> En roucoulant..... »

A la façon des chats. — Au fait, c'est mieux en prose.

Rose. *s. f. au fig.* La nature de la femme.

> « Tu n'auras pas ma *rose*,
> Car tu la flétrirais... »
>
> (*Vieille chanson.*)

Air : *Maudit printemps.*

> Un joli *con*, c'est une *rose*.
> Qui brille de cette couleur ;
> C'est un diamant, c'est un *chose*.
> Qui porte le nom d'une fleur.
> Celui que jour et nuit j'arrose
> De ma prolifique liqueur.

Appartient à ma douce *Rose*.
Elle a ma *queue* et m'a donné son cœur... »

Bis, avec variante honnête :

« Il est à ma gentille *Rose*,
Qui m'a donné son parfum et son cœur. »

J. CH.

ROSÉE CÉLESTE, DIVINE. *s. f.* Décharge de la liqueur balsamique, que les gens qui n'attendent rien du *ciel* appellent tout bonnement : — du foutre.

« Mon amie, reçois encore cette preuve de mon amour. Gamiani, excitez-moi, que j'inonde cette jeune fille de la *rosée céleste.* »

A. DE M.

ROSÉE DE VIE. *s. f.* Ou de *vit.* — La liqueur séminale, qui donne *la vie.*

« Notre adorable conquérant fait des siennes à toute outrance et darde la *rosée de vie* sans le moindre ménagement.
DE NERCIAT.

ROSE LANDIE. Trou du cul.

(*Tour du Bordel.*)

ROTI. *s. m.* Maîtresse. — en opposition à la femme légitime, — qui sert *d'ordinaire* :

« Toujours du bouilli,
Jamais du *roti...* »

(*Ancienne chanson.*)

ROUBIGNOLLES. *s. f. pl.* Les couilles, — dans l'argot des banquistes.

ROUCHI. *s. m.* Homme de mœurs équivoques : maquereau.

« Garçon, me dit un vieux *rouchis*,
S'il faut qu'ici je te le dise :
Baiser sans permis de l'Eglise
C'est risquer le saint paradis... »

EM. DEBRAUX.

ROUCOULER. *v. a.* Tenir de tendres propos. Chanter langoureusement ; bref : — faire l'amour comme un *pigeon*, — en payant.

Rouleaux. *s. m.* Les testicules.

« Si pour nisco
J'attrappe l'asticot,
Tant pis pour mes rouleaux !...
Voilà l'turco (bis) bono. »
(*Chant guerrier, retour d'Afrique.*)

« La peau de mes *rouleaux*
Pour les municipaux..... »
(*Chanson républicaine.*)

Roulottier. *s. m.* Voleur qui, au lieu de *travailler* en chambre, comme le cambrioleur, travaille en voiture. Il saisit une malle, un colis sur un camion de roulage et s'éloigne avec sa proie. — (V. *Calège.*)

Roustisseuse. *s. f.* Femme ou fille de mauvaise vie ; — voleuse, — dans l'argot des faubouriens.

Route. *s. f.* Bien entendu, celle des plaisirs. De l'entrée de la fente jusqu'au fond du vagin. Elle n'est praticable qu'après la défloration.

« Ma foi, j' vous avoûrai, voisine,
Qu' la première nuit, certain bobo
M'empêcha de faire dodo.
Jean, bien qu'il me vit effrayée,
S' trémoussait comme un épagneul ;
Aujourd'hui, qu' la *route* est frayée,
Ça va tout seul. »

Tostain.

Rubens. *n. pr.* Mot adopté *postérieurement* à Rubens, ami des *amples formes*. Il signifie : un beau cul, de grosses fesses ou de gros têtons. — (Voir tous les tableaux de Rubens.)

« Voyagez avec assurance,
De Venise aux pays albains ;
Mais, si vous passez à Florence,
Prenez garde à votre *rubens.* »

A. Monténont.

Ruffian. *s. m.* Accouplement de *Rufi* et *d'Anus*. Mot qui s'est introduit en France au 13e siècle et n'a été en vogue qu'à la fin du 15e, quand l'*italianisme* déborda dans l'idiome gaulois. Ce mot avait alors différentes significations, telles que: lénon, proxénète, débauché, habitué de mauvais lieu, etc.... Aujourd'hui, il signifie tout bonnement maquereau.

« Je suis *ruffian* et je m'en vante. »

ALB. GLATIGNY.

SAC. *s. m.* Le ventre. — On dit d'une femme enceinte : Elle en a plein son *sac*.

SAC (Être ou n'être pas dans un). — Être trop laide pour se montrer ou trop belle pour se cacher. — (Argot des faubouriens.)

Cette expression devrait se chanter, comme celle-ci, qui est de la même famille :

«.... Elle n'est pas mal,
Pour foutr'dans l'canal ;
Elle s'rait bien mieux
Pour foutr' dans les lieux. »

SACCADER. *v. a.* Mettre une *femme* à sac ; la secouer, la foutre, par devant ou par derrière.

« Le bougre lui mit le ventre en l'air, et pendant que Brise-Motte la *saccadait* en cul, Cordaboyau la *saccadait* en con. »

RÉTIF DE LA BRETONNE.

SACQUER. *v. a.* Donner de l'argent à un homme, afin qu'il ait toujours *le sac*.

SACQUER UN HOMME. *v. a.* Le renvoyer; lui donner *son sac*. On dit aussi : le balancer. — (Argot des filles.)

Sacrement. *s. m.* L'outil du mariage, le membre viril, sans lequel le mariage ne saurait s'accomplir.

« Voyez fille qui dans un songe
Se fait un mari d'un amant :
En dormant, la main qu'elle allonge
Cherche du doigt le *sacrement*.
Mais faute de mieux, la pauvrette,
Glisse le sien dans le joyau... »

Béranger.

Sacrifice *s. m.* Fouterie désintéressée et — toujours intéressante.

« La compagnie qui, pendant notre *sacrifice*, avait gardé un profond silence, me complimenta de l'hommage que mes charmes avaient reçu par la double décharge que j'avais subie dans une seule jonction. »

(*Mémoires de miss Fanny.*)

Sacrifice (Faire un). Se branler ou piner, et par le fait d'une copieuse décharge, offrir à Vénus toutes ses économies de foutre.

« Versac triche à la dérobée avec sa femme. Simpronie s'en aperçoit d'autant moins, qu'en rentrant Versac lui fait un ample *sacrifice*. »

(*Nouvelle Académie des dames.*)

Sacrifier a Vénus. — (Voir le mot précédent.)

Sade (Donatien-Alphonse-François, marquis de), né en 1740, descendant d'une illustre famille de France, se livra à tout ce que le libertinage et la débauche ont de plus honteux ; toutes les phases de sa vie crapuleuse furent accompagnées des plus atroces violences. Il écrivit des livres infâmes, fut enfermé à Charenton, où il mourut en 1814.

Titres de ses œuvres : « *Justine ou les malheurs de la vertu* (1791) ; — *La Philosophie dans le boudoir* (1795) ; — *Aline et Valcour, ou le Roman philosophique* (1795) ; — *Zoloé et ses deux acolytes* (1800) ; — *La marquise de Gange* (1813 ; — *Pauline et Belval, ou les victimes d'un amour criminel* ; — et... *Julia ou le mariage sans femme* vaudeville. »

Sage-femme. *s. f.* Prêtresse de Lucine.

Saignée blanche. *s. f.* Emission de sperme. Décharge provoquée par le branlage ou le suçage.

Saigner a blanc (Se faire). *v. réfl.* Se faire branler ou sucer.

Saigner son cyclope. *v. a.* Le faire décharger, soit en le branlant, soit en lui donnant du con.

Saint-Come... *n. pr.* Le bienheureux.. — patron des vérolés

« .... Il se trouvait réduit à expier dans le purgatoire de *Saint-Côme* une souillure très-physique dont il était redevable à qui ?... à mademoiselle Thérèse. »

A. de Nerciat.

Sainte nitouche (Faire la). *v. a.* Faire semblant de mépriser une pine qu'on brûle d'envie d'avoir au cul et, sans avoir l'air d'y toucher, se faire fourrer celle d'un homme que l'on déteste, mais qui l'a plus longue et plus grosse ; autant de pris sur l'ennemi !

« .... Toutes connaissances ont donné dans son air *sainte-nitouche*. Tous l'ayant *violée* l'un après l'autre, pas un n'a échappé à la vérole.,. »

(*Le Diable au corps.*)

Saint-Esprit de la culotte. *s. m.* Le vit.

« Près d'moi, j'entendis qu'on prenait
Le doux plaisir de la pelotte :
M'approchant, je vis un minet
Qui, pleurant, mettait un bonnet
Au *Saint-Esprit de la culotte.* »

(*Gaudriole*, 1834).

Saint Joseph. *n. pr.* Père de la grande confrérie ; — patron des bienheureux... cocus.

Saint Luc. *n. pr.* Monseigneur le *cul*, par anagramme; on dit aussi : *Saint Jean-le-Rond.*

Saiot Noc. Sa majesté le *con*, par anagramme.

« Soit que vous ayez, Madame, projeté de vous le faire incruster, soit que vous vous proposiez de l'incruster à vos amies (il s'agit ici du godemiché double), il est bien arrêté dans votre esprit que saint *Noe* et saint *Luc* peuvent être fêtés à la fois. »

(*Le Diable au corps.*)

Saint-Serail. *s. m.* Collection de filles cloîtrées, dans un couvent — ou dans un bordel.

Saladier de l'Amour. *s. m.* Le con, qui est toujours trop grand pour recevoir un de ces petits vits grêles que l'on appelle *anchois*, par allusion à la gracilité de ce poisson. — (V. *Anchois.*)

Salières (Avoir des). Se dit des femmes maigres qui n'ont que des trous où il faudrait des bosses : derrière les clavicules, par exemple.

« *Elle a deux salières et cinq plats* (sein plat). Vieux dicton qui s'emploie pour désigner une femme maigre qui n'a ni cul ni tétons. »

Saliver. *v n.* Couler ; — avoir la chaude-pisse.

« Tout visage de femme à bon droit m'est suspect.. »
Quiconque a *salivé* doit fuir à son aspect... »

Piron.

Salon du plaisir. *s. m.* Le vagin de la femme, dans lequel le membre viril est admis à se présenter lorsqu'il est de bonne tenue.

« Sa bouche est à la hauteur du nombril : d'un mouvement respectueux en apparence, il l'abaisse sur la brune tapisserie du *salon du plaisir.* »

(*Les Aphrodites*).

Saloperies. *s. f. pl.* Les choses de la fouterie, que l'on trouve dégoûtantes après les avoir faites, — et divines pendant qu'on les fait.

« Mais, du reste, j'aurais moi-même appelé pour avoir de quoi nous purifier de nos *saloperies.* »

(*Les Ahprodites*).

Salsifis. *s. m.* Vit long et mince — généralement peu viril. Légume mal planté dont on ne peut que sucer la tige, — pour en avoir le jus.

SANCTUAIRE DU TEMPLE DES PLAISIRS. *s. m.* Le fond de la matrice.

« Vois-tu, Chauvin, c'est comme qui dirait... un deuxième con que l'on rencontre au fond du premier. . Dès qu'il s'entr'ouvre, il vous prend le bout de la pine, vous serre le gland pour ne pas perdre une goutte de sperme et fait tout son possible pour vous empêcher d'en sortir... As-tu une grande pine ? oui... alors tu pourras t'expliquer cela. »

J. CH. (*Caporal Branlard.*

SANGSUE. *s. f.* Usurière du sentiment ; petit dame qui *suce* ses amants, ce qui, pris en mauvaise part (comme j'entends bien qu'on le prendra), signifie qu'elle les ruine.

Dégorger sa sangsue (ou *faire*). Décharger, soit en baisant, soit en se masturbant.

SANGSURER. *v. a.* Faire de nombreuses saignées à la bourse et — aux bourses — d'un monsieur qui a le sac.

SANGSURER (Se). Se *saigner*, se ruiner, pour une drôlesse que l'on entretient.

SANS DESSUS DESSOUS (Être). Beau désordre, agréable à la vue chez une belle femme. Quand elle est renversée et bouleversée à grands coups de pine, les cheveux épars, le cul et les tétons en l'air, ses bras vaincus, jetés comme de vaines armes, on n'a plus qu'à recommencer à faire le *dessus*, à moins qu'on ne préfère le *dessous*, — pour changer.

« Gai, gai, l'on est chez nous,
Toujours en fête
Et *sans dessus dessous* ! !

BÉRANGER.

SANS SOUCI. *s. m.* Homme qui peut franchement chanter :

« Gaiment je m'accommode
De tout.... »

et qui se fout autant de ces *cent sous-ci* que de ces cent francs-là.

S'emploie aussi au féminin : c'est une vraie *sans-souci*.

Saphisme, *s. m.* — (V. *tribadie*.)

Saquer du cul, *v. n.* Jouer des reins et remuer des fesses ; — s'agiter énergiquement sous l'homme pour activer sa jouissance et la sienne propre.

Satisfaire ses besoins, *v. a.* Foutre sans amour, par nécessité, soit en baisant, soit en se branlant ; histoire de *dégorger sa sangsue*.

« On fit la chasse aux filles de joie, en sorte que les débauchés trouvèrent cette privation très-grande et furent obligés de faire de petits voyages à Paris, pour *satisfaire leurs besoins*. »

(*Anecdotes sur la comtesse Dubarry*.)

Satyriasis, *s. m.* (Médecine).

« Penchant irrésistible à l'acte vénérien, quelquefois avec la faculté de le soutenir longtemps sans épuisement.

Dr B. Lunel.

Saucisson, *s. m.* Membre viril, — par allusion de forme, de taille et de grosseur.

« De leur forme enfin l'on s'occupe :
Sœur modeste vante les courts ;
Mais sœur Anne, qui n'est pas dupe,
Trouve les longs d'un grand secours...
— Mes sœurs, cessez d'être en balance.
Au moment d'avoir les yeux clos,
Je dois vous dire en conscience :
Que les meilleurs sont les plus gros. »

A. Gilles.

Saut-du-lit, *s. m.* Sorte de petit lever sans apprêts.

« Pour lors, la dame parut, mais dans un négligé de *saut-du-lit* très-chiffonné, les cheveux en désordre, enluminée, palpitante.... »

Monrose.

Sauter (Se faire), *v. réfl.* Femme, se faire baiser ; — homme se faire enculer, — avec ou sans beurre.

Sauteur, *s. m.* Fouteur ; — celui qui *saute* une femme, c'est-à-dire qui la baise au *saut du lit*, — par surprise ou accident *prévu*.

Sautoir. Baiser une femme en sautoir. — (V. *Instruct. libert.*)

Sauvage (Se mettre en) S'habiller *tout nu*, c'est-à-dire : se déshabiller ou ne pas s'habiller du tout. *Etre* (ou n'être pas) *sauvage*. Eviter les hommes ou accepter et même rechercher leurs hommages.

> « ... Alors, Jupin, prenant l' parti d' la dame,
> Dit au Cyclope : « Un mot va t'apaiser :
> Si tu n'veux pas qu'on reconnaiss' la femme,
> *En sauvage* faut la déguiser. »
>
> Em. Debraux.

On sait que Vénus n'était *sauvage*.... que par le costume.

Sauver la mise. *v. a.* On sait que dans la plupart des bordels de Paris, on ne reçoit pas les amants de cœur. Or, quand une fille veut recevoir le sien, elle le fait venir *en miché*, et lui rembourse au moment du départ l'argent qu'il a donné en bas. Voilà ce que ces dames appellent *sauver la mise*.

Savonner ou donner une savonnade. *v. a.* Baiser une femme, ce qui exige naturellement une forte dépense de sperme, qui mousse dans son con comme du savon autour d'un menton.

> « Et je lui donnai une *savonnade* à laquelle son mari ne l'avait pas habituée. »
>
> Seigneurgens.

Sceptre. *s. m.* Membre viril, qui, n'étant qu'un bâton *de commande*, — règne mais ne gouverne pas.

> « .... Caressée par une langue habile, je sentis approcher un incroyable plaisir, que j'achevai en m'asseyant glorieusement sur le *sceptre* que je tenais. Je donnai et je reçus un déluge de volupté. »
>
> A. de M.

Schnoc. *s. m.* Mot barbare qui signifie : *con*, par anagramme renforcé de *sch*, — à l'effet de dérouter les *schnocs* qui voudraient le *com*prendre.

Schtiv. Mot qui signifie *vit*, par anagramme. C'est le pendant de celui qui précède.

SCIENCE FATALE. *s. f.* La tribaderie, *fatale* — pour les hommes.

« Mon tempérament était de feu, il fallut le satisfaire. Je ne fus guérie plus tard de l'onanisme que par les doctes leçons des filles du couvent de la Rédemption. Leur *science fatale* m'a perdue... »

A. DE M.

SECOUER LA CARTOUCHE (Se). *v. réfl.* Se secouer la pine ; — en faire une gargousse, pour bourrer le *con-canon* qui n'attend que cela ; puis, écouvillonner à grands coups de cul, — militairement. Le coup parti, recommencer.

SECRET. *s. m.*

« Qu'elle soit ou non bavarde, une femme sait au moins garder un *secret* : — celui de son âge. »

J. CHOUX.

SECRETS DE L'ALCOVE. *s. m. pl.* *Racontars* conjugaux ou d'amours illégitimes, que l'on se fait amicalement entre hommes ou entre femmes. Ces agréables *rapports* deviennent le plus souvent *secrets* de Polichinelle.

« .... Les héritiers ont donc fait inutilement traîner au grand jour les *secrets* les moins respectueux *de l'alcove* paternelle. » L. ULBACH. (*La Cloche*, n. 6.)

SEIN CHARNU. *s. m.* La *chair* de la femme : tétons ronds, fermes et plantureux ; abondance de *biens* ne nuit pas.

« Vivent les corsets de soie
Où craquent les *seins charnus* ! »

H. DE SAUBAGNAC.

SE LIQUÉFIER. *v. pr.* Jouir et, déchargeant abondamment, se figurer dans l'ivresse du plaisir, que l'on va rendre l'âme par la pine — en *liqueur* séminale.

« Mon âme se *liquéfie* dans un volcan de voluptés ! s'écria à son tour l'abbé. Couronnez-moi de fleurs ! je languis ! je me meurs !... je... je... »

(*Veillées du couvent*.)

SEMAINE DES AMOURS.

« On n'a plus ni plaisir ni peine
Quand les dénoûments sont prévus ;
Les amours n'ont qu'une semaine.
Dont tous les jours sont convenus.
Le *lundi*, l'on voit une femme ;
On fait l'aimable le *mardi* ;
Le *mercredi*, l'on peint sa flamme ;
Elle nous répond le *jeudi*;
On est heureux le *vendredi* ;
On se quitte le *samedi* ;
Le *dimanche*, tout est fini,
Pour recommencer le *lundi*.

SCRIBE, (*L'héritière.*)

Ce charmant couplet, chanté jadis par Gontier, au théâtre de Madame, a inspiré à MM. J. Maillan et Philipe Dumanoir un joli vaudeville en 7 tableaux, et à Gavarni une série de spirituelles litographies :

La semaine des amours.

SEMENCE. *s. f.* Liqueur de la génération ; le foutre de l'homme et de la femme.

« Au jeûne où votre con se treuve,
Vouloir faire une fine épreuve
Si je suis bélier ou mouton.
Vous eussiez eu de la *semence*
D'un vit dont la grandeur immense
N'eut jamais de comparaison. »

F. DE MAYNARD.

SEMER. *v. a.* Femme, planter-là son amant; homme, quitter sa maîtresse.

« Mon protecteur m'ennuie, mais je le garde pour payer mon terme.
— Ah ! bah !... *sème*-le.
— Passe pour *semer*, mais il faut recueillir. »

(*La Malice des femmes.*)

S'EN FAIRE MOURIR. Expression choisie, employée par les cocottes, pour refuser poliment tout ce qu'on leur demande — gratis.

Equivaut à : *s'en faire* [illegible]*ter le nœud, la saucisse*, ou *le cylindre*.

— « Ah ! tu as été cette nuit au bal de l'Opéra ! Eh ! bien, qu'est-ce qu'on y dit de neuf ?

— ... *Tu l'en f'rais mourir !!!* »

A. Grévin.

Sentir de la volupté. Entrée de la matrice de la femme, qui conduit au fond où se trouve le temple de la volupté.

Sentimentage. *s. m.*

« Amour plus platonique que physique, qui exclut l'infidélité et le plaisir au profit de je ne sais quel idéal ridicule, — bon pour les romans et les pensionnats de demoiselles. »

Delvau.

« Mais s'il allait souhaiter quelques préférences exclusives, se croire offensé de mes inévitables infidélités, perdre de vue que je suis aphrodite, vouloir m'assujétir à son *sentimentage*... »

A. de Nerciat.

Sentir (Se). *v. pr.* Se dit des adolescents, dont le tempérament se développe et qui ressentent, à l'aspect d'un individu de sexe différent, un doux je *ne sais quoi* qui les fait bander. — Il (ou elle) commence à *se sentir*.

— « Ne te *sens-tu* pas encore, mon ami ? dit la dévergondée. *On bande* à ton âge ! » Et sa main cherchait à s'en assurer chez moi... »

(*Mon Noviciat*).

Sentir des dispositions (Se) Avoir en main tout ce qu'il faut pour satisfaire une femme : — Être tout en nœud.

« Te *sens-tu des dispositions*, là, franchement ? »

A. de Nerciat.

Sentir quelqu'un. *v. a.* Avoir de la sympathie pour quelqu'un, commencer à l'aimer.

Ne pas sentir quelqu'un, avoir répugnance à le voir, à lui parler ; le *naser*, comme disent MM. les faubouriens.

« La première fois que Théodore m'a écrit, il me parlait d'Adrienne, de ses fréquentes visites, et me disait qu'il pensait qu'Adrienne *le sentait*... »

R. (*Bal publics de Paris.*)

Serin. *s. m.* Le vit, oiseau à poil, qui ne chante pas — et fait souvent *chanter*.

> « Sur le trottoir, l'baladeur la r'filant,
> N'ayant pu r'moucher sa binette,
> Rien qu'au port d'arme d' la catin,
> Il s' dit tout bas : v'là d' la *crign'* pour mon *s'rin*. »

Mauvais argot, qui veut dire en *bon* français :

« Rien qu'au port, à la taille de la belle, il (le miché) se dit : voilà de la *viande* pour mon vit. »

Serin (Voyager pour son). Flâner dans la ville ; chercher une ou des aventures, — dans l'argot des voyageurs de commerce... qui voyagent pour leur *patron*.

Seringue a perruque. *s. f.* Le vit : — un gars à poil.

« Et je lui donnai une injection charnelle dans les intestins carnassiers avec la *seringue à perruque* que vous savez. »

On dit aussi : *seringue à poil.*

Seringuer. *v. a.* Administrer l'injection balsamique à un con bien portant, — avec la seringue que vous savez.

«... Jusqu'alors, je n'avais ressenti pareille jouissance. Il me *seringua* trois fois de suite de son nectar délicieux ; le foutre s'en allait à gros bouillons de la tête de son gros vit, il me sautait jusqu'au cœur. »

(*Anaïs, ou 10 ans de la vie*, etc.)

Serre-fesses. Femme romaine qui, de peur d'être baisée, *serre* de son mieux les *fesses* pour assurer en même temps son cul contre l'enculage. C'est d'une pierre... éviter deux coups.

Serre-fesses a prêté son nom, en 1843, à une tragédie qui a eu un tel succès qu'un M. Pousard à dû lui faire l'honneur d'une parodie : *Lucrèce* à très-bien réussi et son heureux auteur est aujourd'hui l'un des *Barante* de l'Académie.

Heureux Protat !!! »

Servante-maitresse. *s. f.* Femme ou fille qui est nourrie, blanchie et couchée par son maître — et avec lui. — Elle lui *sert* plus qu'elle ne le sert, et se laisse volontiers *servir* par lui. C'est une bonne à ne rien faire — que ce qu'elle veut.

« Hélas ! mon ménage est petit,
Dis-je aussitôt à l'innocente ;
Vous n'aurez à faire qu'un lit ! »
D'un air doux elle répondit :
« Monsieur, je suis votre *servante* ! »

F. FOUGERAIS.

SERVICE. *s.m.* Bon office que ce rendent mutuellement l'homme et la femme en baisant ensemble ; — masturbation mutuelle entre filles privées d'hommes, lesquelles deviendront gougnottes.

« Anaïs, si tu m'aimes un peu, sois complaisante. Alors, me regardant d'un air mourant, elle semblait me demander le même *service* que son doigt me rendait un peu auparavant. Je le compris et.... »

Anaïs.

Synonyme de *Poste*. — (V. ce mot.)

« Averti que son extatique championne n'a pas perdu tout-à-fait connaissance... il devine qu'un *service* de plus ne pourra manquer de très-bien faire.

(*Les Aphrodites.*)

SERVICE IMPROMPTU. *s.m.* Coup tiré *sur le pouce*, avec une femme qui ne l'attendait pas, mais qui le désirait peut-être.

« ... Le drôle rendait, portes ouvertes, un *service impromptu* sur le pied du lit à son affamée maîtresse. »

(*Félicia.*)

SERVIR DE POSTILLON. *v. n.* Enculer son maître, quand il a une voiture et un beau cul.

« Et votre fils, le mousquetaire,
Il me force, le croirait-on !...
Quand il a quelqu'orgie à faire,
A lui servir de *postillon*.
Vraiment, je me couvre de honte
En satisfaisant de tels goûts !... »

G. GARIEN.

Servir de sa langue (Savoir se). Pour faire des langues ; pour sucer les tétons, les boutons, les pines, etc. etc. ; gamahucher et faire feuille de rose.

« O que la gamahuche a pour moi de douceur :
Quand je *suce* ton con, je suce le bonheur !
Démosthènes, cité pour sa belle harangue,
Ne sut pas, mieux que moi, *se servir de sa langue.* »
(*Devise de bonbon.*)

Servir de ses doigts (Se). *v. pr.* Étant privée d'homme quand on est femme, ou privé de femme quand on est homme, s'adonner au *jeu de la petite oie :* — se branler.

« ... Je voyais avec effroi l'avenir qui s'offrait devant moi de toujours *me servir de mon doigt,* moi qui avais tenu une si belle pine dans ma main et qui n'avais pas eu le temps de m'en servir. (*Anaïs.*)

« Une fois que son nœud fut au fond de ma motte, la douleur augmenta tellement que je me disais en moi-même : « Si l'on n'a pas plus de plaisir que ça, je préfère *me servir de mes doigts...* » (*Idem.*)

Sexe. *s. m.* La femme. — Quand on parle de *sexe,* on ne parle jamais *mâle.* — Le sexe en général, le *beau sexe,* c'est la femme, la femme, toujours la femme. — On dit aussi le *sexe faible.*

« Celle en femme était vêtue de blanc ; en homme, madame Dubarry était en espèce d'habit de Gilles. Ce dernier plaisant plus généralement au *sexe,* et le premier aux hommes. »
(*Anecdotes sur la Css Dubarry.*)

Sifflet. *s. m.* Petit vit qui *s'embouche* comme une clarinette, ou comme un autre instrument, dans une autre bouche — verticale.

Sigisbé. *s. m.* Ami de la maison, qui est souvent le lieutenant du mari ; qui rend des soins assidus à la femme, est toujours à ses ordres, la promène et la fout quand elle en a envie ! — Parbleu !

Sillon Magique. *s. m.* La gracieuse fente, qui n'est autre chose que le con.

« .... Il a fourré sa tête sous les jupes de Célestine et entre ses jambes. Tandis qu'il gravit pour atteindre au *magique sillon*, il attaque l'équilibre de la nymphe et lui fait ployer le jarret... »

(*Les Aphrodites.*)

SIMULACRE. *s. m*, Godemiché.

« Il semble qu'un feu intérieur la tourmente, la pousse à la rage. Ses cuisses écartées, se prêtent avec effort aux attaques du *simulacre* monstrueux. »

(*Gamiani*)

SINVE. *s. m*. Miché ; — pantre.

« Jadis, pour filer la plus chouett' des catins,
Tous les *sinves* s' mettaient en planque. »

(*Chanson anonyme.*)

SIRÈNE. *s. f.* Fille publique qui cherche à attirer l'homme en chantant,—pour le faire chanter à son tour.

SIROTER LE BONHEUR. *v. a.* Boire et baiser à petits coups, — tranquillement, — de bon vin et une belle femme.

SIXIÈME SENS. *s. m.* Celui auquel le *toucher* sert d'auxiliaire. Chez l'homme, c'est le vit ; le con, chez la femme.

« .... Car enfin, ce n'est pas être sur la voie du bonheur, que d'avoir été suborné par un dégoûtant suppôt de Baschœur, et d'avoir appris de lui que vous aviez un *nouveau sens* dont vous pouviez à la sourdine vous faire un petit amusement. »

(*Le Diable au corps.*)

SOEUR. *s. f.* Maîtresse, dans l'argot des soldats et des voyous, qui, sans s'en douter, se servent du même mot que les Romains, dans le même sens, *soror*. Les Romains avaient de plus le mâle de la sœur, qui était le *frater*.
On dit aussi :

« *Nos sœurs du peuple*, pour désigner certaines victimes cloîtrées, qui ne se plaignent pas de l'être. Au XVIe siècle, on disait : *nos cousines*. »

A. DELVAU.

« *Ta sœur*, d'amante est synonyme... »

F. DE COURCY.

Soeur de cul. *s. f.* Fille de la même mère que sa sœur, mais d'un autre père.

Deux filles qui ont *connu* le même homme, sont *sœurs de cul.*

Soeur de cul. (Belle). *s. f.* Pour vous, Monsieur, c'est la sœur de votre maîtresse; et pour vous, Mademoiselle, la sœur de votre amant.

S'offre-a-tous. *s. f.* Fille publique.

Sonder une femme. *v. a.* La sonder, comme une balle de coton, — avec sept ou huit pouces de vit, — pour savoir ce qu'elle pense de vous.

Sondeur. *s. m.* Fouteur.

Songe érotico-tragique. Depuis le fameux songe d'Athalie, toute œuvre tragique qui veut être respectée doit avoir le sien. Je cite celui de *Serre-fesses* comme modèle du genre. Il n'est peut-être pas un chef-d'œuvre, mais il prouve suffisamment que si l'auteur a la clef du *Caveau*, il a aussi la *clé des songes.*

« J'ai rêvé que j'étais au fond d'un lupanar...
C'était comme un immense et splendide bazar
Dans lequel enculeurs, enculés, maquerelles,
Maquereaux et putains, tout grouillait pêle-mêle...
Dans ce tohu-bohu, l'un se faisait branler ;
Un autre, près de lui, qui venait d'enculer,
Retirait de l'anus une pine puante
Et de merde et de foutre encor toute gluante ;
Un vieux, qu'il me semblait avoir vu quelque part,
Se faisait bravement sucer le braquemard ;
Un autre en sens inverse ayant compris la chose,
Gamahuchait le con le plus frais, le plus rose
Qui soit jamais sorti des mains du Créateur ;
La putain est bientôt au comble du bonheur :
De son con fromageux la semence ruisselle.
Celui-ci fout en cul, et cet autre en aisselle...
Un troisième en tétons... Pour tout dire, il étaient
Tous qui greluchonnaient, foutaient, gabahotaient...
C'était beau !... délirant !... Moi-même à cette vue,
Je bandais, mais si fort, sur ma couche étendue,
Que j'en fis une fausse... Alors, en un moment,
Le bordel disparut... Je ne sais pas comment
Je me retrouvai seule, en un beau lit couchée,

Et comme sur le point d'être gamahuchée...
Mes cuisses, malgré moi, savamment s'écartaient
De mon con entr'ouvert les lèvres tremblottaient...
Cet état me plaisait, j'en fais l'aveu, nourrice...
Tout machinalement je frottais ma matrice
Et m'amusais assez .. Tout à coup, un gros vit,
Qui de la cheminée au même instant sortit,
S'avança près de moi, roulant sur ses roupettes
Avec un grand fracas comme sur des roulettes :
Il fit avec lenteur tout le tour du salon ;
Il avait bien au moins onze pouces de long,
Et sans doute arrivait de quelque horrible bouge ;
Sa tête obélisquale était luisante et rouge
Et semblait me narguer épouvantablement....
Il vint effrontément et verticalement...
De sa fente coulait un verdâtre liquide...
Il entoura ma jambe... A cette étreinte humide,
Je sentis tous mes poils affreusement dressés ;
J'invoquai tous les saints, présents, futurs, passés ;
Mais le monstre avec joie, inspectant ma nature,
Qu'il regardait déjà comme étant sa pâture,
Semblait chercher comment et de quelle façon
J'allais être foutue : en cul, con ou téton.
C'est le cul qu'il choisit... Il me mit sur le ventre....
Il me semble à présent sentir encor qu'il entre...
Ayant mon pucelage alors de ce côté,
Il eut beaucoup de peine et de difficulté.
De douleur et d'effroi mes chairs étaient livides,
Car tu sais que toujours j'eus des hémorrhoïdes...
Et, sa crampe tirée, en bougre convaincu,
Il s'enfuit me laissant une capote au cul...
De ce cul écorché les gouttes ruisselantes,
O prodige ! en coulant, toutes sanguinolentes.
Créaient de maquereaux de nombreux bataillons,
Plus serrés, plus pressés qu'on ne voit les morpions
Sur un vieux con pourri qui suinte et qui saigne ;
Et tous ces maquereaux arboraient pour enseigne
Une pine d'airain, avec des couilles d'or,
Qui menaçait le sud, l'ouest, l'est et le nord !

L. PROTAT, *du Caveau.*

SONNER AU BOUTON. *v. a.* Branler une femme avec le bout du doigt, le bout de la pine, ou mieux, avec le bout de la langue.

« Tout aussitôt sur son lit il la couche,
Sonne au bouton ;
La reine alors, déchargeant dans sa bouche,
Dit : que c'est bon ! »

(*La Gastibelzade.*)

Sonner Joséphine. *v. a.* L'anecdote relative à cette expression étant assez connue et trop scabreuse pour être rapportée ici, le citateur ne peut qu'engager ses lecteurs et ses lectrices, à se — (V. *Mourir de plaisir.*)

Sonner l'antiquaille. Baiser une femme autant qu'on le peut et remuer ferme du cul tous les deux.

« Ainsi donc c'est demain que je livre bataille ! Quel plaisir, quel bonheur de sonner l'antiquaille ! »

(*Théâtre du Bordel.*)

Sopha. *s. m.* Meuble de boudoir ou *foutoir*, que l'on peut occuper à deux, soit pour causer, soit pour foutre au galop, *sauf à...* recommencer plus tard avec celui ou celle qui se présentera.

« Elle est coquette, elle est volage :
Mais je ne veux pas le savoir.
Quelle est la femme qui soit sage,
Sur un *sopha* dans son boudoir ?

Mis de Gondon.

Sortir de table avec la faim. *au fig.* Sortir du lit, comme Messaline : — peut-être fatiguée, mais non rassasiée.

Quitter une femme avec l'envie de la foutre encore.

« .... Foi d'honnête femme, vers six heures, j'ai fait *sortir de table* ce galant homme encore *avec la faim.* »

(*Les Aphrodites.*)

Soss' (La), prononcez *la soss*. *s. f.* Apocope de *société.*

Au *Paradis de la Gaîté.* Un gamin rote, puis fait ce petit speak :

« A ces dames, qu'à toujours été et sera toujours le plus bel ornement de *la soss'*.... »

Soubrillard. *s. m.*—Libertin,—dans l'argot des voleurs.

Soufflet. *s. m.* Le cul qui n'a que le souffle. — (V. *Tourner le soufflet.*)

Souhaits perfides. *s. m. pl.* Sorte de malédiction, formulée dans son ressentiment contre sa maîtresse, par un amant remplacé.

. . . .
« Que tu m'as fait souffrir! Mais, mon plus grand supplice
Fut de voir quels amants étaient à ton service ;
Que, sans discrétion, et sans cacher ton feu.
Tu fis de plus en plus à tous venants beau jeu !
Va, ton abaissement fait honte à ma mémoire.
Ma passion à part, il y va de ma gloire.
Les dieux, pour t'accabler de malheurs infinis,
Vont t'élargir le con et raccourcir les vits ;
Les plus jeunes fouteurs auront mille faiblesses.
Toujours à contretemps tu lèveras les fesses,
Et tes amants contraints par une dure loi
Au milieu du coït s'endormiront sur toi.
Pour un gueux impuissant, l'amour te rendra folle,
Tes moindres maux seront chaude-pisse ou vérole !
Enfin, bougresse, enfin, pour avoir trop foutu,
Un chancre confondra ton con avec ton cul. »

Cette pièce, attribuée à la *comtesse d'Olonne*, est de

Corneille Blessebois

Souiller son corps. *v. a.* Se masturber.

« J'appelle encor l'amour... Vos cellules infâmes
Etouffent sans pitié ma brûlante oraison ;
Et je *souille mon corps* au souvenir des femmes.
Epargnez ma raison ! »

V. Dabineau. (*La Prison cellulaire.*)

Souillon, *s. f.* Femme malpropre, débauchée, *arsouille,* fille à soldats, — dans l'argot du peuple.

Soupe et le boeuf..... (La) ou *le bouilli. s. f. et m.* L'ordinaire conjugal : — les mêmes *bonjours,* les mêmes *bonsoirs,* les mêmes coups tirés par le même homme, — avec la même femme.

« Parce qu'enfin, voyez-vous, du nectar et de l'ambroisie, c'est toujours la même chose que de l'ambroisie et du nectar. Junon, Flore, etc..., tout ça est bel et bon ; mais c'est toujours la *soupe et le bouilli*; tandis qu'il y a là-bas, chez le papa Desnoyers, des brunettes et de la piquette qui nous ravigoteront.

Emile Debraux.

Soupente. *s. f.* Le ventre d'une femme.

« Malheureuse enfant ! moi qui t'ai portée pendant neuf mois dans ma soupente ! »

(*Caricature de* 183..)

Soupeuses. *s. f. pl.* Petites dames galantes qui, connaissant trop, — malheureusement, — la misère en robe de soie, attendent qu'il soit minuit, pour *mieux* déjeuner.

Soupirant. *s. m.* Amant stagiaire, qui, — comme Lindor, — n'est encore qu'un *pauvre* bachelier.

Soupirer. *v. n.* Espérer et attendre — en soupirant.

Soupirs. *s. m. pl.* Monnaie qui, dans le pays de Cythère, est fort décriée.

« Vous qui faites tous vos plaisirs
De régner dans le cœur des belles,
Il faut, pour vous faire aimer d'elles,
Autre chose que des soupirs. »

Sous les armes (Être). Bander : être prêt pour baiser.

Sous-préfet (Le). *s. m.* Membre viril.

On dit : *agacer le sous-préfet,* pour : se branler.

Souteneur. *s. m.* Maquereau, — bâton de jeunesse des filles.

« Il rôde dans les environs du Casino, de ces messieurs qui protégent les amours de *ces dames,* et que la police a décoré du gracieux nom de *souteneurs.* »

A. d'Aunay.

Sphinctérisme. *s. m.* Jouissance qu'éprouve l'homme ou la femme à qui on introduit dans le *rectum* un objet glissant, à frottement doux et même un peu forcé. C'est cette sensation voluptueuse qui est la cause de la passion qu'ont tant de gens pour le rôle passif de *l'arrière Vénus.* On peut remarquer que dans le paroxysme de la jouissance que donne tout acte vénérien, le *sphincter* se contracte fortement.

Sublime crise. *s. f.*

« Le moment suprême de l'amour, le *summum* de la fouterie, qui est celui où l'homme et la femme mêlent leurs spermes et jouissent. » A. Delvau.

« Près de la *sublime crise*, ils paraissent tous deux. »

(*Les Aphrodites.*)

Sucer la pomme (Se). *v. réfl.* Se bécotter, s'embrasser. On dit aussi : *se sucer le trognon.*

Sucer la tasse (Se). *v. réfl.* Se baiser sur la bouche.

« C'est pas ça, mes enfants, vous vous *sucerez la tasse* quand le litre sera arrivé.... pas avant !

Am. Blondeau.

Sucer les tétons. *v. a.* (V. *Mordiller*, etc.)

Sucer ou faire minette. *v. a.*

« Action voluptueuse produite par les chatouillements de la langue sur le clitoris féminin ou sur le pénis viril. Elle procure des extases impossibles à décrire, et c'est peut-être la plus exquise des sensations érotiques. Quoi de plus voluptueux, en effet, que deux corps nus, étroitement enlacés, et se communiquant en même temps le plaisir par la langue, l'organe le plus délicat.

En langage familier, cette divine variante de la volupté s'appelle : *faire soixante-neuf* ou *bout-ci bout-là.* »

« *Amorcer le syphon,*
« *Cicatriser le mahulot,*
« *Ecrémer le cyclope,*
« *Scalper le mohican.*
« *Travailler le canal,*
« *Taquiner ou agacer le sous préfet,* » etc.

sont les métaphores techniques usitées dans le monde galant, pour désigner le suçage d'un vit.

Sucrée (Faire la). *v. a.* Faire la *bégueule* : se choquer des discours les plus innocents et des actions les plus simples, comme s'ils devaient outrager la pudeur.

L'expression est vieille, — comme l'hypocrisie.

Sucrerie. *s. f.* Fouterie. — (*V. sucrier.*)

Sucrier. *s. m.* Godemiché...

« Regardé comme le meuble le plus essentiel d'une toilette et celui qui est le plus cher aux dames : en un mot, c'est ce que les nonnes appellent : *un sucrier...* »

Meursius français.

« Car vous aimez la *sucrerie*,
Si j'en juge d'après vos yeux. »

(*Gaudriole de* 1833)

Suiffé ou suiffée (Être). *adj.* Être soigné dans sa mise, remarquable, beau ou belle.

Suivez-moi, jeune homme. *subst. comp. masc.* Engin de coquetterie, à la mode en 1867, chez ces petites dames que nos jeunes demoiselles copiaient volontiers :

Deux longs rubans de soie, partant du chignon et retombant sur le dos jusqu'au fessier, figuraient des guides qui annonçaient que ces dames, ou demoiselles pouvaient être conduites — et reconduites. (V. *Protégez-moi, mon père.*)

Superlatives délices. *s. f. pl.* Le moment où l'homme et la femme mêlant leurs ondes spermatiques, se pâment sous l'excès de la jouissance qui en résulte.

« Plaisirs inconnus des dieux,
Superlatives délices !... »

Béranger.

Supplanter quelqu'un. *v. a.* Le remplacer auprès de sa femme ou de sa maîtresse.

« J'ai *supplanté* ton gonsier d' pain d'épice,
Qui n' savait pas t'arranger comme il faut. »

(*Chanson anonyme moderne.*)

Et puisqu'il s'agit de *planter* la femme d'autrui, pourquoi ne dirait-on pas : *surplanter?*

Supplément. Ce qui pend entre les jambes de l'homme et qui est le supplément du membre viril.

« Je sens encore ici un supplément. »

(*Heures de Paphos.*)

Sur le retour (Être). Être d'un certain âge : avoir de trente-cinq à quarante-six ans. Etre encore aimable. c'est-à-dire : encore foutable. (V. *Maman.*)

Sur le sable (Être). *v. n.* Être sans *ouvrage ;* position intéressante d'un maquereau que sa maîtresse a *balancé.*

On dit aussi : *Être à la côte.*

Sur les dents (Être). *v. n.* Être rendu de fatigue luxurieuse. — Vouloir et ne plus pouvoir foutre : — être usé.

« Mais avec leurs flammes
Les filles et les femmes
De nos intendants
L'ont mis *sur les dents.* »

F. Dauphin.

Surprise (Être). *v. n.* Être prise de force et foutue, au moment où l'on s'y attendait le moins et où — peut-être — on le désirait le plus.

Syphiliser. *v. a.* Ayant attrapé la vérole, la partager en frère avec une sœur — en J. C., — qui en fera part à ses amis et connaissances.

« Le mal de l'un, ne guérit pas celui de l'autre. »

Système métrique. *s. m.* Appliqué comme nouveau en 1838, ce système était vieux comme le monde ; témoin cet ancien dicton :

« Adam voulut *le mettre ;*
Eve le *sentit mettre.* »

Systole. *s. f. phys.* Mouvement du cœur lorsqu'il se resserre.

Tabac. (Du). *s. m.* Des coups... sur le nez. — Dans l'argot des maquereaux, que les putains sont obligées de *priser.*

« J' fil', puisque tu m'donne's mon sac ;
Mais avant que j' prenn' mon sac,
Faut qu' tu montes au z'hamac,
Ou, sans ça, *du tabac* !.... »

Perchelet.

Tablier de sapeur. *s. m.* Motte bien garnie de poils, noirs, blonds ou rouges, longs ou frisés... On dit aussi : *barbe au con.*

« Clara, elle, avait une gorge superbe, des fesses splendides, et un adorable petit con, protégé par un formidable *tablier de sapeur.* »

J. Le Vallois.

Bon, bon, de la Bretonnière
« Bon, bon, de la *barbe au con.* »

(*Chanson anonyme ancienne.*)

Taillé pour la course (Être). Avoir un tempérament et un vit qui permettent de courir *la*, — ou plusieurs *postes*... c'est-à-dire, de baiser dur et longtemps.

Tailler une plume. *v. a.* Sucer et façonner une pine dans sa bouche, jusqu'à ce qu'elle ne *crache* plus.

Tais-toi donc. *s. m.* Téton, pour les personnes chastes qui crient à l'indécence, quand on appelle les choses par leur nom.

« Joséphine ?... une belle brune !... et qui vous a une paire de *tais-toi-donc*... qui se posent là !... »
J. C. (*Souvenirs de carnaval.*)

Talons courts (Avoir les). Se dit de toute femme ou fille qui, ne sachant pas défendre assez sérieusement sa vertu, se laisse volontiers *tomber* — sur le dos — au risque de se faire une bosse au ventre.

Tante. *s. f.* Homme qui sert de femme aux pédérastes actifs.

« Enfants, on les appelle *mômes* ou *gosselins ;* adolescents, ce sont des *cousines ;* plus âgés, ce sont des *tantes.* »

Moreau Christophe.

« Dans le chapitre qu'il a consacré à cette espèce de gens, M. Canler reconnaît quatre catégories appartenant à diverses classes sociales : *persilleuses, honteuses, travailleuses* et *rivettes.* »

Taper dans le tas. *v. n.* Étant donné que : — le théâtre représente un atelier de brocheuses, de modistes ou de couturières. En vrai bandeur, vous faites votre choix ; mais, ne voulant pas faire four, vous *tapez* d'abord la plus facile, qui a bientôt une confidente que vous *tapez* aussi. La deuxième excite la curiosité d'une troisième, d'une quatrième, et... vous arrivez à réaliser le proverbe :

« Qui en *a vu* une les connait toutes. »

TAPER DANS L'OEIL. *v. a.* Commencer à plaire à quelqu'un — ou à quelqu'une ; — séduire par la grâce, l'esprit, la parole ou le geste.

« Ma petite poulette,
Dans la rue Montorgueil,
Ton p'tit nez en trompette,
Il m'a *tapé dans l'œil*
Laï-tou, etc., etc. »

AL. DALÈS.

TAPEUR. *s. m.* Baiseur, — dans l'argot des typographes.

TAPIS DE PEAUX DE CHAT. *s. m.*

«... La comtesse, les yeux horriblement tournés de côté, une salive écumeuse sur les lèvres, du sang, du sperme le long des cuisses, se roulait en rugissant sur un large tapis de *peaux de chat* : ses reins frottaient le poil avec une agilité sans pareille... »

« La *peau de chat*, comme on le sait, excite singulièrement à cause sans doute de la grande quantité d'électricité quelle contient. Les femmes de Lesbos s'en servaient toujours dans leurs orgies. »

A. DE M.

TAPISSERIE. *s. f.* Galerie des femmes vieilles et laides qui font l'ornement d'un bal, à la façon des figurantes de l'Opéra, se contentant de regarder danser les autres, tout en les critiquant.

TARQUIN. *s. m.* Violateur de femme mariée, selon les Romains : enfonceur de porte ouverte, selon les Français, qui prétendent que l'occasion fait le larron.

« Voulez-vous que je vous dise mon avis de tout ceci ? Madame Dupré ne s'en fâchera-t-elle pas ? — Il faudra voir, madame, dit honteusement la nouvelle Lucrèce. — Je m'en rapporterai entièrement à madame Sylvina, dit l'intéressant *Tarquin*. »

A. D. N. (*Félicia*.)

Taude. *s. f.* Diminutif de *taudion* : — la maison, le *taudis*.

« Ell' ne rapplique à la *taud'* que l' matin. »

(*Chanson nouvelle.*)

Témoins à décharge. *s. m. pl.* Les deux roustons, qui, lorsque le vit est en cause, ont de quoi le faire *décharger*.

« Suivant les témoins à décharge,
Le vol doit être récusé,
— Les imposteurs ! répond Glycère,
N'écoutez pas leurs faux rapports.
Il n'ont rien vu, c'est bien sincère,
Car tous *les deux* étaient dehors. »

Vaubertrand.

Tempérament. *s. m.* Constitution particulière à chaque individu, résultant de la prédominance d'un système d'organes. Celui qui nous occupe ici, c'est le « *tempérament où domine l'appareil génital.* Il est caractérisé par un grand développement de l'appareil sexuel et l'activité de ses fonctions, par des désirs amoureux sans cesse renaissants, une imagination libidineuse, des érections fréquentes.... Cette exaltation érotique se rencontre plus fréquemment chez la femme que chez l'homme... »

Dr B. Lunel.

« Mon amant s'éloigna, et je jurai de rester fidèle à mon mari, et si son *tempérament* lui eut permis de baiser une fois seulement par semaine, je lui serais restée fidèle : son peu de feu et mon amour pour ce jeu-là me firent oublier mon serment et mon amant. »

(*Anaïs.*)

Termes savoureux. *s. m. pl.* Expressions lascives qui, vous faisant venir l'eau à la bouche, et le foutre... ailleurs, vous font pécher d'abord par *pensées*, puis par *actions*.

« Montencon ne me raconta pas moins ses entreprises, en *termes savoureux*. Il loua la beauté de la conque, le soyeux du poil, la blancheur des fesses, la fermeté des tétons, le rosé du bouton, l'élasticité et l'ivoire du ventre, des cuisses ; il exalta le pied, la jambe de la belle .. . . »

A. de N. (*Lolotte.*)

Terrinière. *s. f.*

« Fille qui, n'ayant pas de domicile, entraîne ses conquêtes abruties dans les lieux déserts, dans les *terrains* vagues. » Canler

Testament érotique. Je ne saurais mieux faire qu'en citant celui d'Alexis Piron :

« Je veux qu'après ma mort, cent putains toutes nues
Soient, dessus mon tombeau, cent fois par jour foutues ;
Et que les Cordeliers, en chantant leurs offices,
Aient tous les vits bandants dans le cul des novices ;
Et que les Jacobins, en prêchant leurs sermons,
En exhortant les vits, prêchent contre les cons ;
Et que, sans consulter tant de législateurs,
On partage mon bien aux plus fameux fouteurs ;
Et qu'on donne mes os à des apothicaires,
Pour servir de canule à donner des clystères ;
Afin qu'après ma mort, ainsi que j'ai vécu,
Je sois encore utile au service du cu. »

Piron.

Tétais ou têtes. *s. m. pl.* Nom que les enfants et les polissons en cheveux blancs donnent aux tétons de la femme.

« Oh ! montre-moi tes jolis petits *tétais* ! ... »

J. Le Vallois.

Tétasses. *s. m. pl.* Vieux tétons. — Petits fripons devenus de grands pendards.

« Voltaire disait un jour à une dame qui montrait une gorge fort belle jadis : « Petits fripons sont devenus de grands pendards. »

On dit aussi *callebasses*.

Tête-à-tête impromptu. *s. m.* Coup tiré par occasion, *sur le pouce* ; ce que l'on appelle une *passade*.

« J'eus pourtant malgré tout cela quelque *tête-à-tête impromptu* avec Sa Grandeur. Il est si doux d'escamoter de temps en temps quelque chose à une rivale qui en a fait autant ! »

Tête-bêche. *s. f.* Gamahuchage réciproque entre homme et femme, — ou entre deux femmes.

« Comme Narcisse n'était pas grand fouteur, chaque fois qu'il venait me voir, il commençait par me faire minette, ce qui le faisait bander et pendant que nous étions *tête-bêche*, je lui suçais son gros vit et le fis plusieurs fois décharger dans ma bouche. »

(*Anaïs.*)

Synonymes : — faire *bout-ci-bout-là* ; — faire *soixante-neuf*.

TÊTE FRANCHE. *s. f.* Le superflu le plus nécessaire aux fouteurs : le gland, qui est la tête de la pine. — On dit aussi : j'ai une pine.... c'est ça ! — huit pouces, *tête franche* ?

TÉTER LE MORVIAU (Se). *v. pr.* S'embrasser longuement, sur la bouche, — dans l'argot des maquereaux et des voyous.

TÉTER UN CON. *v. a.* Gamahucher ; ce que les petites dames appellent *aller au café*,— pour y sucer parfois de très-mauvais lait.

TÉTER UNE PERCHE. *v. a.* Sucer une pine.

« Qui est-ce qui veut *téter une perche* pour se dégraisser les quenlques ? (les dents.)

F. VOLLET (*du Châtelet.*)

TÉTONNER. *v. n.* Commencer à avoir de la gorge ; voir progressivement grossir ses tétons.
Signifie aussi : pelotter des tétons.

TÉTONNIÈRE. *s. f.* Fille ou femme qui a des tétons, assez — ou trop gros.

« La *tétonnière* a des tétons,
Qui feraient de nobles roustons... »

F. DESNOYERS,

« La Brideconin...... avait fait venir un sœur de son mari, fort grêlée, mais la plus provocante *tétonnière* de dix-huit ans qu'on puisse voir. »

RÉTIF DE LA BRETONNE.

THÉATRE DE LA NATURE. *s. m.*

« Le con, où le vit a ses entrées comme acteur ou spectateur, en payant - soit de son argent soit de sa bonne mine.

Ce *théâtre* a pour avant-scène deux colonnes de marbre blanc ; il ne possède qu'un seul décor, lequel représente un buisson avec une fontaine au milieu.

Le trou du souffleur est par derrière, ainsi que l'orchestre, composé d'un seul musicien qui exécute avec son instrument à *vent* une ouverture sur les motifs de : *sentir* avec ardeur.

Quand l'acteur principal entre en scène, il a toujours l'aspect *dur* et imposant : il a avec lui, *deux confidents*, deux amis inséparables qui l'attendent dans la coulisse. Quand l'acteur quitte la scène, il est triste et abattu... il pleure.

La Directrice est libre de donner plusieurs représentations de suite, et, pour peu que l'acteur principal la trouve aimable et à son gré, plein de verve et d'éloquence, il rentre en scène avec un nouveau transport, — à moins de raisons *majeures*. — Tous les mois, le théâtre fait relâche. Il l'annonce par une affiche rouge sur laquelle on applique une bande blanche. Pendant ce temps, l'acteur est libre de donner des représentations en ville, mais, gare à lui !.... Souvent il se fatigue, revient malade... Alors, la Directrice se plaint et l'administration *coule* !!!

Nota. La directrice accorde quelquefois des entrées de faveur.

Tirer. *v. a.* Baiser ; — *tirer* un coup ; tirer une femme.

« Et dans un bois, je savais la *tirer*. »

Debraux

« Aimes-tu mieux en gamine,
Tirer l' coup du macaron ?.. »

Saunière.

Signifie aussi, attirer : *tirer à sol :*

« N'est-ce pas chose très-belle
Et un désir sans ennuy
Quand on peut à sa cordelle
Tirer la femme d'autruy ? »

S. Du Loyer.

Tirer sa poudre aux moineaux. *v. a.* Décharger en pure perte : — c'est-à-dire, en se branlant.

Tireuse (Bonne ou habile). *s. f.* Femme experte en amour, qui possède l'art précieux de faire jouir les hommes, en jouissant elle-même beaucoup.

« Je gage qu'il n'aura pas servi deux mois quelques-unes de nos *tireuses* du grand genre, qu'on ne le reconnaîtra plus.

A. de Nerciat.

Tirlirette. *s. f.* Le con, aimable tirelire qui reçoit toutes nos économies de sperme.

« Que donne la tendre Emma ?
Que vend l'effrontée Irma ?
Que prête la bonne Annette ?
Turlurette, c'est la *tirlirette.*

Quel est le coussin moelleux,
Le doux compagnon des jeux,
L'étui de la bistoquette ?...
Turlurette... c'est la *tirlirette.* »

L. Festeau.

(V. *Bistoquette.*)

Tocasson. *s. f.* Femme vieille et laide, ridicule et prétentieuse, — dans l'argot des petites dames. — On dit aussi : *Tocassonne.*

Toilette (Faire sa). *v. a.* Faire ses ablutions ; — se laver le con et le cul, avant, — ou après la fouterie.

« Entre autres gentillesses scatologiques, on lit sur la devanture d'un waterclosets, établi au 45 de la rue Laffite :

« *Lavabo pour toilette.* »

Faire la toilette à une femme : la gamahucher.

« A ma droite un vieux sénateur,
Fait la toilette à mam'zell' Rose ;
Je n' vous dirai pas, par pudeur,
Comment il pratique la chose ;
Mais, en argot d' chambre à coucher,
Ça s'appelle : *gamahucher.* »

(*Chanson anonyme.*)

Tologuini (Verge).

« Mais son *tologuini* ne se dressait qu'à peine. »

(*Tour du bordel.*)

Tomates (Ecraser des). Avoir ses menstrues, dont la couleur est cousine germaine de celle du *salanum lycopersicum* — qu'on appelle précisément *Pomme d'amour.*

« Eh bien ! va te coucher avec Mélie... — Peux pas

elle *écrase des tomates* depuis deux jours, que ça en est dégoutant. » SEIGNEURGENS.

TOMBÉE DANS L'ESCALIER (Être). Se dit d'une jeune fille à laquelle on ne connaissait pas d'amant et qui s'est vue engrossée, dès sa première faute.

— « Tiens ! v'là Victoire qui *roule sa bosse*.
— Pauvre fille ! si gentille, si sage... car enfin elle ne sort jamais.
— Parbleu ! elle sera *tombée dans l'escalier* ; c'est là qu'elle aura attrapé ça. »

(*Souvenirs de carnaval.*)

TOMBER AMOUREUX. *v. a.* Un homme d'une femme ; — une femme amoureuse d'un homme. — Expression juste.

« Qu'est-ce, en effet, que la plupart des amours, sinon des *chutes*. ? » J. CLARETIE.

TOQUER (Se). *v. réfl.* S'enamourer ; s'éprendre subitement d'amour pour un homme, ou pour une femme.

TORCHON BRULE (Le). Se dit à propos d'une simple bouderie ou d'une sérieuse querelle de ménage.

« ... Bref, l'hymen, c'est ridicule,
Voilà ma péroraison :
L'*torchon brûle* (ter) à la maison. »

AL. DALÈS.

TORCHON (Lever le). *v. a.* Lever la chemise ou la jupe d'une femme pour la baiser.

« Faut-il donc que je te répète
Que chez nous les gens du grand ton.
Posent l'argent sur la serviette
Avant de *lever de torchon* ? »

CH. COLMANCE.

TORTILLER DU CU. *v. n.* Hésiter, faire des manières, — avant de se décider à prendre un amant.
On dit aussi : *tortiller* de la crinoline, c'est-à-dire : se déhancher, soit en dansant, soit en marchant, pour *allumer* les galants.

« Quand z'on va boire z'à l'écu,
N' faut pas tant *tortiller du cu*. »

VADÉ.

TORTS DE LA NATURE (Réparer les). *v. a.* Branler ou sucer un homme, afin de le faire bander de nouveau.

TOMBER OU ALLER DE CARIBDE EN SCYLLA. Deux gouffres connus et très-rapprochés, dans lesquels tombent souvent et volontairement ceux qui commencent leur voyage dans l'un pour aller se noyer dans l'autre.

TOUCHER SON PRÊT. *v. a.* Étant, d'une putain, le souteneur en titre, interroger au matin le dessous du chandelier. S'il est veuf de tout métal sonnant, recevoir de la main à la main, — par anticipation, — le prix de *son honneur*, à elle, le prix de son deshonneur, à soi.

TOUR DE CUL. *s. m.* Jeu de fesses, que toute femme sait faire valoir en courant ou en marchant. Ce que les *filles*, qui prétendent attirer les hommes, appellent faire voir *le tour*. — (V. *Secouer son panier*.

TOUR DE REINS. *s. m.* Jeu des hanches provoquant, que toute femme qui a la taille fine sait faire valoir en marchant — ou *en marchande*.

TOURNER LE FEUILLET... *v. a.* Présenter le derrière ; se faire enculer.

« Dans *le Moyen de parvenir*, une fille, qui s'est laissé engrosser, répond à sa mère, qui lui dit qu'elle aurait du *tourner le feuillet* : « Ma chère mère, excusez-moi, s'il vous plait : quand je serai de votre âge, je *tournerai le derrière*. »

TOURNER LE GROS BOUT. *v. a.* Se mettre au lit, après une bouderie conjugale, et *tourner le cul* à sa femme — ou à sa maîtresse.

On dit aussi : *Tourner le soufflet*. — Pour la même cause, on se *tourne le cul* l'un à l'autre, ou — l'une à l'autre, — le plus souvent, d'un mutuel *accord*.

TOURTERELLE. *s. f.* Maîtresse attitrée, dont on est le *pigeon*.

« Aux capucins, ma belle,
Je suis en garnison ;
Je te fus infidèle,
Ma *tourterelle*
Et j'ai gagné le plomb. »

Tous pour tous, *s. m.* Pédéraste ; — membre d'une société *d'anti-physiques* qui a pris ces mots pour devise.

J'ai entendu dire :

« .... M... (un tel) est de (tel pays) ?... Parbleu ! c'est encore un *tous pour tous.* »

Tout aime....

« .... *Tout aime* dans la nature ;
Il n'est point d'animal qui *n'aime* tendrement :
Le singe, la guenon ; — le cheval, la jument ;
Le coq *aime* la poule et l'âne son ânesse ;
Le gros taureau soupire et mugit de tendresse ;
La chaste tourterelle *aime* son tourtereau ;
Et la belle perdrix brûle pour son perdreau ;
Le lion plein de feu rugit pour sa lionne,
Et le goujon frétille auprès de sa goujonne ;
La chatte en miaulant appelle son matou,
Et la sombre chouette est folle du hibou. »

Joachim Duflot.

Tout baise. Axiome qui, en deux mots, explique et excuse les *rêves mouillés* des adolescents.

« Les vents *baisent* les nuages ;
Les zéphirs *baisent* les fleurs ;
Les eaux *baisent* les rivages ;
Les amours *baisent* les cœurs.
Tout baise dans la nature ;
Que n'en faisons-nous autant !
Baisons-nous donc sans mesure
Et mourons en nous *baisant.* »

(*Vieille chanson.*)

Toute a tous. Devise féminine fort appréciée dans le monde galant, — à moins qu'elle ne vienne d'une *s'offre-à-tous*, — qui a son *monde* à elle.

Trahi par la nature (Être). Ne pas pouvoir bander, ou débander au moment où l'on allait jouir.

Autre acception : Étant agacée, bander au point de ne plus rien oser refuser à *l'agaceur*.

« ....Je sentais déjà la nécessité d'abréger. Cependant, *trahie par la nature*, déjà la belle donnait des preuves non équivoques de l'impression que je faisais sur ses sens ; — je donne l'assaut, je suis vainqueur... »

A. de N. (*Félicia.*)

TRAINÉE. *s. f.* Fille banale ; *traineuse* — *étrennée* souvent. — (Argot du peuple)

« Elle sera heureuse avec lui... si elle ne fait pas la *trainée* avec lui, par exemple...

EUG. VACHETTE.

TRAINER SON BOULET (ou sa chaîne). Terme populaire qui signifie ; avoir toujours sa femme légitime au bras, sur le dos, ou sous la pine.— Le mariage étant une chaîne, on en a peur jusqu'à la fin des jours de l'un ou de l'autre.

TRAIT. *s. m.* La flèche de Cupidon, le membre viril, qui, servant de *trait*-d'union entre l'homme et la femme, atteint toujours le but.

Faire des traits, Cocufier son mari ; tromper son amant ou sa maîtresse. Se faire *ficher* par un autre homme que le sien, — quand on est femme ; foutre une autre femme que la sienne, — quand on est homme.

TRALALA (Faire du). *v. a.* Faire de l'embarras, des manières. S'habiller luxueusement, c'est se mettre sur son grand *tralala*. — (Argot du peuple.)

TRALALA *s. m.* Flonflon, de la famille des mirliton-mirlitaine, larira, farira-dondaine et autres lariflas. qui se chantent : *à la façon de Barbari*, — mon ami.

TRAVAIL. *s. m.* Prostitution ; fouterie intéressée. Ce qu'une phalanstérienne appellerait : *travail attrayant.*

« Au nom de Dieu, dedans le tête-à-tête,
A ton flaneur donne de l'agrément ;
Dans *le travail*, rappelle-toi, Jeannette
Que t'es pas là pour ton amusement. »

L. FESTEAU.

TRAVAIL DES DOIGTS. *s. m.* Que l'on fait sur soi-même, ou sur autrui : la masturbation et toutes les variétés du pelotage...

« Quand je devins plus ronde, mes actions tombèrent à plat : force fut de me rabattre philosophiquement sur le *travail des doigts*.... »

La masturbation... je vous le disais bien !

Travailler (Se). *v. réfl.* Homme ou femme, se branler — Jusqu'au sang.

« La malheureuse *se travaillait* chaque nuit : ses doigts insuffisants gaspillaient en pure perte sa jeunesse et sa santé .. »

(*Gamiani.*)

Travailler dans les culottes... (*ou dans les chemises*). *v. a.* Branler des hommes, ou baiser avec eux.

« Faut ben vivre ! »

(*Une culottière... culottée.*)

Travailler sur le dos... et sur le derrière...ou plutôt sur le lit. *v. a.* Faire la putain.

« Bref, le travail vint à nous manquer, et nous nous sommes vues obligées à user de nos charmes pour vivre: nous *travaillons sur le dos.* J'aurais préféré être entretenue, mais je réfléchis que je serais plus libre de *travailler* à mon compte... Anaïs.

Travailleuse. *s. f.* Ouvrière *en maison*, ou *en chambre :* putain. — Synonymes : belle-de-nuit, gougeotte, punaise, etc.
Tout le monde a entendu parler des puces *travailleuses*. N'en parlons plus.

Trèfle (Le). *s. m.* L'anus;—*vise-au-trèfle.* Donneur de lavements.

Trebillons (couilles).

« Couper les trebillons de ce jeune homme aimable
Serait un crime affreux, un crime épouvantable.»

(*Tour du bordel.*)

Treizième arrondissement. *s. m.* Quartier de Paris qui n'a jamais existé et qui n'existe pas davantage depuis qu'on l'appelle le *vingt-et-unième.* —(Voir *Forçat du* 13e.)

Trémousser (Se). *v. p.* Jouer des fesses et des reins. S'agiter sous l'homme, — ou sur la femme selon le plaisir que l'on ressent et que l'on veut faire partager, afin d'arriver à la jouissance mutuelle.

« Amusez-vous, *trémoussez*-vous,
Amusez-vous, belle ;

Amusez-vous, ne craignez rien,
Trémoussez-vous bien.»

DÉSAUGIERS.

«Quoiqu'usé, le vieux Mondor
Pour Lissette soupire ;
L'âge a rouillé son ressort,
Mais il se *trémousse* encor...
Pour rire. »

PITON.

TRENTE POINTS (Les) qui constituent la beauté des femmes, sont, — je cite d'après Brantôme :

« L'Espagnol dit que, pour rendre une femme toute parfaite et absolue en beauté, il lui faut trente beaux *Si*, qu'une dame espagnole me dit une fois dans Toledo, là où il y en a de très-belles, bien gentilles et bien apprises. Les trente sont donc tels :

Trois choses blanches : la peau, les dents et les mains.
Trois noires : les yeux, les sourcils et les paupières.
Trois rouges : les lèvres, les joues et les ongles.
Trois longues : le corps, les cheveux et les mains.
Trois courtes : les dents, les oreilles et les pieds.
Trois larges : la poitrine, le front et l'entre-sourcil.
Trois étroites : la bouche, la ceinture et *l'entrée du pied.*
Trois grosses : le bras, la cuisse et le mollet.
Trois déliées : les doigts, les cheveux et les lèvres.
Trois petites : les seins, le nez et la tête.
Sont trente en tout. »

« Balzac parle aussi de 30 vers inscrits dans le sérail du grand-seigneur, et qui contiennent chacun l'exacte description d'une des trente beautés de la femme.»

E. DESCHANEL.

Les docteurs Venette et de Lignac ont cité 36 points !...

TRÉSOR, *s. m.* Petit nom que se donnent mutuellement amants et maîtresses.

Pucelage, ou tout simplement, le con, — pour un homme ; le vit, — pour une femme.

« Bientôt, mon heureux amant prit une nouvelle possession du *trésor*, dont l'amour venait de le rendre maître »

A DE N. (*Félicia*).

«..... Quand un milord,
D'la candeur en moi trouv' l'image
Et m' promet *trésor* pour *trésor*...

VIONET.

Trésors, *s. m. pl.* Attraits, charmes, etc.

« En effet, l'aimable Émilie exposait à nos yeux les plus rares *trésors* de la jeunesse et de la beauté. Ses cuisses étaient si blanches, si rondes, si admirablement potelées que rien ne pouvait davantage engager à l'attouchement. » (*Mém. de Miss Fanny*)

Tribaderie, *s. f.* Art de se passer d'hommes, et de jouir davantage, entre femmes.

Le mot est moins usité que la chose.

« Sublime *tribaderie* ! trop profanée par la satire des sots ! comment, au contraire, se fait-il que la terre ne soit pas couverte de tes autels ! »

(*Joies de Lolotte.*)

Tribadie. *s. f.* Variante du mot précédent. Appelée aussi *Saphisme* et *Jeux lesbiens*, de la célèbre Lesbienne Sapho.

« Amour d'une femme pour une autre ; très-répandu dans les pensionnats des jeunes filles et dans les couvents de femmes. »

(Comtesse De N***).

Tricoter.... *v. a.* et *n.* des jambes. — Danser le cancan.

« Nom d'un nom ! v'là l' crinerin qui jure !
Paméla, flanquons-nous tous deux
De l'agrément par la figure
Et *tricotons* à qui mieux mieux. »

Ed. Donvé.

Trimar (Faire son). *v. a.* Faire son chemin, — en raccrochant, — dans l'argot des filles.

Trimer (Faire). *v. a.* Faire poser ; faire attendre, ou se moquer de quelqu'un, — dans l'argot des filles.

Trinquer du nombril. *v. n.* Être ventre contre ventre et trinquer en baisant avant de s'abreuver du divin jus.

Tripière. *s. f. et adj.* Femme ou fille à la gorge mal faite, — ou trop fournie.

« Madame de Bassompierre, qui n'était ni jeune ni belle et qui n'avait pour elle que son embonpoint et ses grands airs, ne manquait pas de galants..... Le Plessy-Guénégaud s'amusait à payer cette grosse *tripière* comme un tendron, parce qu'elle était de qualité. »

P. Dufour. (*Hist. de la Prostitution.*)

Trognon. *s. m.* Jolie *petite* femme.

« Autr'fois, j'étais un gentil p'tit *trognon*, ..
Les amoureux m' suivaient toujours par flottes.... »

H. Thierry.

Troisième ciel. *s. m.* Demi-jouissance des vieux qui, au moment d'aboutir, débandent tout-à-coup et restent au *troisième ciel* sans espoir d'arriver au septième.

« C'est alors que les transports du satyre n'ont plus de bornes. Ses yeux étincellent du feu de la concupiscence... il est au *troisième ciel*... il jouit déjà de l'avant-goût des plus parfaites béatitudes... »

(*Félicia.*)

Troisième sexe (Être du). Être pédéraste passif : — tante.

— « Je ne mène pas là votre seigneurie, Milord ; c'est le quartier des *tantes*. — Haò ! fit lord Durham, et qu'est-ce ? — C'est le *troisième sexe*, Milord. »

Balzac.

Trompe-l'oeil. *s. m.* Personne grêlée qui, vue à distance parait d'un physique agréable. — Gorge *capitonnée* qui attire l'œil et repousse les mains, — dans l'argot des rapins, pour qui tout ce qui est *ronde-bosse* est un *appât*.

Tromper la nature. *v. a.* Jouir en se masturbant, ou en se faisant masturber.

« .... Il eut toutes les jouissances extérieures, capables de le conduire à la suprême jouissance. Elle ne se refusa à rien de ce qui pouvait le satisfaire, hors ce dernier point, et lui laissa suppléer à ce qu'elle désirait elle-même, par les divers secours que l'art a inventés pour *tromper la nature*. »

(*Anecd. sur la Dubarry.*)

Trompes (Les). *s. f. pl. anat.*

« Deux conduits qui naissent des côtés de la matrice, et qui se dilatent ensuite peu à peu jusqu'à leur extrémité. »

Richelet.

Troncher. *v. a.* Embrasser ; — baiser, dans l'argot des faubouriens et des souteneurs.

Trotteuse *s. f.* Fille publique ; — qui fait le trottoir.. au *trot* :

« Allons *trotte*, *trotte*,
Javotte,
Et toujours
Revends tes amours. »

Chans.

Trou a la terre jaune (Le). *s. m.* Celui où l'on *s'emmerde*, même en s'y amusant : — le trou du cul.

Trou d'Aix. *s. m.* L'anus — derrière *la chapelle.*

Trou de bal. *s. m.* Bouis-bouis où l'on danse ; par exemple *le Vieux-Chêne*, que Colmance appelle :

« Le *trou d' bal* de la ru' Mouff'tard. »

Trou de balle. *s. m.* L'anus, — dans l'argot des faubouriens.

On dit aussi : *Trou d'aix*, *trou de bise* et *trou du souffleur*.

Trou de la sybille. Trou du cul, *Vagincilla.*

« Aurais-tu, par hasard,
Du *trou de la sybille* arboré l'étendard ? »
(*Tour du Bordel.*)

« Et j'ai peu pratiqué l'étude antiphysique. »

Trou du cul. *s. m.* L'anus, qui sert de con aux enculeurs ; le moule à merde. — Nom *d'oiseau* que l'on donne à un imbécile. — (V. *Anus.*)

Troufignon ou troufignard. *s. m.* Le *trou mignon* : la rosette.

« Pour moi, qui de ton con dédaignais la largeur,
Et de ton *troufignon* préférais la rondeur.... »
(*Un Troupier au clou.*)

Trou-madame (Jouer au). *v. a.* Baiser ; la pine au *trou*, — Monsieur.

« .... Il fallut donc recourir aux verges... dont je vis bientôt les effets, par la croissance de l'allumelle de mon homme, qui profitant du moment.... commença à *jouer au trou-madame.* »

(*Mem. de miss Fanny.*)

Trou qui pisse. *s. m.* Le con, que l'on appelle aussi : Le *trou* chéri, le *trou* de service, le *trou* madame, le *trou* mignon, le *trou* par où la femme *pisse*, le *trou* venu, etc., etc.

> « Bernis chanta de Pompadour
> Les *trous* qu'avait fermés l'amour
> Sur sa peau blanche et lisse ;
> N'en déplaise à l'auteur galant,
> Moi j'aurais chanté seulement
> Le joli trou
> Dont je suis fou,
> Le joli *trou.... qui pisse.* »
>
> J. Cabassol.

Trou qui pète. *s. m.* Le trou du cul.

> « Du Florentin, blâmons le jeu,
> Car le *trou qui pète* est son Dieu ;
> Je fuis cet orifice ...
> Quand, par erreur, j'y vais frapper,
> Je me hâte de rattraper
> Le joli trou qui pisse. »
>
> J. Cabassol.

Trousequin. *s. m.* Le cul, — dans l'argot des faubouriens.

Truc (Le). *s. m.* Le con.

Truc (Faire le). *v. a.* Faire la retape, le trottoir, le persil, — en un mot : *raccrocher*.

Trucsin. *s. m.* Bordel.

Truffes d'Adonis. D'après la fable, Vénus au désespoir enterra le plus précieux fragment de son cher Adonis au pied d'un cerisier ; de là les truffes et leurs stimulantes propriétés.

Tuer le mandarin. *v. a.* Se suicider à force de se balancer *le chinois*.

Cette expression se trouve dans J.-J. Rousseau, mais, avec une signification tout-à-fait différente.

Tunnel de la motte. *s. m.* Le con ; passage *sous les*

reins, ô femme! qui mène du plaisir au bonheur, — à moins d'accident contraire.

« Combien de gens entrant galment
Dans cet endroit paisible,
Éprouvent le désagrément
D'un accident pénible.
Un *nerf* abîmé,
Un *membre* entamé,
Tout le corps en compote;
Et le *nez* pendant,
On songe, en *pleurant*,
Au *tunnel de la motte.* »

(*Anonyme.*)

Turlupiner. *v. a.* Agacer, ennuyer, taquiner quelqu'un par paroles: — badiner, chatouiller, patiner ou peloter quelqu'un (gestes et attouchements réciproques), — afin de baiser ou d'être baisée.

« Finissez donc, dame Jacq'line,
Disait gros Pierre; j' vas m' fâcher.
Où diable allez-vous me *nicher* ?
J' n'aime pas ainsi qu'on m' *turlupine* ! »

Blondel.

L'auteur a parfaitement l'intention de faire dire au chanteur:

« J' n'aim' pas ainsi qu'on *m' tir' la pine.* »

Turlupin, turlupineau, *s. m.* Le vit, acteur principal d'une farce toujours nouvelle: la fouterie.

« L'oiseau qui plaît à ma brune,
Est comme la trinité;
En trois corps son âme est une:
Cette âme est la volupté.
Je le chante, bien qu'en somme
Le sujet soit peu nouveau;
Voici comment il se nomme:
Turlupin, turlupineau.

Hachis.

Turlututu ou **R'lututu.** *s. m.* Membre viril, — synonyme de fifre. — (V. *Fifre.*)

« La musique instrumentale
Est mon fort, et maintenant
Qui que ce soit ne m'égale

Pour le *fifre* au régiment.
Je vais chanter la vertu
De mon p'tit *turlututu*,
R'lututu, r'lututu,
R'lututu, chapeau pointu. »

LASSAGNE.

UN DE PLUS *s. m.* Nouveau marié : prédestiné, — cocu en herbe... ou en pied.

URGE. *s. m.* Mot forgé par les petites dames, qui s'en servent entre elles pour coter un homme devant lui-même, sans qu'il s'en doute.

« Ainsi, un gandin passe sur le boulevard, lorgnant les femmes qui font espalier à la porte des cafés. *Trois urges!* diront celles-ci en l'apercevant. Trois *urges*, c'est-à-dire : Ce Monsieur n'est pas généreux ; il gante dans les numéros bas. Si, au contraire, elles disent : *six, huit*, ou *dix urges*! oh! alors, c'est un banquier mexicain qui passe là ; elles le savent, il leur en a donné des preuves la veille ou l'avant-veille. L'échelle n'a que dix échelons : le premier *urge* s'emploie à propos des pignoufs ; le dixième *urge* seulement à propos des grands seigneurs. »

A DELVAU.

USURIÈRE DU SENTIMENT. *s. f.* Femme qui, prêtant son cœur, ses appas, enfin tout ce qu'elle a de gros, — à gros intérêts — ne place ses sourires que sur les banques russes.
Le mot est de Pierre Véron.

VACHE. *s. f.* Fille de mauvaise vie, ou femme galante qui a de trop gros tétons ; ce qui est bien *pis*.

« Comme on connait les *seins*, on les honore. »

(*Vieux proverbe.*)

Vache et le veau (Prendre la), *v. a.* Épouser une femme enceinte, des œuvres d'autrui.

Vacherie. *s. f.* Femme *à lait* : — putain. Groupe de femmes perdues, — à pied ou en voiture...

« En v'la d' la *vacherie*... Oh ! la, la ! » — disent les voyous.

Vadrouille. *s. f.* Fille ou femme de mauvaise vie, drôlesse.

Va-et-vient. Le mouvement rhythmique qu'opère un vit dans un con, ou celui de *tire et pousse* qu'exécute la femme quand c'est elle qui *fait l'ouvrage*.

«... Le *va-et-vient* s'opérait avec une habileté consommée. »

(*Gamiani.*)

Vague, *s. m.* Promenade intéressée.

Aller au vague. Faire le trottoir.

Vaguer. Sortir sans savoir avec qui l'on rentrera, — (Argot des maquereaux et des filles.)

Vaguer. *v. n.* (V. *Aller au vague*.)

Vaisseau du désert, *s. m.* Ce que nous appelons un *chameau* et qui est quelquefois une jolie femme.

Vallée. La partie boisée qui forme une vallée, dans laquelle coule la fontaine qui arrose le membre viril.

« Le prince a le plaisir d'y voir les monts rosés dans la *vallée* desquels il se perd. »

(*Aphrodites.*)

Valoir le coup. *v. a.* Être passable. — Expression employée par l'homme, à l'égard de toute femme qui n'étant pas belle, a cependant quelque chose qui plaît : — *Elle vaut le coup*, — c'est-à-dire : elle mérite qu'on la baise au moins une fois.

Valse. *s. f.*

« La *valse* est le pas de charge de l'amour. »

Commerson.

Vaquer aux besoins de nature. Se décharger du superflu de son sperme, soit en se manuélisant, soit en baisant une femme.

VASE VIRGINAL. *s. m.* Conin immaculé.

VÊLER. *v. a.* Accoucher. — Terme injurieux pour la femme qui accouche : celui ou celle qui l'emploie donne à entendre que cette femme est une *vache*.

VELLÉITÉS (Se sentir des). Avoir de vagues désirs de tirer un coup ; puis, pensant à autre chose, laisser les désirs sans effet.

« Ma chère amie, mes *velléités* sont passées ; vous voudrez bien attendre qu'elles reviennent. Pour l'instant, laissez-moi dormir. »

J. LE VALLOIS.

VENDREDI. *s. m.* Sixième jour de la semaine « Mauvais jour ! » dit le proverbe : jour maigre ; le miché ne donne pas ; il attend la paie du lendemain. Les filles vont à la visite au dispensaire, et quelquefois n'en reviennent pas.

« Mauvais jour, *vendredi*, mauvais jour ! »

VÉNÉRABLE. *s. m.* Le cul, — dans l'argot du peuple, qui ne souffre pas que l'on y touche, — *du pied*, surtout.

VENTÔSE. *s. m.* Le trou du cul ; par allusion aux *soupirs indiscrets* qu'il laisse souvent échapper.

« Trop rapprochés sont ces deux trous :
Si le vit manque Pluviôse,
Il se fout tout droit dans *Ventose*... »

(*Chanson anonyme.*)

VÉNUS. Déesse de la beauté ; mère de l'amour, des amours, des jeux et des ris.

Dans cet as monde, on dit d'une belle femme, d'une *femme complète* d'une femme enfin qui a tout pour vous faire bander : c'est une Vénus. Attendez-vous à voir une Vénus. (V. *Callypige*, *Milo*, etc.)

VÉNUS OU VIERGE DE COMPTOIR. *s. f.* Demoiselle de Caboulot, qui n'est souvent ni belle, ni vierge.

VÉNUS RUSTIQUE. *s. f.* Expression burlesque employée pour : fille des champs, à gros tétons, belle jardinière.

« Ces *rustique Vénus* qui font les innocentes. »

ANT. MÉRAY.

« Faut l' voir valser comm' l'es vive et légère ;
Tous les garçons di-iont d' toi dans l' pays,
Qu' l'es t'un vrai *nymphe*, un' *Vénus potagère*,
J' n'en bois ni mange et j' n'en dors point les nuits. »

AD. PORTE.

Nous avons eu depuis : la *Vénus aux carottes*.

Verbiageur, *s. m.* Galant vantard, importun et bavard, — qui dépense beaucoup de paroles inutiles avant d'arriver *au fait*.

Verdir (quelqu'un ou quelque chose). *v. a.* Avoir la chaude-pisse, ce qui *verdit* le linge ; — la donner à quelqu'un, ce qui lui permet de *verdir* le sien.

Verger. — Verbe actif : jouer de la *verge* : — baiser.

Verges de Saint-Benoit, *s. f. pl.* Le membre viril.

« Laurence, le trouvant frais et gras, eût bien voulu qu'il l'eût fouettée avec les *verges de St-Benoit*, dont il ne faut qu'un brin pour faire une poignée... »

B. DE VERVILLE.

Véroleuse, *s. f.* Fille ou femme de mauvaise vie, qui s'expose à donner ce qu'elle est exposée à recevoir : — la *vérole*.

Ver rongeur. *s. m.* Voiture de place ou de remise prise à l'heure. — (Argot des cocottes et des cocodès.

Vers galants. *s. m. pl.* Epitres, couplets, rondeaux, sonnets, etc., etc., mensonges rimés, qui ne prouvent rien, sinon que pour les faire, il faut avoir l'esprit bien libre et bien loin de celle qui les inspire. — (V. *Madrigal*.)

Vert-gueulant (Le). *s. m.* Café chantant devenu, théâtre d'été depuis la nouvelle loi. Sorte de Cythère parisienne, située sur le terre-plein du Pont-Neuf, en bas de la statue du bon Henry. Ce lieu est le rendez-vous des étudiants et des biches du quartier latin, qui vont là pour déguster le chant, la musique, la chope et les doux propos, lorsqu'il n'y a pas bal à Bullier.

L'établissement, qui est la succursale du *Café Contrescarpe* dit *Le Beuglant*, a été baptisé par ses hôtes assidus du nom de *Vert-gueulant*, par allusion au surnom de Henri IV, qui était un *vert-galant*.

Vertu.... *s. f.* Tu n'es qu'un mot! — Le mot de *Brutus*.

La vertu signifie aussi : *la femme*.

« La *vertu* n'est jamais plus cérémonieuse que quand on lui laisse le temps de l'être, et il n'est pas décent d'obliger une *belle* à refuser ce qu'elle laisserait prendre, si on s'avisait de cette voie... »

Crébillon fils. (*Tanzai.*)

Vertu. *s. f.* Femme vertueuse, — ou qui affiche un grand rigorisme de conduite.

Il y a *vertus* et *vertus*, comme il y a fagots — et cotterets.

Nous avons aussi les *demi-vertus*.

Vertu décente. *s. f.* Fille sage, qui se lave le cul, afin de perdre proprement son pucelage.

« Comprends-tu?
Qu'à son époux, ma fille apporte sa *vertu*,
C'est juste; mais il faut une *vertu décente*,
Et j'ai peur que la sienne au grand instant ne sente. »

Alb. Glatigny.

Vesse. *s. f.* Fille publique.

Vessie. *s. f.* Fille de joie.

Cette comparaison injurieuse se retrouve dans le vieux mot français : *vesse*.

Vessies *s. f. pl.* Gros tétons flasques et mous.

« Un homme descendant un escalier mal éclairé faillit tomber et se retint après les tétons d'une grosse femme qui montait. — Imbécile! tu ne peux donc pas faire attention? — Dam, c'est pas ma faute, y n' fait pas clair; j' peux pourtant pas prendre des *vessies* pour des lanternes. (*Recueil d'Anas.*)

« Sous les plis d'un épais fichu
Repose une double *vessie*,
Dont le bout semble, étant velu,
Une framboise à l'eau-de-vie. »

(*Gaudriole* 1834.)

VESTALE. *s. f.* Prêtresse de l'abbaye des *S'offre-à-tous* : putain.

> « Déjà la *vestale*,
> Aux passants fatale,
> Librement étale
> De trompeurs appas..... »
>
> VAUBERTRAND.

VESTIBULES. *s. m. pl.* Mot chaste inventé par un voyou pudique qui n'osait pas dire *testicules*.

« Oui, M. le commissaire, il m'a foutu un coup d'pied dans les.... *vestibules*. »

VIANDE. *s. f.* — Femme ou fille, selon l'âge, — dans l'argot des voyous, qui traitent l'une ou l'autre, tantôt de veau et tantôt de vache. On dit : *épouser la vache et le veau*, c'est-à-dire : épouser une femme enceinte.

Viande crue : Membre viril.

Viande fraîche : Jeune fille, ou vit jeune et déjà vigoureux.

> « Tu n' me l' mettra pas, Nicolas,
> Je n'aim' que la *viand' fraîche.* »
>
> J. E. AUBRY.

« *Montrer sa viande* : Se décolleter excessivement comme font les demoiselles du petit monde dans la rue, et les dames du grand monde aux Italiens. »

VIATIQUE (Le Saint). *s. m.* L'administrer, c'est se faire sucer la pine par une femme qui, ayant ses règles ou étant malade, ne peut vous faire jouir par le bas. Signifie aussi : Le sperme.

Je croyais avoir créé ce mot il y a cinq ou six ans, lorsque dernièrement je le trouvai dans un roman érotique : *Gamiani.*

« Une diablotine recevait à flots le baptême de vie, tandis qu'une autre, feignant la moribonde, était expédiée avec une effroyable profusion de *saint viatique.* »

VICE PUBLIC. *s. m.* La prostitution. — On dit : aller au *vice.*

« Dans les 15 années écoulées depuis 1816 jusqu'en 1831, le *vice public* et enregistré à la police, pour la ville de Paris, a englouti 12,200 existences de femme, et que la fourniture des campagnes, s'est élevée à 3,460.... »

PARENT-DUCHATELET.

Vider un homme. *v. a.* Le ruiner, — dans l'argot des lorettes.

Viédase.

« Et lançant d'un fouteur l'impertinente emphase.
L'appelle hautement : bande-à-l'aise, viédase. »
(*Art. priap.*)

Vieille putain (Portrait de).

« Ainsi qu'une capote anglaise
Dans laquelle on a déchargé,
Comme le gland d'un vieux qui baise
Flotte son téton ravagé.

Vingt couches, autant de véroles,
Ont couturé son ventre affreux,
Hideux amas de tripes molles.
Où d'ennui baille un trou glaireux.

Comme la merde à la moustache
D'un rat qui dine à Montfaucon,
Le foutre en verts grumeaux s'attache
Aux poils gris qui bordent son con.

Pourtant, ont fout cette latrine...
Ne vaudrait-il pas mieux cent fois
Moucher la morve de sa pine
Dans le mouchoir de ses cinq doigts ? »
(*Attribué* à TH. G-R.)

Vieux con. *s. m.* Cocu; vieillard imbécile. — Métaphore injurieuse, qui s'explique par l'apathie apparente de l'objet de comparaison :

« Qu' ça soit étroit, qu'ça soit large,
Qu' ça soit gris, noir, blanc ou blond,
Qu' ça bande ou bien qu' ça décharge,
Rien n'a l'air bête comme un con ! »
(*Nouv. Parn. satyrique*, 1866.)

Vieux con. *s. m.* Mon propriétaire et *le* — ou *la* vôtre.

Vieux monsieur. *s. m.* Entreteneur; amant à cheveux gris ou blancs, et souvent même sans cheveux. — (Argot des petites dames.)

« ... A son âge, on n'a plus d'amour...
— Oui, mais on a plus d'un caprice.
Quand mon fils est par trop méchant,
Tu sais comment je le corrige ;
Eh ! mais, c'est ainsi, justement,
Que j'entretiens le sentiment
De ce *vieux monsieur* qui m'oblige. »
(*Chanson anonyme moderne.*)

Vigile et jeune. Façon convenable de dire que l'on a ses règles.

« Tout doux, mon cher, c'est aujourd'hui chez moi vigile et jeune. »

(*Aphrodites.*)

Vigne. *s. f.* Une femme; que l'on peut planter, cultiver, pour y grapiller tout à son aise, avec les mains — et la queue.

« Et son bras et sa jambe, et sa cuisse et ses reins,
Polis comme de l'huile, onduleux comme un cygne,
Passaient devant mes yeux clairvoyants et sereins ;
Et son ventre et ses seins, ces grappes de ma *vigne*,
S'avançaient plus câlins que les anges du mal.... »
Ch. Baudelaire.

« Ainsi le noble nom des Goquencu s'éteindrait !... En vain je travaille comme un consciencieux vigneron à la *vigne* conjugale, en vain je sarcle et bine... depuis dix ans, Mad. de Coquencu n'a pas montré les moindres traces de fécondité. »

J. Dubois.

Vilains noms féminins. Adélaïde, Aldegonde, Apolline, Balbine, Barbe, Brigitte, Cunégonde, Dorothée, Gertrude, Gorgon, Marine, Monique, Opportune, Pélagie, Pétronille, Perpétue, Pulchérie, Ursule, Scholastique, Véronique, Zoé, etc., etc....

Avec un de ces noms-là, une fille n'est jamais jeune. O mamans !... choisissez bien les marraines de vos filles !

Villette. Pédéraste. Le marquis de Villette était président perpétuel du club des citoyens rétroactifs. — Le nom est resté à la chose.

Viol, violer. Prendre d'une fille ou d'une femme des faveurs contre son gré.

Violence. (Faire). *v. a.* Prendre de force une fille ou un garçon ; *violer* sans plus de façon que Dumolard ou Contrafatto.

Violon. *s. m.* Membre viril, — *instrument* qui fait danser les femmes et les filles.

> « Je jouais si vivement
> En c' moment,
> Qu' fatiguant mon bras,
> J'ai pour ses appas,
> Tant j' mettait d'action,
> Rompu mon *vi* (ter) *olon.* »

V. Laurent.

Virgule. Membre viril. Engainer sa *virgule :* mettre le vit dans le con.

> « Demain quand descendra l'ombre du crépuscule,
> Tu pourras tout à l'aise engainer ta *virgule.* »

(*Tour du bordel.*)

Visage sans nez. *s. m.* Le cul, ou prussien.

Vis-a-vis. *s. m.* Un des couples nécessaires pour danser le quadrille.

« *Un vis-à-vis, par ici!* » crient les *donneurs* de cachets dans tous les bals de barrière.

Vit (Le). *s. m.* La partie naturelle de l'homme, dont voici la description, d'après l'auteur du *Novicial d'amour :*

« Ce tube est le chef-d'œuvre de l'architecture divine, qui l'a formé d'un corps spongieux, élastique, traversé dans tous les sens par une ramification de muscles et de vaisseaux spermatiques. Il est à son extrémité supérieure, surmonté d'une tête rubiconde, sans yeux, sans nez, n'ayant qu'une petite ouverture et deux petites lèvres, couvert d'un prépuce, retenu par un frein délicat qui ne gêne point le mouvement d'action et de rétroaction : au bas de cet instrument précieux sont deux boules ou blocs arrondis, qui sont les réservoirs de la liqueur reproductive, qu'aspire et pompe votre partie dans le mouvement et le frottement du coït, *id est*, de la conjonction ; ces deux boules enveloppent deux testicules, d'où elles ont pris leur nom, et sont soutenues par le *ralphé ;* on les nomme plus généralement *couilles* et couillons.... »

M. de Compiègne.

« Je ne me verrai de longtemps
Riche de leurs dépouilles :
Prenez toujours en attendant,
Mon *vit* et mes deux *couilles*. »
(*Vieille chanson.*)

« Le membre de l'homme ne doit avoir communément que six à huit pouces de long, et que trois ou quatre de circonférence... S'il est plus grand et plus gros il faut trop d'artifice pour le faire mouvoir ; les habitants du Midi sont principalement pour cela moins propres à la génération. »

VENETTE.

(V. *Bourrelet.*)

VIT A PUCELAGE... *s. m.* Ni trop long, ni trop gros, ni trop petit ; ce qu'on appelle une pine d'officier.

« Mon petit fouteur venait de mettre au jour un vrai *vit à pucelage*, rondelet, longuet, effilé. « Bon ! s'était écriée la maîtresse des cérémonies ; c'est comme si nous l'avions commandé exprès chez le faiseur. »

A. DE NERCIAT.

VIT D'ANE OU DE MULET. *s. m.* Expression que les femmes emploient pour exagérer la longueur ou la grosseur du vit d'un homme. S'il y a bon nombre d'ânes et de mulets parmi les hommes, ce n'est que pour la bêtise et l'entêtement.

« Un conseiller plein de cautelle,
Fourni *d'engin* comme un *mulet*,
Pour séduire une demoiselle
Monstrait au loin son flageollet. »
(*Cab. satyrique.*)

(V. *Ane.*)

VIT DE NOCES *s. m.* Vit roide, gonflé, rouge et menaçant comme — je n'en ai jamais vu.
On dit de quelqu'un qui rougit de chaleur, de honte, de colère, ou pour toute autre cause : « il est rouge comme un *vit de noces.* » (Dicton populaire.)

VITELET. *s. m.* Vit adolescent.

« L'outrepassé des vits aux vieilles immolés,
Comme un vit courageux illustrement devance
Ces petits *vitelets* qui ne sont rebourlés. »
(*Le Cosmopolite.*)

Viticulture. *s. f.* Culture des vits. Expression mise en usage par les jardinières *à-matrices.* — Ces dames, se basant sur ce que *horticulture* signifierait : *culture* des *orties*, ont crée la *viticulture.* — Elle s'y livrent, non seulement sans crainte, mais encore avec le désir ardent d'être souvent *piquées*. Que la récolte soit bonne ou mauvaise, elles s'aident entr'elles, et se prêtent volontiers la main · — pour l'amour de l'art.

Vit majeur. *s. m.* Un vit qui a l'âge, la taille et la force voulus, — militairement parlant, — pour servir dans les carabiniers.

« Ma fille sourit, puis, baissant la vue sur ce *vit majeur*, la belle dit en soupirant : « C'est donc lui, qui m'as fait tant de mal et tant de plaisir. »

(*Anti-Justine.*)

Vit-nègre. *s. m.* Autrement dit : *radis noir* ; pine de nègre.
Il existe une gravure obscène représentant une négresse baisée par un blanc qui lui en fourre... en voulez-vous, en voilà !
Au-dessous on lit cette légende :

« Ça l'emporte sur le *vit nègre.* »

Vitoeuvrer. *v. a. et n.* Faire œuvre de son vit. — Foutre avec ardeur.

Vivre d'amour et d'eau fraiche. *v. n.* Se dit ironiquement, dans le quartier Bréda, de l'amour pur, sincère et désintéressé.

Voguer à Cythère (ou à Paphos). *v. n.* Aller au bonheur, — sans bateau, — avec une belle femme.

« Ça fait plaisir, quand, sans mystère,
Nous *voguons* tous deux à *Cythère*,
Ça fait plaisir !... »

Guilhem.

Voir. *v. a.* Pour prouver que *voir c'est avoir*, regarder au fond du vagin d'une femme, avec l'œil unique de son cyclope. En deux mots : la baiser.
On dit aussi : allez vous faire *voir !* au lieu de : allez vous faire *foutre !*

« Vous languissez quelquefois
A la cour plus de trois mois,
Sans que l'heure se présente ;
Et moi, bien heureux, je *vois*,
Quand il me plaît ma servante. »

(*Cabinet satyrique.*)

Voir (ou **ne pas**). *v. n.* Avoir ou ne pas avoir ses règles, — dans l'argot des bourgeoises. Les ouvrières disent : *voir Sophie.*

Voir du pays. Regarder une femme ou un homme dans toutes ses parties et tout à son aise ; se faire, ou baiser de toutes les manières.

« Nous avons vu bien du pays en famille. »

B.

Voir la lune (Faire voir, ou). *v. a.* Montrer son cul ou contempler celui d'autrui.

« *L'astre des nuits*, quand il est dans son plein,
De ton beau *cul*, m'offre un parfait modèle :
La lune est blanche et ton cul de satin,
N'est ni moins blanc, ni moins arrondi qu'elle.
Mais si, de la lune, ton cul
Avait la hauteur importune,
Je serais un homme foutu,
Car tous les jours je prends ton cul
Et je ne puis prendre la lune. »

••

Voir le coeur de quelqu'un. *v. a.* Se dit d'une personne qui a une très-grande bouche :

« Quand elle rit, on lui *voit le cœur* ! »

Em. Bourget.

Voisin. *s. m.* Le trou du cul, qui est le voisin du con ; *et vice versa.*

« Et que jamais d'un con votre vit s'écartant
N'aille chez le *voisin* l'héberger en sortant. »

(*Art. pr.*)

Voisin. *s. m.* L'homme qui reste à côté de vous, Mademoiselle, — porte à porte ; — lequel homme bande peut-être pour vous, à moins que ce ne soit vous qui vouliez bien...

VOISINER.... *v. n.* Baiser avec le voisin quand on est sa voisine, ou avec la voisine quand on est son voisin et qu'elle consent à se laisser baiser. Dans le premier cas, c'est la femme qui décide, et *ce que femme veut*... — Bonne nuit, voisin !!

« Comme je ne *voisine* guère,
Je me défendais d'accepter :
Elle avait la main si légère
Que je ne pus lui résister. »
(*Gaudriole de* 1834.)

VOLAGE. *adj. et subst.* Des deux genres. — Personne changeante et légère.

« C'est providence de l'amour
Que coquette trouve un volage. »
LAMOTTE.

« Elle est coquette, elle est volage,
Mais je ne veux pas le savoir... »
Mis DE GANDON.

(V. *Papillon.*)

VOLÉ ou VOLÉE (Être).

« Être trompé ou mystifié sans être pour cela victime d'un vol. » LARCHEY.

« Capelle, dans ses *contes* (1818), fait dire à Richelieu, près duquel une fille d'Opéra s'est fait passer pour une paysanne : « Grands dieux ! *je suis volé !* » — On dit qu'un homme *vole* une femme galante lorsqu'il ne lui donne pas une somme promise. L'homme est au contraire *volé* lorsque la femme ne lui a laissé que du désenchantement. » ED. CADOL.

VOLUPTUEUX, — EUSE. *s. m.* Homme ou femme qui aime et cherche les plaisirs, — dans l'argot des paysans qui, ne pouvant en faire autant, disent par jalousie : « C'est un *voluptueux* ! »

VOUÉ AU BLANC (Être). *subst. composé m.* Vaurien qui ne sera jamais qu'un *mangeur de blanc* : un maquereau.

VRAIE FEMME. *s. f.* Belle femme. — Exclamation admirative que poussent les godilleurs à la vue d'une femme qui a tout ce qu'il faut, — non pour écrire, — mais pour foutre ou pousser à la fouterie :

« C'est une *vraie femme*, quoi ! » J. C.

VRILLE. s. f. Gougnotte active, — par goût. — C'est *l'amant* de la gousse.

VULCANISÉ. Être fait cocu.

VULCANISER. Baiser la femme d'un autre, le faire cocu, ainsi qu'avait fait Dame Vénus envers son mari Vulcain ; de là ce nom.

WAGON. s m. Femme de mauvaise vie, — de *dernière classe*.

Il y a aussi des *wagons de première*, réservés aux gandins riches.

X. s. m. 23e lettre de l'alphabet. — Sert ordinairement de masque et de pseudonyme aux dames ou demoiselles X..., lorsque MM. les chroniqueurs redoutent les procès ou les coups de canne.

Y ALLER, Sous-entendu, *au bonheur* : jouir et décharger.

Y AVOIR PASSÉ. Sous l'homme, bien entendu : fille avoir été baisée ; — garçon, avoir été enculé.

« Priez-le de vous raconter ses petites facéties d'écolier.... *Il y a passé*, je vous le jure. »

(*Les Aphrodites*.

Y du Saint-Père. *s. m.* Vit à deux branches.

Mirabeau, dans son *Rideau levé*, nous parle de certain pape, — ce n'était pas un *Innocent*, bien sûr, — qui en possédait un superbe. N'en ayant jamais vu, j'aime mieux m'en rapporter à Mirabeau, que d'aller aux informations.

Piron aussi a parlé d'un Y grec, mais c'est un *conte*.

Yeux en trous... de pipe. *s. m. pl.* Tout petits yeux ; ce que l'on appelle depuis longtemps des yeux en *trous de pine*, expression triviale que l'auteur des vers suivants a cru devoir gazer :

« A Madame D.

Avec vos yeux en *trous de... pipe*
Je vois bien que vous me trompiez...
Et vous êtes une tulipe,
Ayant des oignons à vos pieds. »

V. Hugo.

Y mettre du sien.

...En Auvergne, on dit : *du chien*.

Étant femme, remuer sous l'homme, pour favoriser *sa* jouissance, — ou la sienne propre.

Y passer. Perdre sa virginité — par devant ou par derrière. — Argot du peuple.

Zag-zag (Faire). *v. a.* Faire l'acte vénérien. On dit aussi : faire *zest-zest*.

Zébr (Zef, zeb, ou zif.) *v. n.* Vit arabe, long, pointu et mince... « *comme bourriquot.* »

« Dit le Turco
Bono. »

« Leila, tu le dis faible et ce grand point j'ignore.
Je connais le moyen de rendre un zébr hardi ... »

Em. Delorme. (*Chanson arabe.*)

Zeste. *s. m.* Figurément, signifie : *Con.* — (V. *Zist.*)

Ziguer. *v. a.* Baiser. Ce mot nouveau a pris racine dans la chanson de *Richard-Cœur-de-Lion*, — qui n'est pas nouvelle :

« Qu'en dites-vous, mon compère?
Qu'en pensez-vous, ma commère?
Rien ne se fait bien qu'à deux :
Les habitants de la terre,
Hélas ! ne dureraient guère,
S'ils ne se faisaient entr'eux....
Et *zigue* et zoc, et fric et froc (bis)
Quand les bœufs vont deux à deux,
Le labourage en va mieux.

Sedaine.

Ce couplet étant bissé tous les soirs au théâtre Lyrique, les choristes disaient en revenant : allons *ziguer*. Le mot sortit du théâtre pour courir la ville, et — il court encore.

Zigueur, zigueuse. *s. m.* et *f.* — Baiseur, baiseuse. Conséquences du mot qui précède.

Ziquet. *s. m.* Le cul.
Se torcher le *ziquet*, — se torcher le cul.

Zist. *s. m.* — Au fig : Le membre viril. Ce mot était très-usité dans le monde galant, vers la fin du XVIIIe siècle.

« . . . .
Un jour d'hiver, oui, c'était en décembre,
Certain abbé, d'un esprit délicat,
Rempli de sel, mais non parfumé d'ambre,
Dans un café prenait son chocolat.
Dans ce café, trois jeunes mousquetaires,
Autour d'un poêle échauffé d'un bon feu,
Se réchauffaient : Messieurs les militaires
De leur chaleur perdent beaucoup au jeu...
Au jeu, j'entends le jeu qu'on joue à Gnide,
Jeu dangereux qui dès trente ans nous ride,
Quand trop souvent on pose son enjeu.

Nos trois messieurs, sans voir l'homme d'église,
Tenaient entr'eux de fort jolis discours ;
Discours, Dieu sait ! récit de leurs amours,
Assauts donnés, combats, place conquise :
C'était à qui donnait le plus d'assauts ;

C'était à qui courait le mieux la poste,
Et plus longtemps. L'on gage, l'on riposte ;
Et nul ne veut céder à ses rivaux.
Au brouhaha succédait le silence,
Quand un des trois dit : Morbleu, je voudrais
Avoir un *zist* de la circonférence
De ce tuyau : parbleu j'en donnerais...
— Fi donc ! Monsieur, vous parlez comme un *zeste*,
Lui dit l'abbé. — Moi ! dit l'homme au souhait,
Qu'appellez-vous ? quel est ce quolibet ?
— La vérité, Monsieur. — Par Mahomet !
Expliquez-vous. — La chose est manifeste.
— Je parle comme un *zeste !...* — Eh oui, parbleu !
Il n'est qu'un *zeste*, en bonne conscience,
Qui veuille un *zist* de la circonférence
De ce tuyau. Vous m'entendez : Adieu. »

PLANCHER-VALCOUR.

Zizette (Faire la). *v. a.* Pour : faire l'acte vénérien. Se dit en Franche-Comté.

Zizotter. *v. n.* Faire la zizette ; — dans le même patois.

Zon (Faire). *v. a.* Foutre par devant ou par derrière.

« Vous avez l'œil fripon,
Ma charmante voisine ;
Si vous ne *faites zon*....
Vous en avez la mine...
Et *zon*, *zon*, *zon*, etc. »

LATTAIGNANT.

« Plusieurs, vifs et légers,
Courent sur la couchette :
Te donnent des baisers
Et te *font* en cachette :
Zon, mariette, *zon* marion,
Zon, mariette, marion, *zon*, *zon* ! »

JULES CHOUX.

FIN.

www.ingramcontent.com/pod-product-compliance
Lightning Source LLC
LaVergne TN
LVHW011942220826
846092LV00001B/65

* 9 7 8 2 0 1 9 1 2 7 5 4 1 *